Ihmisen Poika

Ihmisen Poika
Yksi kertomus, neljä kertojaa

Kari B Lilja

Kustannus Oy Aprikoosi

Mutta autuaat ovat teidän silmänne,
koska ne näkevät,
ja teidän korvanne, koska ne kuulevat.

Matt. 13:16

Matteus ■ Markus ◥ Luukas ◣ Johannes ◢

Yksi kertomus, neljä kertojaa

Ja hän sanoi:
"Jolla on korvat kuulla, se kuulkoon".

Mark. 4:9

Lukijalle

Evankeliumit ovat Matteuksen, Markuksen, Luukkaan ja Johanneksen kertomukset Jeesuksen, Jumalan Pojan elämästä ja opetuksista ihmisille. Evankeliumit ovat kristinuskon ja Raamatun perustekstit. Vanhassa testamentissa ennustetaan näistä tapahtumista ja tämän jälkeen kirjoitetut tekstit selittävät näitä asioita. Evankeliumit ovat kristinuskon ydin.

Näiden tekstien pohjalta ja ympärille ovat muodostuneet vuosisatojen saatossa kaikki ne kovinkin erilaiset opit, kirkkokunnat ja traditiot, joista kristinusko tunnetaan. Tekstit ovat myös olennainen osa länsimaista kulttuuriperintöä.

Evankeliumeja on pidetty jopa ristiriitaisina keskenään, mutta jos neljää henkilöä pyydettäisi kertomaan mistä tahansa tapahtuneista asioista oma versionsa muutaman kymmenen vuoden kuluttua, niin kertojat painottaisivat eri tavalla asioita, eikä kukaan muistaisi kaikkea samalla tavalla. Evankeliumit ovat kuitenkin hämmästyttävän yhdenmukaisia.

Jeesuksen opetukset luovat länsimaisen kulttuurin moraalisen pohjan ja taustan. Ei sillä, että niitä olisi aina noudatettu, mutta niihin vertaamalla voi tarkistaa yksilön ja yhteiskunnan henkisen tilan.

Suurin vaikutin kristinuskoon lienee siinä, että evankeliumit kertovat Jeesuksen voittaneen kuoleman. Hänet mestattiin tuskallisesti, ajan tavan mukaan, roomalaisten suosimalla ristiin naulitsemisella. Kolmen päivän kuluttua hän kertomuksen mukaan nousi ylös ja esittäytyi seuraajilleen. Tästä johtuu ajatus, että kuolema ei olisikaan lopullista.

Kuolema on yksi niitä harvoja asioita, joista ihmiset ovat yksimielisiä – me kaikki kuolemme.

Lopulta sitä pieni ihminen ei asiaan juurikaan voi vaikuttaa, mutta ajatus elämän jatkumisesta, ehkä toisessa muodossa, on parempi kuin lopullinen kuolema. Vaikka uskontona olisi uskonnottomuus, tässä on tilaa vain uskolle ja toivolle, muuta varmaa faktaa ei ole.

Evankeliumit ovat hienoja kertomuksia ja on kaikki syyt arvostaa niitä myös osana länsimaista kulttuuriperintöä. Uskontoa ne ovat silloin, kun lukija kokee niiden olevan tosia.

Ymmärtävä ihminen ei kyseenalaista evankeliumin perusoppia, joka kehottaa lähimmäisen rakkauteen, totuudellisuuteen, epäitsekkyyteen, nöyryyteen, anteeksi antamiseen ja parannuksen tekoon.

Ilman näitä elämä olisi rakkaudetonta ja valheellista, olisi itsekästä ja ylpeää, perustuisi enemmän kostolle ja katkeruudelle kuin anteeksi antamiselle, eikä oppisi mistään. Tämä onkin todellisuutta liian usein, mutta ihmiskunnalla on näissä vielä kehittymisen varaa. Näillä määrittyy elämisen laatu.

Olin lukenut evankeliumeita kiinnostuneena, mutta minua vaivasi se, että oli hankala pitää mielessä muiden evankeliumien tekstit. Nehän kertovat samasta asiasta, tietenkin eri sanoin ja painottaen eri asioita, koska ovat eri kirjoittajilta. Vanha raamatunkäännös ei sisältänyt väliotsikoita ja teksti on uudessakin versiossa pilkottuna jakeisiin, joten kokonaisuuden hahmottaminen oli hankalaa.

Panin merkille, että usein kirjoittajat kertovat saman asian hämmästyttävän samalla tavalla. Tästä syntyi ajatus sovittaa tekstit yhdeksi yhtenäiseksi kertomukseksi.

Aikajänteen kertomukselle antaa Matteus, jonka tekstiin on lisätty tai jota on korvattu muiden kertomuksilla. Periaatteena on ollut, että se teksti, joka valottaa aihetta enemmän on valittu mukaan, kuitenkin niin, että kirjoittajat yhdessä kertovat mitä tuolloin tapahtui. Kaikki kertomukset ovat mukana, vain samojen asioiden toistoa on pyritty välttämään. Otsikot on johdettu suoraan käsiteltävästä tekstistä. Selkeyden lisäämiseksi yksittäisten jakeiden numerointi on jätetty pois. Jokaisen kertojan jälkeen mainitaan Raamatun kohta, josta teksti on peräisin. Näin lukija voi verrata kirjan tekstiä alkuperäiseen tekstiin.

Tarinan kokonaisuus on vaikeampi hahmottaa neljästä erillisestä kertomuksesta kuin yhdestä yhtenäisestä tarinasta. Tekstit istuivat yllättävän hyvin yhteen ja näin tähän vanhaan kertomukseen on löytynyt uusi näkökulma.

Kiitos Evankelis-luterilaisen kirkon Kirkkohallitukselle luvasta käyttää Uuden testamentin vuonna 1938 käyttöön otettua suomennosversiota, josta kirjan tekstit ovat. Siinä ei ole mitään muuta tekstiä. Vanhan käännösversion vanhahtava tyyli sopii hyvin, kun kerrotaan yli 2000 vuotta vanhoista asioista.

Kari B Lilja

Sisältö

JOHANNEKSEN SYNTYMÄ

JEESUKSEN SYNTYMÄ JA LAPSUUS

JEESUKSEN TOIMINTA ALKAA

JEESUKSEN VOIMATEKOJA

VUORISAARNA

APOSTOLIEN ASETTAMINEN

JEESUS OPETTI VERTAUSTEN AVULLA

JEESUS GALILEASSA JA LÄHISEUDULLA

KRISTUKSEN KIRKASTUMINEN

VAELLUS JERUSALEMIIN

PÄÄSIÄISATERIA

JEESUKSEN KÄRSIMYS JA KUOLEMA

JEESUKSEN YLÖSNOUSEMUS

Alkulause

Koska monet ovat ryhtyneet tekemään kertomusta meidän keskuudessamme tosiksi tunnetuista tapahtumista, sen mukaisesti kuin meille ovat kertoneet ne, jotka alusta asti ovat omin silmin ne nähneet ja olleet sanan palvelijoita, niin olen minäkin, tarkkaan tutkittuani alusta alkaen kaikki, päättänyt kirjoittaa ne järjestyksessään sinulle, korkea-arvoinen Teofilus (lukija), että oppisit tuntemaan, kuinka varmat ne asiat ovat, jotka sinulle on opetettu.

Luuk. 1:1-4

JOHANNEKSEN SYNTYMÄ

Hän oli nähnyt näyn temppelissä

Herodeksen, Juudean kuninkaan, aikana oli pappi, nimeltä Sakarias, Abian osastoa. Ja hänen vaimonsa oli Aaronin tyttäriä, ja tämän nimi oli Elisabet.

He olivat molemmat hurskaita Jumalan edessä, vaeltaen kaikissa Herran käskyissä ja säädöksissä nuhteettomina.

Mutta heillä ei ollut lasta, sillä Elisabet oli hedelmätön; ja he olivat molemmat tulleet iällisiksi. Niin tapahtui, kun hänen osastonsa palvelusvuoro tuli ja hän toimitti papillisia tehtäviä Jumalan edessä, että hän tavanmukaisessa pappistehtävien arpomisessa sai osaksensa mennä Herran temppeliin suitsuttamaan.

Ja kaikki kansa oli suitsuttamisen aikana ulkopuolella rukoilemassa.

Silloin ilmestyi hänelle Herran enkeli seisoen suitsutusalttarin oikealla puolella.

Ja hänet nähdessään Sakarias hämmästyi, ja hänet valtasi pelko.

Mutta enkeli sanoi hänelle: "Älä pelkää, Sakarias; sillä sinun rukouksesi on kuultu, ja vaimosi Elisabet on synnyttävä sinulle pojan, ja sinun on annettava hänelle nimi Johannes.

Ja hän on oleva sinulle iloksi ja riemuksi, ja monet iloitsevat hänen syntymisestään.

Sillä hän on oleva suuri Herran edessä; viiniä ja väkijuomaa hän ei juo, ja hän on oleva täytetty Pyhällä Hengellä hamasta äitinsä kohdusta.

Ja hän kääntää monta Israelin lapsista Herran, heidän Jumalansa, tykö.

Ja hän käy hänen edellään Eliaan hengessä ja voimassa, kääntääksensä isien sydämet lasten puoleen ja tottelemattomat vanhurskasten mielenlaatuun, näin Herralle toimittaaksensa valmistetun kansan."

Niin Sakarias sanoi enkelille: "Kuinka minä tämän käsittäisin? Sillä minä olen vanha, ja minun vaimoni on iälliseksi tullut."

Enkeli vastasi ja sanoi hänelle: "Minä olen Gabriel, joka seison Jumalan edessä, ja minä olen lähetetty puhumaan sinulle ja julistamaan sinulle tämän ilosanoman.

Ja katso, sinä tulet mykäksi etkä kykene mitään puhumaan siihen päivään saakka, jona tämä tapahtuu, sentähden ettet uskonut minun sanojani, jotka käyvät aikanansa toteen."

Ja kansa oli odottamassa Sakariasta, ja he ihmettelivät, että hän niin kauan viipyi temppelissä.

Mutta ulos tullessaan hän ei kyennyt puhumaan heille; silloin he ymmärsivät, että hän oli nähnyt näyn temppelissä. Ja hän viittoi heille ja jäi mykäksi.

Ja kun hänen virkatoimensa päivät olivat päättyneet, meni hän kotiinsa.

Ja niiden päiväin perästä Elisabet, hänen vaimonsa, tuli raskaaksi ja pysytteli salassa viisi kuukautta, sanoen:

"Näin on Herra tehnyt minulle niinä päivinä, jolloin hän katsoi minun puoleeni poistaaksensa minusta ihmisten ylenkatseen".

Luuk. 1:5-25

Ja neitsyen nimi oli Maria

Kuudentena kuukautena sen jälkeen Jumala lähetti enkeli Gabrielin Galilean kaupunkiin, jonka nimi on Nasaret, neitsyen tykö, joka oli kihlattu Joosef nimiselle miehelle Daavidin suvusta; ja neitsyen nimi oli Maria.

Ja tullessaan sisälle hänen tykönsä enkeli sanoi: "Terve, armoitettu! Herra olkoon sinun kanssasi."

Mutta hän hämmästyi suuresti siitä puheesta ja mietti, mitä tämä tervehdys mahtoi tarkoittaa.

Niin enkeli sanoi hänelle: "Älä pelkää, Maria; sillä sinä olet saanut armon Jumalan edessä.

Ja katso, sinä tulet raskaaksi ja synnytät pojan, ja sinun on annettava hänelle nimi Jeesus.

Hän on oleva suuri, ja hänet pitää kutsuttaman Korkeimman Pojaksi, ja Herra Jumala antaa hänelle Daavidin, hänen isänsä, valtaistuimen, ja hän on oleva Jaakobin huoneen kuningas iankaikkisesti, ja hänen valtakunnallansa ei pidä loppua oleman."

Niin Maria sanoi enkelille: "Kuinka tämä voi tapahtua, kun minä en miehestä mitään tiedä?"

Enkeli vastasi ja sanoi hänelle: "Pyhä Henki tulee sinun päällesi, ja Korkeimman voima varjoaa sinut; sentähden myös se pyhä, mikä syntyy, pitää kutsuttaman Jumalan Pojaksi.

Ja katso, sinun sukulaisesi Elisabet, hänkin kantaa kohdussaan poikaa vanhalla iällään, ja tämä on kuudes kuukausi hänellä, jota sanottiin hedelmättömäksi; sillä Jumalalle ei mikään ole mahdotonta."

Silloin Maria sanoi: "Katso, minä olen Herran palvelijatar; tapahtukoon minulle sinun sanasi mukaan". Ja enkeli lähti hänen tyköänsä.

Niinä päivinä Maria nousi ja kulki kiiruusti vuorimaahan erääseen Juudan kaupunkiin ja meni Sakariaan kotiin ja tervehti Elisabetia.

Ja kun Elisabet kuuli Marian tervehdyksen, hypähti lapsi hänen kohdussansa; ja Elisabet täytettiin Pyhällä Hengellä.

Ja hän puhkesi puhumaan suurella äänellä ja sanoi: "Siunattu sinä vaimojen joukossa, ja siunattu sinun kohtusi hedelmä!

Ja kuinka minulle tapahtuu tämä, että minun Herrani äiti tulee minun tyköni?

Sillä katso, kun sinun tervehdyksesi ääni tuli minun korviini, hypähti lapsi ilosta minun kohdussani.

Ja autuas se, joka uskoi, sillä se sana on täyttyvä, mikä hänelle on tullut Herralta!"

Ja Maria sanoi: "Minun sieluni suuresti ylistää Herraa, ja minun henkeni riemuitsee Jumalasta, vapahtajastani; sillä hän on katsonut palvelijattarensa alhaisuuteen. Katso, tästedes kaikki sukupolvet ylistävät minua autuaaksi.

Sillä Voimallinen on tehnyt minulle suuria, ja hänen nimensä on pyhä, ja hänen laupeutensa pysyy polvesta polveen niille, jotka häntä pelkäävät.

Hän on osoittanut voimansa käsivarrellaan; hän on hajottanut ne, joilla oli ylpeät ajatukset sydämessään.

Hän on kukistanut valtiaat valtaistuimilta ja korottanut alhaiset.

Nälkäiset hän on täyttänyt hyvyyksillä, ja rikkaat hän on lähettänyt tyhjinä pois.

Hän on ottanut huomaansa palvelijansa Israelin, muistaaksensa laupeuttaan

Aabrahamia ja hänen siementänsä kohtaan

iankaikkisesti, niinkuin hän on meidän isillemme puhunut."

Ja Maria oli hänen tykönänsä noin kolme kuukautta ja palasi jälleen kotiinsa.

Luuk. 1:26-56

Ja sinä, lapsukainen, olet kutsuttava Korkeimman profeetaksi

Mutta Elisabetin synnyttämisen aika tuli; ja hän synnytti pojan.

Ja kun hänen naapurinsa ja sukulaisensa kuulivat, että Herra oli tehnyt hänelle suuren laupeuden, iloitsivat he hänen kanssansa.

Ja kahdeksantena päivänä he tulivat ympärileikkaamaan lasta ja tahtoivat antaa hänelle hänen isänsä mukaan nimen Sakarias.

Mutta hänen äitinsä vastasi ja sanoi: "Ei suinkaan, vaan hänen nimensä on oleva Johannes".

Niin he sanoivat hänelle: "Eihän sinun suvussasi ole ketään, jolla on se nimi".

Ja he kysyivät viittomalla lapsen isältä, minkä nimen hän tahtoi hänelle annettavaksi.

Niin hän pyysi taulun ja kirjoitti siihen nämä sanat: "Johannes on hänen nimensä". Ja kaikki ihmettelivät.

Ja kohta hänen suunsa aukeni, ja hänen kielensä vapautui, ja hän puhui kiittäen Jumalaa.

Ja tuli pelko kaikille heidän ympärillään asuvaisille, ja koko Juudean vuorimaassa puhuttiin kaikista näistä tapahtumista; ja kaikki, jotka niistä kuulivat, panivat ne mieleensä ja sanoivat: "Mikähän tästä lapsesta tulee?" Sillä Herran käsi oli hänen kanssansa.

Ja Sakarias, hänen isänsä, täytettiin Pyhällä Hengellä, ja hän ennusti sanoen: "Kiitetty olkoon

Herra, Israelin Jumala, sillä hän on katsonut kansansa puoleen ja kohottanut meille pelastuksen sarven palvelijansa Daavidin huoneesta - niinkuin hän on puhunut hamasta ikiajoista pyhäin profeettainsa suun kautta - pelastukseksi vihollisistamme ja kaikkien niiden kädestä, jotka meitä vihaavat, tehdäkseen laupeuden meidän isillemme ja muistaakseen pyhän liittonsa, sen valan, jonka hän vannoi Aabrahamille, meidän isällemme; suodakseen meidän, vapahdettuina vihollistemme kädestä, pelkäämättä palvella häntä pyhyydessä ja vanhurskaudessa hänen edessään kaikkina elinpäivinämme.

Ja sinä, lapsukainen, olet kutsuttava Korkeimman profeetaksi, sillä sinä olet käyvä Herran edellä valmistaaksesi hänen teitään, antaaksesi hänen kansalleen pelastuksen tuntemisen heidän syntiensä anteeksisaamisessa, meidän Jumalamme sydämellisen laupeuden tähden, jonka kautta meidän puoleemme katsoo aamun koitto korkeudesta, loistaen meille, jotka istumme pimeydessä ja kuoleman varjossa, ja ohjaten meidän jalkamme rauhan tielle."

Ja lapsi kasvoi ja vahvistui hengessä. Ja hän oli erämaassa siihen päivään asti, jona hän oli astuva Israelin eteen.

Luuk. 1:57-80

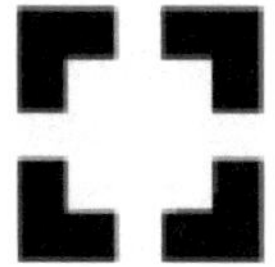

Jeesuksen Kristuksen, Daavidin pojan, Aabrahamin pojan, syntykirja

Aabrahamille syntyi Iisak, Iisakille syntyi Jaakob, Jaakobille syntyi Juuda ja tämän veljet; Juudalle syntyi Faares ja Sera Taamarista, Faareelle syntyi Esrom, Esromille syntyi Aram; Aramille syntyi Aminadab, Aminadabille syntyi Nahasson, Nahassonille syntyi Salmon; Salmonille syntyi Booas Raahabista, Booaalle syntyi Oobed Ruutista, Oobedille syntyi Iisai; Iisaille syntyi Daavid, kuningas.

Daavidille syntyi Salomo Uurian vaimosta; Salomolle syntyi Rehabeam, Rehabeamille syntyi Abia, Abialle syntyi Aasa;Aasalle syntyi Joosafat, Joosafatille syntyi Jooram, Jooramille syntyi Ussia; Ussialle syntyi Jootam, Jootamille syntyi Aahas, Aahaalle syntyi Hiskia; Hiskialle syntyi Manasse, Manasselle syntyi Aamon, Aamonille syntyi Joosia; Joosialle syntyi Jekonja ja tämän veljet Babyloniin siirtämisen aikoina.

Babyloniin siirtämisen jälkeen Jekonjalle syntyi Sealtiel, Sealtielille syntyi Serubbaabel; Serubbaabe-lille syntyi Abiud, Abiudille syntyi Eljakim, Eljaki-mille syntyi Asor; Asorille syntyi Saadok, Saadokille syntyi Akim, Akimille syntyi Eliud; Eliudille syntyi Eleasar, Eleasarille syntyi Mattan, Mattanille syntyi Jaakob; Jaakobille syntyi Joosef, Marian mies, hänen, josta syntyi Jeesus, jota kutsutaan Kristuk-seksi.

Näin on sukupolvia Aabrahamista Daavidiin kaikkiaan neljätoista polvea, ja Daavidista Babylo-niin siirtämiseen neljätoista polvea, ja Babyloniin siirtämisestä Kristukseen asti neljätoista polvea.

Matt. 1:1-17

Jeesuksen Kristuksen syntyminen oli näin

Kun hänen äitinsä Maria oli kihlattu Joosefille, huomattiin hänen ennen heidän yhteenmenoaan olevan raskaana Pyhästä Hengestä.

Mutta kun Joosef, hänen miehensä, oli hurskas, ja koska hän ei tahtonut saattaa häntä häpeään, aikoi hän salaisesti hyljätä hänet.

Mutta kun hän tätä ajatteli, niin katso, hänelle ilmestyi unessa Herran enkeli, joka sanoi: "Joosef, Daavidin poika, älä pelkää ottaa tykösi Mariaa, vaimoasi; sillä se, mikä hänessä on siinnyt, on Pyhästä Hengestä.

Ja hän on synnyttävä pojan, ja sinun on annettava hänelle nimi Jeesus, sillä hän on vapahtava kansansa heidän synneistänsä."

Tämä kaikki on tapahtunut, että kävisi toteen, minkä Herra on puhunut profeetan kautta, joka sanoo: *"Katso, neitsyt tulee raskaaksi ja synnyttää pojan, ja tälle on annettava nimi Immanuel",* mikä käännettynä on: Jumala meidän kanssamme.

Herättyään unesta Joosef teki, niinkuin Herran enkeli oli käskenyt hänen tehdä, ja otti vaimonsa tykönsä eikä yhtynyt häneen, ennenkuin hän oli synnyttänyt pojan. Ja hän antoi hänelle nimen Jeesus.

Matt. 1:18:25

Älkää peljätkö; sillä katso, minä ilmoitan teille suuren ilon

Ja tapahtui niinä päivinä, että keisari Augustukselta kävi käsky, että kaikki maailma oli verolle pantava.

Tämä verollepano oli ensimmäinen ja tapahtui

Kyreniuksen ollessa Syyrian maaherrana.

Ja kaikki menivät verolle pantaviksi, kukin omaan kaupunkiinsa.

Niin Joosefkin lähti Galileasta, Nasaretin kaupungista, ylös Juudeaan, Daavidin kaupunkiin, jonka nimi on Beetlehem, hän kun oli Daavidin huonetta ja sukua, verolle pantavaksi Marian, kihlattunsa, kanssa, joka oli raskaana.

Niin tapahtui heidän siellä ollessaan, että Marian synnyttämisen aika tuli.

Ja hän synnytti pojan, esikoisensa, ja kapaloi hänet ja pani hänet seimeen, koska heille ei ollut sijaa majatalossa.

Ja sillä seudulla oli paimenia kedolla vartioimassa yöllä laumaansa.

Niin heidän edessään seisoi Herran enkeli, ja Herran kirkkaus loisti heidän ympärillään, ja he peljästyivät suuresti.

Mutta enkeli sanoi heille: "Älkää peljätkö; sillä katso, minä ilmoitan teille suuren ilon, joka on tuleva kaikelle kansalle: teille on tänä päivänä syntynyt Vapahtaja, joka on Kristus, Herra, Daavidin kaupungissa.

Ja tämä on teille merkkinä: te löydätte lapsen kapaloituna ja seimessä makaamassa."

Ja yhtäkkiä oli enkelin kanssa suuri joukko taivaallista sotaväkeä, ja he ylistivät Jumalaa ja sanoivat: "Kunnia Jumalalle korkeuksissa, ja maassa rauha ihmisten kesken, joita kohtaan hänellä on hyvä tahto!"

Ja kun enkelit olivat menneet paimenten luota taivaaseen, niin nämä puhuivat toisillensa: "Menkäämme nyt Beetlehemiin katsomaan sitä, mikä on tapahtunut ja minkä Herra meille ilmoitti".

Ja he menivät kiiruhtaen ja löysivät Marian ja Joosefin ja lapsen, joka makasi seimessä.

Ja kun he tämän olivat nähneet, ilmoittivat he sen sanan, joka oli puhuttu heille tästä lapsesta.

Ja kaikki, jotka sen kuulivat, ihmettelivät sitä, mitä paimenet heille puhuivat.

Mutta Maria kätki kaikki nämä sanat ja tutkisteli niitä sydämessänsä.

Ja paimenet palasivat kiittäen ja ylistäen Jumalaa kaikesta, minkä olivat kuulleet ja nähneet, sen mukaan kuin heille oli puhuttu.

Luuk. 2:1-20

Missä on se äsken syntynyt juutalaisten kuningas?

Kun Jeesus oli syntynyt Juudean Beetlehemissä kuningas Herodeksen aikana, niin katso, tietäjiä tuli itäisiltä mailta Jerusalemiin, ja he sanoivat: "Missä on se äsken syntynyt juutalaisten kuningas? Sillä me näimme hänen tähtensä itäisillä mailla ja olemme tulleet häntä kumartamaan."

Kun kuningas Herodes sen kuuli, hämmästyi hän ja koko Jerusalem hänen kanssaan.

Ja hän kokosi kaikki kansan ylipapit ja kirjanoppineet ja kyseli heiltä, missä Kristus oli syntyvä.

He sanoivat hänelle: "Juudean Beetlehemissä; sillä näin on kirjoitettu profeetan kautta: *Ja sinä Beetlehem, sinä Juudan seutu, et suinkaan ole vähäisin Juudan ruhtinasten joukossa, sillä sinusta on lähtevä hallitsija, joka kaitsee minun kansaani Israelia'.*"

Silloin Herodes kutsui salaa tietäjät tykönsä ja tutkiskeli heiltä tarkoin, mihin aikaan tähti oli ilmestynyt.

Ja hän lähetti heidät Beetlehemiin sanoen: "Menkää ja tiedustelkaa tarkasti lasta; ja kun sen löydätte, niin ilmoittakaa minulle, että minäkin tulisin häntä kumartamaan".

Kuultuaan kuninkaan sanat he lähtivät matkalle; ja katso, tähti, jonka he olivat itäisillä mailla nähneet, kulki heidän edellään, kunnes se tuli sen paikan päälle, jossa lapsi oli, ja pysähtyi siihen.

Nähdessään tähden he ihastuivat ylen suuresti.

Niin he menivät huoneeseen ja näkivät lapsen ynnä Marian, hänen äitinsä. Ja he lankesivat maahan ja kumarsivat häntä, avasivat aarteensa ja antoivat hänelle lahjoja: kultaa ja suitsuketta ja mirhaa.

Ja Jumala kielsi heitä unessa Herodeksen tykö palaamasta, ja he menivät toista tietä takaisin omaan maahansa.

Matt.2:1-12

Ja hänen isänsä ja äitinsä ihmettelivät sitä, mitä hänestä sanottiin

Kun sitten kahdeksan päivää oli kulunut ja lapsi oli ympärileikattava, annettiin hänelle nimi Jeesus, jonka enkeli oli hänelle antanut, ennenkuin hän sikisi äitinsä kohdussa.

Ja kun heidän puhdistuspäivänsä, Mooseksen lain mukaan, olivat täyttyneet, veivät he hänet ylös Jerusalemiin asettaaksensa hänet Herran eteen - niinkuin on kirjoitettuna Herran laissa: "Jokainen miehenpuoli, joka avaa äidinkohdun, luettakoon Herralle pyhitetyksi" - ja uhrataksensa, niinkuin Herran laissa on säädetty, parin metsäkyyhkysiä tai kaksi kyyhkysenpoikaa.

Ja katso, Jerusalemissa oli mies, nimeltä Simeon; hän oli hurskas ja jumalinen mies, joka odotti Israelin lohdutusta, ja Pyhä Henki oli hänen päällänsä.

Ja Pyhä Henki oli hänelle ilmoittanut, ettei hän ollut näkevä kuolemaa, ennenkuin oli nähnyt Herran Voidellun.

Ja hän tuli Hengen vaikutuksesta pyhäkköön. Ja kun vanhemmat toivat Jeesuslasta sisälle tehdäkseen hänelle, niinkuin tapa oli lain mukaan, otti hänkin hänet syliinsä ja kiitti Jumalaa ja sanoi: ”Herra, nyt sinä lasket palvelijasi rauhaan menemään, sanasi mukaan; sillä minun silmäni ovat nähneet sinun autuutesi, jonka sinä olet valmistanut kaikkien kansojen nähdä, valkeudeksi, joka on ilmestyvä pakanoille, ja kirkkaudeksi kansallesi Israelille”.

Ja hänen isänsä ja äitinsä ihmettelivät sitä, mitä hänestä sanottiin.

Ja Simeon siunasi heitä ja sanoi Marialle, hänen äidilleen: “Katso, tämä on pantu lankeemukseksi ja nousemukseksi monelle Israelissa ja merkiksi, jota vastaan sanotaan - ja myös sinun sielusi lävitse on miekka käyvä - että monen sydämen ajatukset tulisivat ilmi”.

Ja oli naisprofeetta, Hanna, Fanuelin tytär, Asserin sukukuntaa. Hän oli jo tullut iälliseksi. Mentyään neitsyenä naimisiin hän oli elänyt miehensä kanssa seitsemän vuotta, ja oli nyt leski, kahdeksankymmenen neljän vuoden ikäinen. Hän ei poistunut pyhäköstä, vaan palveli siellä Jumalaa paastoilla ja rukouksilla yötä ja päivää.

Ja juuri sillä hetkellä hän tuli siihen, ylisti Jumalaa ja puhui lapsesta kaikille, jotka odottivat Jerusalemin lunastusta.

Luuk. 2:21-38

Hän on kutsuttava Nasaretilaiseksi

Mutta kun he olivat menneet, niin katso, Herran enkeli ilmestyi Joosefille unessa ja sanoi: “Nouse, ota lapsi ja hänen äitinsä ja pakene Egyptiin, ja ole siellä siihen asti, kuin minä sinulle sanon; sillä Herodes on etsivä lasta surmatakseen hänet”.

Niin hän nousi, otti yöllä lapsen ja hänen äitinsä ja lähti Egyptiin.

Ja hän oli siellä Herodeksen kuolemaan asti; että kävisi toteen, minkä Herra on puhunut profeetan kautta, joka sanoo: *"Egyptistä minä kutsuin poikani"*.

Silloin Herodes, nähtyään, että tietäjät olivat hänet pettäneet, vihastui kovin ja lähetti tappamaan kaikki poikalapset Beetlehemistä ja koko sen ympäristöstä, kaksivuotiaat ja nuoremmat, sen mukaan kuin hän oli aikaa tietäjiltä tarkoin tiedustellut.

Silloin kävi toteen, mikä on puhuttu profeetta Jeremiaan kautta, joka sanoo: *"Ääni kuuluu Raamasta, itku ja iso parku; Raakel itkee lapsiansa eikä lohdutuksesta huoli, kun heitä ei enää ole"*.

Mutta kun Herodes oli kuollut, niin katso, Herran enkeli ilmestyi unessa Joosefille Egyptissä ja sanoi: "Nouse, ota lapsi ja hänen äitinsä ja mene Israelin maahan, sillä ne ovat kuolleet, jotka väijyivät lapsen henkeä".

Niin hän nousi, otti lapsen ja hänen äitinsä ja meni Israelin maahan.

Mutta kun hän kuuli, että Arkelaus hallitsi Juudeaa isänsä Herodeksen jälkeen, niin hän pelkäsi mennä sinne. Ja hän sai unessa Jumalalta käskyn ja lähti Galilean alueelle.

Ja sinne tultuaan hän asettui asumaan kaupunkiin, jonka nimi on Nasaret; että kävisi toteen, mikä profeettain kautta on puhuttu: *"Hän on kutsuttava Nasaretilaiseksi"*.

Matt. 2:13-23

He löysivät hänet pyhäköstä

Ja lapsi kasvoi ja vahvistui ja täyttyi viisaudella, ja Jumalan armo oli hänen päällänsä.

Ja hänen vanhempansa matkustivat joka vuosi Jerusalemiin pääsiäisjuhlille.

Hänen ollessaan kaksitoistavuotias he niinikään vaelsivat ylös sinne juhlan tavan mukaan.

Ja kun ne päivät olivat kuluneet ja he lähtivät kotiin, jäi poikanen Jeesus Jerusalemiin, eivätkä hänen vanhempansa sitä huomanneet.

He luulivat hänen olevan matkaseurueessa ja kulkivat päivänmatkan ja etsivät häntä sukulaisten ja tuttavien joukosta; mutta kun eivät löytäneet, palasivat he Jerusalemiin etsien häntä.

Ja kolmen päivän kuluttua he löysivät hänet pyhäköstä, jossa hän istui opettajain keskellä kuunnellen heitä ja kysellen heiltä.

Ja kaikki, jotka häntä kuulivat, ihmettelivät hänen ymmärrystänsä ja vastauksiansa.

Ja hänet nähdessään hänen vanhempansa hämmästyivät, ja hänen äitinsä sanoi hänelle: "Poikani, miksi meille näin teit? Katso, sinun isäsi ja minä olemme huolestuneina etsineet sinua."

Niin hän sanoi heille: "Mitä te minua etsitte? Ettekö tienneet, että minun pitää niissä oleman, mitkä minun Isäni ovat?"

Mutta he eivät ymmärtäneet sitä sanaa, jonka hän heille puhui.

Ja hän lähti heidän kanssansa ja tuli Nasaretiin ja oli heille alamainen. Ja hänen äitinsä kätki kaikki nämä sanat sydämeensä.

Ja Jeesus varttui viisaudessa ja iässä ja armossa Jumalan ja ihmisten edessä.

Luuk. 2:40-52

*"Huutavan ääni kuuluu erämaassa:
'Valmistakaa Herralle tie, tehkää polut hänelle
tasaisiksi'. Kaikki laaksot täytettäköön, ja kaikki
vuoret ja kukkulat alennettakoon, ja mutkat
tulkoot suoriksi ja koleikot tasaisiksi teiksi,
ja kaikki liha on näkevä
Jumalan autuuden."*

Luuk. 3:4-6

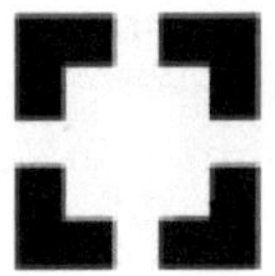

Jeesuksen Kristuksen, Jumalan Pojan, evankeliumin alku

Mark. 1:1

Alussa oli Sana, ja Sana oli Jumalan tykönä, ja Sana oli Jumala.

Hän oli alussa Jumalan tykönä.

Kaikki on saanut syntynsä hänen kauttaan, ja ilman häntä ei ole syntynyt mitään, mikä syntynyt on.

Hänessä oli elämä, ja elämä oli ihmisten valkeus.

Ja valkeus loistaa pimeydessä, ja pimeys ei sitä käsittänyt.

Joh. 1:1-5

Hän on täynnä armoa ja totuutta

Oli mies, Jumalan lähettämä; hänen nimensä oli Johannes.

Hän tuli todistamaan, todistaaksensa valkeudesta, että kaikki uskoisivat hänen kauttansa.

Ei hän ollut se valkeus, mutta hän tuli valkeudesta todistamaan.

Totinen valkeus, joka valistaa jokaisen ihmisen, oli tulossa maailmaan.

Maailmassa hän oli, ja maailma on hänen kauttaan saanut syntynsä, ja maailma ei häntä tuntenut.

Hän tuli omiensa tykö, ja hänen omansa eivät ottaneet häntä vastaan.

Mutta kaikille, jotka ottivat hänet vastaan, hän antoi voiman tulla Jumalan lapsiksi, niille, jotka uskovat hänen nimeensä, jotka eivät ole syntyneet verestä eikä lihan tahdosta eikä miehen tahdosta, vaan Jumalasta.

Ja Sana tuli lihaksi ja asui meidän keskellämme, ja me katselimme hänen kirkkauttansa, senkaltaista kirkkautta, kuin ainokaisella Pojalla on Isältä; ja hän oli täynnä armoa ja totuutta.

Joh. 1:6-14

Valmistakaa Herralle tie

Viidentenätoista keisari Tiberiuksen hallitusvuotena, kun Pontius Pilatus oli Juudean maaherrana ja Herodes Galilean neljännysruhtinaana ja hänen veljensä Filippus Iturean ja Trakonitiinmaan neljännysruhtinaana ja Lysanias Abilenen neljännysruhtinaana, siihen aikaan kun Hannas oli ylimmäisenä pappina, ynnä myös Kaifas, tuli Jumalan sana Johannekselle, Sakariaan pojalle, erämaassa.

Ja hän vaelsi kaikissa seuduissa Jordanin varrella ja saarnasi parannuksen kastetta syntien anteeksisaamiseksi, niinkuin on kirjoitettuna profeetta Esaiaan sanojen kirjassa: *"Huutavan ääni kuuluu erämaassa: 'Valmistakaa Herralle tie, tehkää polut hänelle tasaisiksi'. Kaikki laaksot täytettäköön, ja kaikki vuoret ja kukkulat alennettakoon, ja mutkat tulkoot suoriksi ja koleikot tasaisiksi teiksi, ja kaikki liha on näkevä Jumalan autuuden."*

Luuk. 3:1-6

Ja Johanneksella oli puku kamelinkarvoista ja vyötäisillään nahkavyö; ja hänen ruokanaan oli heinäsirkat ja metsähunaja.

Silloin vaelsi hänen tykönsä Jerusalem ja koko Juudea ja kaikki Jordanin ympäristö, ja hän kastoi heidät Jordanin virrassa, kun he tunnustivat syntinsä.

Matt. 3:4-6

Johannes todisti hänestä ja huusi sanoen: "Tämä on se, josta minä sanoin: se, joka minun jälkeeni tulee, on ollut minun edelläni, sillä hän on ollut ennen kuin minä.”

Ja hänen täyteydestään me kaikki olemme saaneet, ja armoa armon päälle.

Sillä laki on annettu Mooseksen kautta; armo ja totuus on tullut Jeesuksen Kristuksen kautta.

Ei kukaan ole Jumalaa milloinkaan nähnyt; ainokainen Poika, joka on Isän helmassa, on hänet ilmoittanut.

Joh. 1:15-18

Tehkää parannuksen soveliaita hedelmiä

Mutta nähdessään paljon fariseuksia ja saddukeuksia tulevan kasteelle hän sanoi heille: “Te kyykäärmeitten sikiöt, kuka on neuvonut teitä pakenemaan tulevaista vihaa?

Matt. 3:7

Tehkää sentähden parannuksen soveliaita hedelmiä, älkääkä ruvetko sanomaan mielessänne: ‘Onhan meillä isänä Aabraham’, sillä minä sanon teille, että Jumala voi näistä kivistä herättää lapsia Aabrahamille.

Jo on myös kirves pantu puitten juurelle; jokainen puu, joka ei tee hyvää hedelmää, siis hakataan pois ja heitetään tuleen.”

Ja kansa kysyi häneltä sanoen: “Mitä meidän siis pitää tekemän?”

Hän vastasi ja sanoi heille: “Jolla on kaksi ihokasta, antakoon toisen sille, joka on ilman; ja jolla on ruokaa, tehköön samoin”.

Niin tuli myös publikaaneja kastettaviksi, ja he sanoivat hänelle: “Opettaja, mitä meidän pitää tekemän?”

Hän sanoi heille: “Älkää vaatiko enempää, kuin mikä teille on säädetty”.

Myös sotamiehet kysyivät häneltä sanoen:
"Mitäs meidän pitää tekemän?" Ja hän sanoi heille:
"Älkää kiskoko keneltäkään älkääkä kiristäkö, vaan
tyytykää palkkaanne".

Luuk. 3:8-14

Minä kastan teidät vedellä parannukseen, mutta
se, joka minun jäljessäni tulee, on minua väkevämpi,
jonka kenkiäkään minä en ole kelvollinen kanta-
maan; hän kastaa teidät Pyhällä Hengellä ja tulella.

Hänellä on viskimensä kädessään, ja hän puh-
distaa puimatanterensa ja kokoaa nisunsa aittaan,
mutta ruumenet hän polttaa sammumattomassa
tulessa."

Matt. 3:11,12

Tämä tapahtui Betaniassa, Jordanin tuolla puo-
lella, jossa Johannes oli kastamassa.

Joh. 1:28

Sinä olet minun rakas Poikani

Silloin Jeesus tuli Galileasta Jordanille
Johanneksen tykö hänen kastettavakseen.
Mutta tämä esteli häntä sanoen: "Minun tarvit-
see saada sinulta kaste, ja sinä tulet minun tyköni!"
Jeesus vastasi ja sanoi hänelle: "Salli nyt; sillä
näin meidän sopii täyttää kaikki vanhurskaus". Sil-
loin hän salli sen hänelle.

Matt. 3:13-15

Kun siis kaikkea kansaa kastettiin ja myöskin
Jeesus oli saanut kasteen ja rukoili, niin tapahtui,
että taivas aukeni ja Pyhä Henki laskeutui hänen
päällensä ruumiillisessa muodossa, niinkuin
kyyhkynen, ja taivaasta tuli ääni: "Sinä olet minun
rakas Poikani; sinuun minä olen mielistynyt".

Ja hän, Jeesus, oli alottaessaan vaikutuksensa
noin kolmenkymmenen vuoden vanha, ja oli, niin-
kuin luultiin, Joosefin poika. Joosef oli Eelin poika,

Eeli Mattatin, tämä Leevin, tämä Melkin, tämä Jannain, tämä Joosefin, tämä Mattatiaan, tämä Aamoksen, tämä Naahumin, tämä Eslin, tämä Naggain, tämä Maahatin, tämä Mattatiaan, tämä Semeinin, tämä Joosekin, tämä Joodan, tämä Johananin, tämä Reesan, tämä Serubbaabelin, tämä Sealtielin, tämä Neerin, tämä Melkin, tämä Addin, tämä Koosamin, tämä Elmadamin, tämä Eerin, tämä Jeesuksen, tämä Elieserin, tämä Joorimin, tämä Mattatin, tämä Leevin, tämä Simeonin, tämä Juudan, tämä Joosefin, tämä Joonamin, tämä Eliakimin, tämä Melean, tämä Mennan, tämä Mattatan, tämä Naatanin, tämä Daavidin, tämä Iisain, tämä Oobedin, tämä Booaan, tämä Saalan, tämä Nahassonin, tämä Aminadabin, tämä Adminin, tämä Arnin, tämä Esromin, tämä Faareen, tämä Juudan, tämä Jaakobin, tämä Iisakin, tämä Aabrahamin, tämä Taaran, tämä Naahorin, tämä Serukin, tämä Ragaun, tämä Faalekin, tämä Eberin, tämä Saalan, tämä Kainamin, tämä Arfaksadin, tämä Seemin, tämä Nooan, tämä Laamekin, tämä Metusalan, tämä Eenokin, tämä Jaaretin, tämä Mahalalelin, tämä Keenanin, tämä Enoksen, tämä Seetin, tämä Aadamin, tämä Jumalan.

Luuk. 3:21-38

Jumalan karitsa

Seuraavana päivänä hän näki Jeesuksen tulevan tykönsä ja sanoi: "Katso, Jumalan Karitsa, joka ottaa pois maailman synnin!

Tämä on se, josta minä sanoin: 'Minun jälkeeni tulee mies, joka on ollut minun edelläni, sillä hän on ollut ennen kuin minä'.

Ja minä en tuntenut häntä; mutta sitä varten, että hän tulisi julki Israelille, minä olen tullut vedellä kastamaan."

Ja Johannes todisti sanoen: "Minä näin Hengen

laskeutuvan taivaasta alas niinkuin kyyhkysen, ja se jäi hänen päällensä.

Ja minä en tuntenut häntä; mutta hän, joka lähetti minut vedellä kastamaan, sanoi minulle: 'Se, jonka päälle sinä näet Hengen laskeutuvan ja jäävän, hän on se, joka kastaa Pyhällä Hengellä'.
Ja minä olen sen nähnyt ja olen todistanut, että tämä on Jumalan Poika."

Seuraavana päivänä Johannes taas seisoi siellä ja kaksi hänen opetuslapsistansa.

Ja kiinnittäen katseensa Jeesukseen, joka siellä käveli, hän sanoi: "Katso, Jumalan Karitsa!"

Ja ne kaksi opetuslasta kuulivat hänen näin puhuvan ja seurasivat Jeesusta.

Niin Jeesus kääntyi ja nähdessään heidän seuraavan sanoi heille: "Mitä te etsitte?" He vastasivat hänelle: "Rabbi" - se on käännettynä: opettaja - "missä sinä majailet?"

Hän sanoi heille: "Tulkaa ja katsokaa". Niin he menivät ja näkivät, missä hän majaili, ja viipyivät hänen tykönään sen päivän. Silloin oli noin kymmenes hetki.

Andreas, Simon Pietarin veli, oli toinen niistä kahdesta, jotka olivat kuulleet, mitä Johannes sanoi, ja seuranneet Jeesusta.

Hän tapasi ensin veljensä Simonin ja sanoi hänelle: "Me olemme löytäneet Messiaan", se on käännettynä: Kristus.

Ja hän vei hänet Jeesuksen tykö. Jeesus kiinnitti katseensa häneen ja sanoi: "Sinä olet Simon, Johanneksen poika; sinun nimesi on oleva Keefas", joka käännettynä on Pietari.

Joh. 1:29-42

Älä kiusaa Herraa, sinun Jumalaasi

Sitten Henki vei Jeesuksen ylös erämaahan perkeleen kiusattavaksi.

Ja kun Jeesus oli paastonnut neljäkymmentä päivää ja neljäkymmentä yötä, tuli hänen lopulta nälkä.

Silloin kiusaaja tuli hänen luoksensa ja sanoi hänelle: "Jos sinä olet Jumalan Poika, niin käske näiden kivien muuttua leiviksi".

Mutta hän vastasi ja sanoi: "Kirjoitettu on: 'Ei ihminen elä ainoastaan leivästä, vaan jokaisesta sanasta, joka Jumalan suusta lähtee'."

Matt.4:1-4

Ja perkele vei hänet korkealle vuorelle ja näytti hänelle yhdessä tuokiossa kaikki maailman valta-kunnat ja sanoi hänelle: "Sinulle minä annan kaiken tämän valtapiirin ja sen loiston, sillä minun haltuuni se on annettu, ja minä annan sen, kenelle tahdon.

Jos sinä siis kumarrut minun eteeni, niin tämä kaikki on oleva sinun."

Jeesus vastasi ja sanoi hänelle: "Kirjoitettu on: 'Sinun pitää kumartaman Herraa, sinun Jumalaasi, ja häntä ainoata palveleman'."

Luuk. 4:5-8

Silloin perkele otti hänet kanssansa pyhään kaupunkiin ja asetti hänet pyhäkön harjalle ja sanoi hänelle: "Jos sinä olet Jumalan Poika, niin heittäydy tästä alas; sillä kirjoitettu on: 'Hän antaa enkeleilleen käskyn sinusta', ja: 'He kantavat sinua käsillänsä, ettet jalkaasi kiveen loukkaisi'."
Jeesus sanoi hänelle: "Taas on kirjoitettu: 'Älä kiusaa Herraa, sinun Jumalaasi'."

Matt. 4:5-7

Ja kun oli kaiken kiusattavansa kiusannut, pois-tui perkele hänen luotaan ajaksi.

Luuk. 4:13

Eikö tämä ole Joosefin poika?

Ja Jeesus palasi Hengen voimassa Galileaan; ja sanoma hänestä levisi kaikkiin ympärillä oleviin seutuihin.

Ja hän opetti heidän synagoogissaan, ja kaikki ylistivät häntä.

Ja hän saapui Nasaretiin, jossa hänet oli kasvatettu, ja meni tapansa mukaan sapatinpäivänä synagoogaan ja nousi lukemaan.

Niin hänelle annettiin profeetta Esaiaan kirja, ja kun hän avasi kirjan, löysi hän sen paikan, jossa oli kirjoitettuna:*"Herran Henki on minun päälläni, sillä hän on voidellut minut julistamaan evankeliumia köyhille; hän on lähettänyt minut saarnaamaan vangituille vapautusta ja sokeille näkönsä saamista, päästämään sorretut vapauteen, saarnaamaan Herran otollista vuotta".*

Ja käärittyään kirjan kokoon hän antoi sen palvelijalle ja istuutui; ja kaikkien synagoogassa olevien silmät olivat häneen kiinnitetyt.

Niin hän rupesi puhumaan heille: "Tänä päivänä tämä kirjoitus on käynyt toteen teidän korvainne kuullen".

Ja kaikki lausuivat hänestä hyvän todistuksen ja ihmettelivät niitä armon sanoja, jotka hänen suustansa lähtivät; ja he sanoivat: "Eikö tämä ole Joosefin poika?"

Niin hän sanoi heille: "Kaiketi aiotte sanoa minulle tämän sananlaskun: 'Parantaja, paranna itsesi'; 'tee täälläkin, kotikaupungissasi, niitä suuria tekoja, joita olemme kuulleet tapahtuneen Kapernaumissa'."

Ja hän sanoi: "Totisesti minä sanon teille: ei kukaan profeetta ole otollinen kotikaupungissaan.

Minä sanon teille totuudessa: monta leskeä oli Eliaan aikana Israelissa, kun taivas oli suljettuna kolme vuotta ja kuusi kuukautta ja suuri nälkä tuli kaikkeen maahan, eikä Eliasta lähetetty kenenkään tykö heistä, vaan ainoastaan leskivaimon tykö Siidonin-maan Sareptaan.

Ja monta pitalista miestä oli Israelissa profeetta Elisan aikana, eikä kukaan heistä tullut puhdistetuksi, vaan ainoastaan Naiman, syyrialainen."

Tämän kuullessaan kaikki, jotka olivat synagoogassa, tulivat kiukkua täyteen ja nousivat ja ajoivat hänet ulos kaupungista ja veivät hänet sen vuoren jyrkänteelle asti, jolle heidän kaupunkinsa oli rakennettu, syöstäkseen hänet alas.

Mutta hän lähti pois käyden heidän keskitsensä.

Luuk. 4:14-30

Tehkää parannus

Mutta kun Jeesus kuuli, että Johannes oli pantu vankeuteen, poistui hän Galileaan.

Ja hän jätti Nasaretin ja meni asumaan Kapernaumiin, joka on meren rannalla, Sebulonin ja Naftalin alueella; että kävisi toteen, mikä on puhuttu profeetta Esaiaan kautta, joka sanoo: *"Sebulonin maa ja Naftalin maa, meren tie, Jordanin tuonpuoleinen maa, pakanain Galilea - kansa, joka pimeydessä istui, näki suuren valkeuden, ja jotka istuivat kuoleman maassa ja varjossa, niille koitti valkeus"*.

Siitä lähtien Jeesus rupesi saarnaamaan ja sanomaan: "Tehkää parannus, sillä taivasten valtakunta on tullut lähelle".

Matt. 4:12-17

Seuratkaa minua, niin minä teen teistä ihmisten kalastajia

Ja kulkiessaan Galilean järven rantaa hän näki kaksi veljestä, Simonin, jota kutsutaan Pietariksi, ja Andreaan, hänen veljensä, heittämässä verkkoa järveen; sillä he olivat kalastajia.

Ja hän sanoi heille: "Seuratkaa minua, niin minä teen teistä ihmisten kalastajia". Niin he jättivät kohta verkot ja seurasivat häntä.

Matt. 4:18-20

Ja käytyään siitä vähän eteenpäin hän näki Jaakobin, Sebedeuksen pojan, ja Johanneksen, hänen veljensä, heidätkin venheessä, laittamassa verkkojaan kuntoon.

Ja kohta hän kutsui heidät; ja he jättivät isänsä, Sebedeuksen, palkkalaisineen venheeseen ja lähtivät seuraamaan häntä.

Mark. 1:19,20

Voiko Nasaretista tulla mitään hyvää?

Seuraavana päivänä Jeesus tahtoi lähteä Galileaan; ja hän tapasi Filippuksen ja sanoi hänelle: "Seuraa minua".

Ja Filippus oli Beetsaidasta, Andreaan ja Pietarin kaupungista.

Filippus tapasi Natanaelin ja sanoi hänelle: "Me olemme löytäneet sen, josta Mooses laissa ja profeetat ovat kirjoittaneet, Jeesuksen, Joosefin pojan, Nasaretista".

Natanael sanoi hänelle: "Voiko Nasaretista tulla mitään hyvää?" Filippus sanoi hänelle: "Tule ja katso".

Jeesus näki Natanaelin tulevan tykönsä ja sanoi

hänestä: "Katso, oikea israelilainen, jossa ei vilppiä ole!"

Natanael sanoi hänelle: "Mistä minut tunnet?" Jeesus vastasi ja sanoi hänelle: "Ennenkuin Filippus sinua kutsui, kun olit viikunapuun alla, näin minä sinut".

Natanael vastasi ja sanoi hänelle: "Rabbi, sinä olet Jumalan Poika, sinä olet Israelin kuningas".

Jeesus vastasi ja sanoi hänelle: "Sentähden, että minä sanoin sinulle: 'minä näin sinut viikunapuun alla', sinä uskot. Sinä saat nähdä suurempia, kuin nämä ovat."

Ja hän sanoi hänelle: "Totisesti, totisesti minä sanon teille: te saatte nähdä taivaan avoinna ja Jumalan enkelien nousevan ylös ja laskeutuvan alas Ihmisen Pojan päälle."

Joh. 1:43-51

JEESUKSEN VOIMATEKOJA

Ammentakaa nyt
ja viekää edeskäyvälle

Ja kolmantena päivänä oli häät Galilean Kaanassa, ja Jeesuksen äiti oli siellä.

Ja myös Jeesus ja hänen opetuslapsensa olivat kutsutut häihin.

Ja kun viini loppui, sanoi Jeesuksen äiti hänelle: "Heillä ei ole viiniä".

Jeesus sanoi hänelle: "Mitä sinä tahdot minusta, vaimo? Minun aikani ei ole vielä tullut."

Hänen äitinsä sanoi palvelijoille: "Mitä hän teille sanoo, se tehkää".

Niin oli siinä juutalaisten puhdistamistavan mukaan kuusi kivistä vesiastiaa, kukin kahden tai kolmen mitan vetoinen.

Jeesus sanoi heille: "Täyttäkää astiat vedellä". Ja he täyttivät ne reunoja myöten.

Ja hän sanoi heille: "Ammentakaa nyt ja viekää edeskäyvälle". Ja he veivät.

Mutta kun edeskäypä maistoi vettä, joka oli muuttunut viiniksi, eikä tiennyt, mistä se oli tullut - mutta palvelijat, jotka veden olivat ammentaneet, tiesivät sen - kutsui edeskäypä yljän ja sanoi hänelle: "Jokainen panee ensin esille hyvän viinin ja sitten, kun juopuvat, huonomman. Sinä olet säästänyt hyvän viinin tähän asti."

Tämän ensimmäisen tunnustekonsa Jeesus teki Galilean Kaanassa ja ilmoitti kirkkautensa; ja hänen opetuslapsensa uskoivat häneen.

Sen jälkeen hän meni alas Kapernaumiin, hän ja hänen äitinsä ja veljensä ja opetuslapsensa; ja siellä he eivät viipyneet monta päivää.

Joh. 2:1-12

Älkää tehkö minun isäni huonetta markkinahuoneeksi

Ja juutalaisten pääsiäinen oli lähellä, ja Jeesus meni ylös Jerusalemiin. Niin hän tapasi pyhäkössä ne, jotka myivät härkiä ja lampaita ja kyyhkysiä, ja rahanvaihtajat istumassa.

Ja hän teki nuorista ruoskan ja ajoi ulos pyhäköstä heidät kaikki lampaineen ja härkineen ja kaasi vaihtajain rahat maahan ja työnsi heidän pöytänsä kumoon.

Ja hän sanoi kyyhkysten myyjille: "Viekää pois nämä täältä. Älkää tehkö minun Isäni huonetta markkinahuoneeksi."

Silloin hänen opetuslapsensa muistivat, että on kirjoitettu: "Kiivaus sinun huoneesi puolesta kuluttaa minut".

Niin juutalaiset vastasivat ja sanoivat hänelle:
"Minkä merkin sinä näytät meille, koska näitä teet?"

Jeesus vastasi ja sanoi heille: "Hajottakaa
maahan tämä temppeli, niin minä pystytän sen kol-
messa päivässä".

Niin juutalaiset sanoivat: "Neljäkymmentä
kuusi vuotta on tätä temppeliä rakennettu, ja sinäkö
pystytät sen kolmessa päivässä?"

Mutta hän puhui ruumiinsa temppelistä.

Joh. 2:13-21

Kuinka ihminen voi vanhana syntyä?

Mutta oli mies, fariseusten joukosta, nimeltä
Nikodeemus, juutalaisten hallitusmiehiä.

Hän tuli Jeesuksen tykö yöllä ja sanoi hänelle:
"Rabbi, me tiedämme, että sinun opettajaksi tule-
misesi on Jumalasta, sillä ei kukaan voi tehdä niitä
tunnustekoja, joita sinä teet, ellei Jumala ole hänen
kanssansa."

Jeesus vastasi ja sanoi hänelle: "Totisesti,
totisesti minä sanon sinulle: joka ei synny uudesti,
ylhäältä, se ei voi nähdä Jumalan valtakuntaa".

Nikodeemus sanoi hänelle: "Kuinka voi ihmi-
nen vanhana syntyä? Eihän hän voi jälleen mennä
äitinsä kohtuun ja syntyä?"

Jeesus vastasi: "Totisesti, totisesti minä sanon
sinulle: jos joku ei synny vedestä ja Hengestä, ei hän
voi päästä sisälle Jumalan valtakuntaan.

Mikä lihasta on syntynyt, on liha; ja mikä Hen-
gestä on syntynyt, on henki.

Älä ihmettele, että minä sanoin sinulle: teidän
täytyy syntyä uudesti, ylhäältä.

Tuuli puhaltaa, missä tahtoo, ja sinä kuulet sen
huminan, mutta et tiedä, mistä se tulee ja minne se
menee; niin on jokaisen, joka on Hengestä synty-
nyt."

Nikodeemus vastasi ja sanoi hänelle: "Kuinka tämä voi tapahtua?"

Jeesus vastasi ja sanoi hänelle: "Sinä olet Israelin opettaja etkä tätä tiedä!

Totisesti, totisesti minä sanon sinulle: me puhumme, mitä tiedämme, ja todistamme, mitä olemme nähneet, ettekä te ota vastaan meidän todistustamme.

Jos ette usko, kun minä puhun teille maallisista, kuinka te uskoisitte, jos minä puhun teille taivaallisista?

Ei kukaan ole noussut ylös taivaaseen, paitsi hän, joka taivaasta tuli alas, Ihmisen Poika, joka on taivaassa.

Ja niinkuin Mooses ylensi käärmeen erämaassa, niin pitää Ihmisen Poika ylennettämän, että jokaisella, joka häneen uskoo, olisi iankaikkinen elämä.

Sillä niin on Jumala maailmaa rakastanut, että hän antoi ainokaisen Poikansa, ettei yksikään, joka häneen uskoo, hukkuisi, vaan hänellä olisi iankaikkinen elämä.

Sillä ei Jumala lähettänyt Poikaansa maailmaan tuomitsemaan maailmaa, vaan sitä varten, että maailma hänen kauttansa pelastuisi.

Joka uskoo häneen, sitä ei tuomita; mutta joka ei usko, se on jo tuomittu, koska hän ei ole uskonut Jumalan ainokaisen Pojan nimeen.

Mutta tämä on tuomio, että valkeus on tullut maailmaan, ja ihmiset rakastivat pimeyttä enemmän kuin valkeutta; sillä heidän tekonsa olivat pahat.

Sillä jokainen, joka pahaa tekee, vihaa valkeutta eikä tule valkeuteen, ettei hänen tekojansa nuhdeltaisi.

Mutta joka totuuden tekee, se tulee valkeuteen, että hänen tekonsa tulisivat julki, sillä ne ovat Jumalassa tehdyt."

Joh. 3:1-21

Anna minulle juoda

Kun nyt Herra sai tietää fariseusten kuulleen, että Jeesus teki opetuslapsiksi ja kastoi useampia kuin Johannes - vaikka Jeesus ei itse kastanut, vaan hänen opetuslapsensa - jätti hän Juudean ja meni taas Galileaan.

Mutta hänen oli kuljettava Samarian kautta.

Niin hän tuli Sykar nimiseen Samarian kaupunkiin, joka on lähellä sitä maa-aluetta, minkä Jaakob oli antanut pojalleen Joosefille.

Ja siellä oli Jaakobin lähde. Kun nyt Jeesus oli matkasta väsynyt, istui hän lähteen reunalle. Ja oli noin kuudes hetki.

Niin tuli eräs Samarian nainen ammentamaan vettä. Jeesus sanoi hänelle: "Anna minulle juoda".

Sillä hänen opetuslapsensa olivat lähteneet kaupunkiin ruokaa ostamaan.

Niin Samarian nainen sanoi hänelle: "Kuinka sinä, joka olet juutalainen, pyydät juotavaa minulta, samarialaiselta naiselta?" Sillä juutalaiset eivät seurustele samarialaisten kanssa.

Jeesus vastasi ja sanoi hänelle: "Jos sinä tietäisit Jumalan lahjan, ja kuka se on, joka sinulle sanoo: 'Anna minulle juoda', niin sinä pyytäisit häneltä, ja hän antaisi sinulle elävää vettä."

Nainen sanoi hänelle: "Herra, eipä sinulla ole ammennusastiaa, ja kaivo on syvä; mistä sinulla sitten on se elävä vesi?

Et kai sinä ole suurempi kuin meidän isämme Jaakob, joka antoi meille tämän kaivon ja joi siitä, hän itse sekä hänen poikansa ja karjansa?"

Jeesus vastasi ja sanoi hänelle: "Jokainen, joka juo tätä vettä, janoaa jälleen, mutta joka juo sitä vettä, jota minä hänelle annan, se ei ikinä janoa; vaan se vesi, jonka minä hänelle annan, tulee hänessä sen veden lähteeksi, joka kumpuaa iankaikkiseen elämään".

Joh. 4:1-14

Herra, anna minulle sitä vettä, ettei minun tulisi jano

Nainen sanoi hänelle: "Herra, anna minulle sitä vettä, ettei minun tulisi jano eikä minun tarvitsisi käydä täällä ammentamassa".

Jeesus sanoi hänelle: "Mene, kutsu miehesi ja tule tänne".

Nainen vastasi ja sanoi: "Ei minulla ole miestä". Jeesus sanoi hänelle: "Oikein sinä sanoit: 'Ei minulla ole miestä', sillä viisi miestä sinulla on ollut, ja se, joka sinulla nyt on, ei ole sinun miehesi; siinä sanoit totuuden."

Nainen sanoi hänelle: "Herra, minä näen, että sinä olet profeetta.

Meidän isämme ovat kumartaen rukoilleet tällä vuorella; ja te sanotte, että Jerusalemissa on se paikka, jossa tulee kumartaen rukoilla."

Jeesus sanoi hänelle: "Vaimo, usko minua! Tulee aika, jolloin ette rukoile Isää tällä vuorella ettekä Jerusalemissa.

Te kumarratte sitä, mitä ette tunne; me kumarramme sitä, minkä me tunnemme. Sillä pelastus on juutalaisista.

Mutta tulee aika ja on jo, jolloin totiset rukoilijat rukoilevat Isää hengessä ja totuudessa; sillä senkaltaisia rukoilijoita myös Isä tahtoo.

Jumala on Henki; ja jotka häntä rukoilevat, niiden tulee rukoilla hengessä ja totuudessa."

Nainen sanoi hänelle: "Minä tiedän, että Messias on tuleva, hän, jota sanotaan Kristukseksi; kun hän tulee, ilmoittaa hän meille kaikki".

Jeesus sanoi hänelle: "Minä olen se, minä, joka puhun sinun kanssasi".

Joh. 4:15-26

Toinen on kylväjä ja leikkaaja toinen

Samassa hänen opetuslapsensa tulivat; ja he ihmettelivät, että hän puhui naisen kanssa. Kuitenkaan ei kukaan sanonut: "Mitä pyydät?" tai: "Mitä puhelet hänen kanssaan?"

Niin nainen jätti vesiastiansa ja meni kaupunkiin ja sanoi ihmisille: "Tulkaa katsomaan miestä, joka on sanonut minulle kaikki, mitä minä olen tehnyt. Eihän se vain liene Kristus?"

Niin he lähtivät kaupungista ja menivät hänen luoksensa.

Sillävälin opetuslapset pyysivät häntä sanoen: "Rabbi, syö!"

Mutta hän sanoi heille: "Minulla on syötävänä ruokaa, josta te ette tiedä".

Niin opetuslapset sanoivat keskenään: "Lieneekö joku tuonut hänelle syötävää?"

Jeesus sanoi heille: "Minun ruokani on se, että minä teen lähettäjäni tahdon ja täytän hänen tekonsa.

Ettekö sano: 'Vielä on neljä kuukautta, niin elonleikkuu joutuu'? Katso, minä sanon teille: nostakaa silmänne ja katselkaa vainioita, kuinka ne ovat valjenneet leikattaviksi.

Jo nyt saa leikkaaja palkan ja kokoaa hedelmää iankaikkiseen elämään, että kylväjä ja leikkaaja saisivat yhdessä iloita.

Sillä tässä on se sana tosi, että toinen on kylväjä, ja leikkaaja toinen.

Minä olen lähettänyt teidät leikkaamaan sitä, josta te ette ole vaivaa nähneet; toiset ovat vaivan nähneet, ja te olette päässeet heidän vaivansa hedelmille."

Ja monet samarialaiset siitä kaupungista uskoivat häneen naisen puheen tähden, kun tämä todisti: "Hän on sanonut minulle kaikki, mitä minä olen tehnyt".

Kun nyt samarialaiset tulivat hänen luoksensa, pyysivät he häntä viipymään heidän luonaan; ja hän viipyi siellä kaksi päivää.

Ja vielä paljoa useammat uskoivat hänen sanansa tähden, ja he sanoivat naiselle: "Emme enää usko sinun puheesi tähden, sillä me itse olemme kuulleet ja tiedämme, että tämä totisesti on maailman Vapahtaja".

Joh. 4:27-42

Uusi, voimallinen oppi!

Ja he saapuivat Kapernaumiin; ja hän meni kohta sapattina synagoogaan ja opetti.

Ja he olivat hämmästyksissään hänen opetuksestansa, sillä hän opetti heitä niinkuin se, jolla valta on, eikä niinkuin kirjanoppineet.

Ja heidän synagoogassaan oli juuri silloin mies, jossa oli saastainen henki; ja se huusi sanoen: "Mitä sinulla on meidän kanssamme tekemistä, Jeesus Nasaretilainen? Oletko tullut meitä tuhoamaan? Minä tunnen sinut, kuka olet, sinä Jumalan Pyhä."

Niin Jeesus nuhteli sitä sanoen: "Vaikene ja lähde hänestä".

Ja saastainen henki kouristi häntä ja lähti hänestä huutaen suurella äänellä.

Ja he hämmästyivät kaikki, niin että kyselivät toisiltaan sanoen: "Mitä tämä on? Uusi, voimallinen oppi! Hän käskee saastaisia henkiäkin, ja ne tottelevat häntä."

Mark. 1:21-27

Minun tulee muillekin kaupungeille julistaa

Ja maine hänestä levisi kaikkialle ympäristön seutuihin.

Niin hän nousi ja meni synagoogasta Simonin kotiin. Ja Simonin anoppi sairasti kovaa kuumetta, ja he rukoilivat Jeesusta hänen puolestansa.

Niin hän meni ja kumartui hänen ylitsensä ja nuhteli kuumetta, ja se lähti hänestä; ja heti vaimo nousi ja palveli heitä.

Auringon laskiessa kaikki, joilla oli sairaita, mikä missäkin taudissa, veivät ne hänen tykönsä. Ja hän pani kätensä heidän itsekunkin päälle ja paransi heidät.

Myös lähtivät riivaajat ulos monesta, huutaen ja sanoen: "Sinä olet Jumalan Poika!" Mutta hän nuhteli niitä eikä sallinut niiden puhua, koska ne tiesivät hänen olevan Kristuksen.

Ja päivän tultua hän lähti pois ja meni autioon paikkaan; mutta kansa etsi häntä, ja saavuttuaan hänen luokseen he pidättelivät häntä lähtemästä heidän luotansa.

Mutta hän sanoi heille: "Minun tulee muillekin kaupungeille julistaa Jumalan valtakunnan evankeliumia, sillä sitä varten minä olen lähetetty".

Ja hän saarnasi Galilean synagoogissa.

Luuk. 4:37-44

Tästedes sinä saat saaliiksi ihmisiä

Kun kansa tunkeutui hänen ympärilleen kuulemaan Jumalan sanaa ja hän seisoi Gennesaretin järven rannalla, niin hän näki järven rannassa kaksi venhettä; mutta kalastajat olivat niistä lähteneet ja huuhtoivat verkkojaan.

Ja hän astui toiseen niistä, joka oli Simonin, ja pyysi häntä viemään sen vähän matkaa maasta; ja hän istui ja opetti kansaa venheestä.

Mutta puhumasta lakattuaan hän sanoi Simonille: "Vie venhe syvälle ja heittäkää verkkonne apajalle".

Niin Simon vastasi ja sanoi hänelle: "Mestari, koko yön me olemme tehneet työtä emmekä ole mitään saaneet; mutta sinun käskystäsi minä heitän verkot".

Ja sen tehtyään he saivat kierretyksi suuren joukon kaloja, ja heidän verkkonsa repeilivät.

Niin he viittasivat toisessa venheessä oleville tovereilleen, että nämä tulisivat auttamaan heitä; ja he tulivat. Ja he täyttivät molemmat venheet, niin että ne olivat uppoamaisillaan.

Kun Simon Pietari sen näki, lankesi hän Jeesuksen polvien eteen ja sanoi: "Mene pois minun tyköäni, Herra, sillä minä olen syntinen ihminen".

Sillä kalansaaliin tähden, jonka he olivat saaneet, oli hämmästys vallannut hänet ja kaikki ne, jotka olivat hänen kanssaan, ja samoin myös Simonin kalastuskumppanit, Jaakobin ja Johanneksen, Sebedeuksen pojat. Mutta Jeesus sanoi Simonille: "Älä pelkää, tästedes sinä saat saaliiksi ihmisiä".

Ja he veivät venheet maihin, jättivät kaikki ja seurasivat häntä.

Luuk. 5:1-11

Ja hän kierteli kautta koko Galilean ja opetti heidän synagoogissaan ja saarnasi valtakunnan evankeliumia ja paransi kaikkinaisia tauteja ja kaikkinaista raihnautta, mitä kansassa oli.

Ja maine hänestä levisi koko Syyriaan, ja hänen luoksensa tuotiin kaikki sairastavaiset, monenlaisten tautien ja vaivojen rasittamat, riivatut, kuunvaihetautiset ja halvatut; ja hän paransi heidät.

Ja häntä seurasi suuri kansan paljous Galileasta ja Dekapolista ja Jerusalemista ja Juudeasta ja Jordanin tuolta puolen.

Matt. 4:23-25

Hän opetti niinkuin se, jolla valta on

Kun hän näki kansanjoukot, nousi hän vuorelle; ja kun hän oli istuutunut, tulivat hänen opetuslapsensa hänen tykönsä. Niin hän avasi suunsa ja opetti heitä ja sanoi:

Autuaat

Autuaita ovat hengellisesti köyhät, sillä heidän on taivasten valtakunta.

Autuaita ovat murheelliset, sillä he saavat lohdutuksen.

Autuaita ovat hiljaiset, sillä he saavat maan periä.

Autuaita ovat ne, jotka isoavat ja janoavat vanhurskautta, sillä heidät ravitaan.

Autuaita ovat laupiaat, sillä he saavat laupeuden.

Autuaita ovat puhdassydämiset, sillä he saavat nähdä Jumalan.

Autuaita ovat rauhantekijät, sillä heidät pitää Jumalan lapsiksi kutsuttaman.

Autuaita ovat ne, joita vanhurskauden tähden vainotaan, sillä heidän on taivasten valtakunta.

Autuaita olette te, kun ihmiset minun tähteni

teitä solvaavat ja vainoavat ja valhetellen puhuvat teistä kaikkinaista pahaa.

Iloitkaa ja riemuitkaa, sillä teidän palkkanne on suuri taivaissa. Sillä samoin he vainosivat profeettoja, jotka olivat ennen teitä.

Te olette maan suola

Te olette maan suola; mutta jos suola käy mauttomaksi, millä se saadaan suolaiseksi? Se ei enää kelpaa mihinkään muuhun kuin pois heitettäväksi ja ihmisten tallattavaksi.

Te olette maailman valkeus. Ei voi ylhäällä vuorella oleva kaupunki olla kätkössä; eikä lamppua sytytetä ja panna vakan alle, vaan lampunjalkaan, ja niin se loistaa kaikille huoneessa oleville.

Niin loistakoon teidän valonne ihmisten edessä, että he näkisivät teidän hyvät tekonne ja ylistäisivät teidän Isäänne, joka on taivaissa.

Laki

Älkää luulko, että minä olen tullut lakia tai profeettoja kumoamaan; en minä ole tullut kumoamaan, vaan täyttämään.

Sillä totisesti minä sanon teille: kunnes taivas ja maa katoavat, ei laista katoa pieninkään kirjain, ei ainoakaan piirto, ennenkuin kaikki on tapahtunut.

Sentähden, joka purkaa yhdenkään näistä pienimmistä käskyistä ja sillä tavalla opettaa ihmisiä, se pitää pienimmäksi taivasten valtakunnassa kutsuttaman; mutta joka niitä noudattaa ja niin opettaa, se pitää kutsuttaman suureksi taivasten valtakunnassa.

Sillä minä sanon teille: ellei teidän vanhurskautenne ole paljoa suurempi kuin kirjanoppineiden ja fariseusten, niin te ette pääse taivasten valtakuntaan.

Suostu pian sopimaan

Te olette kuulleet sanotuksi vanhoille: 'Älä tapa', ja: 'Joka tappaa, se on ansainnut oikeuden tuomion'.

Mutta minä sanon teille: jokainen, joka vihastuu veljeensä, on ansainnut oikeuden tuomion; ja joka sanoo veljelleen: 'Sinä tyhjänpäiväinen', on ansainnut suuren neuvoston tuomion; ja joka sanoo: 'Sinä hullu', on ansainnut helvetin tulen.

Sentähden, jos tuot lahjaasi alttarille ja siellä muistat, että veljelläsi on jotakin sinua vastaan, niin jätä lahjasi siihen alttarin eteen, ja käy ensin sopimassa veljesi kanssa, ja tule sitten uhraamaan lahjasi.

Suostu pian sopimaan riitapuolesi kanssa, niin kauan kuin vielä olet hänen kanssaan tiellä, ettei riitapuolesi vetäisi sinua tuomarin eteen ja tuomari antaisi sinua oikeudenpalvelijalle, ja ettei sinua pantaisi vankeuteen.

Totisesti minä sanon sinulle: sieltä et pääse, ennenkuin maksat viimeisenkin rovon.

Älä tee huorin

Te olette kuulleet sanotuksi: 'Älä tee huorin'. Mutta minä sanon teille: jokainen, joka katsoo naista himoiten häntä, on jo sydämessään tehnyt huorin hänen kanssansa.

Jos sinun oikea silmäsi viettelee sinua, repäise se pois ja heitä luotasi; sillä parempi on sinulle, että yksi jäsenistäsi joutuu hukkaan, kuin että koko ruumiisi heitetään helvettiin.

Ja jos sinun oikea kätesi viettelee sinua, hakkaa se poikki ja heitä luotasi; sillä parempi on sinulle, että yksi jäsenistäsi joutuu hukkaan, kuin että koko ruumiisi menee helvettiin.

On sanottu: 'Joka hylkää vaimonsa, antakoon hänelle erokirjan'.

Mutta minä sanon teille: jokainen, joka hylkää vaimonsa muun kuin huoruuden tähden, saattaa hänet tekemään huorin, ja joka nai hyljätyn, tekee huorin.

Älä vanno

Vielä olette kuulleet sanotuksi vanhoille: 'Älä vanno väärin', ja: 'Täytä Herralle valasi'.

Mutta minä sanon teille: älkää ensinkään vannoko, älkää taivaan kautta, sillä se on Jumalan valtaistuin, älkääkä maan kautta, sillä se on hänen jalkojensa astinlauta, älkää myöskään Jerusalemin kautta, sillä se on suuren Kuninkaan kaupunki; äläkä vanno pääsi kautta, sillä et sinä voi yhtäkään hiusta tehdä valkeaksi etkä mustaksi; vaan olkoon teidän puheenne: 'On, on', tahi: 'ei, ei'. Mitä siihen lisätään, se on pahasta.

Olkaa siis te täydelliset

Te olette kuulleet sanotuksi: 'Silmä silmästä ja hammas hampaasta'.

Mutta minä sanon teille: älkää tehkö pahalle vastarintaa; vaan jos joku lyö sinua oikealle poskelle, käännä hänelle toinenkin; ja jos joku tahtoo sinun kanssasi käydä oikeutta ja ottaa ihokkaasi, anna hänen saada vaippasikin; ja jos joku pakottaa sinua yhden virstan matkalle, kulje hänen kanssaan kaksi.

Anna sille, joka sinulta anoo, äläkä käännä selkääsi sille, joka sinulta lainaa pyytää.

Te olette kuulleet sanotuksi: 'Rakasta lähimmäistäsi ja vihaa vihollistasi'.

Mutta minä sanon teille: rakastakaa vihollisianne ja rukoilkaa niiden puolesta, jotka teitä vainoavat, että olisitte Isänne lapsia, joka on taivaissa; sillä hän antaa aurinkonsa koittaa niin pahoille kuin hyvillekin, ja antaa sataa niin väärille kuin vanhurskaillekin.

Sillä jos te rakastatte niitä, jotka teitä rakastavat, mikä palkka teille siitä on tuleva? Eivätkö publikaanitkin tee samoin?

Ja jos te osoitatte ystävällisyyttä ainoastaan veljillenne, mitä erinomaista te siinä teette? Eivätkö pakanatkin tee samoin?

Olkaa siis te täydelliset, niinkuin teidän taivaallinen Isänne täydellinen on."

Matt. 5:1-48

Kun rukoilette, niin älkää tyhjiä hokeko

Kavahtakaa, ettette harjoita vanhurskauttanne ihmisten nähden, että he teitä katselisivat; muutoin ette saa palkkaa Isältänne, joka on taivaissa.

Sentähden, kun annat almuja, älä soitata torvea edelläsi, niinkuin ulkokullatut tekevät synagoogissa ja kaduilla saadakseen ylistystä ihmisiltä. Totisesti minä sanon teille: he ovat saaneet palkkansa.

Vaan kun sinä almua annat, älköön vasen kätesi tietäkö, mitä oikea kätesi tekee, että almusi olisi salassa; ja sinun Isäsi, joka salassa näkee, maksaa sinulle.

Ja kun rukoilette, älkää olko niinkuin ulkokullatut; sillä he mielellään seisovat ja rukoilevat synagoogissa ja katujen kulmissa, että ihmiset heidät näkisivät. Totisesti minä sanon teille: he ovat saaneet palkkansa.

Vaan sinä, kun rukoilet, mene kammioosi ja sulje ovesi ja rukoile Isääsi, joka on salassa; ja sinun Isäsi, joka salassa näkee, maksaa sinulle.

Ja kun rukoilette, niin älkää tyhjiä hokeko niinkuin pakanat, jotka luulevat, että heitä heidän monisanaisuutensa tähden kuullaan.

Älkää siis olko heidän kaltaisiaan; sillä teidän Isänne kyllä tietää, mitä te tarvitsette, ennenkuin häneltä anottekaan.

Rukoilkaa siis te näin: Isä meidän, joka olet taivaissa! Pyhitetty olkoon sinun nimesi; tulkoon sinun valtakuntasi; tapahtukoon sinun tahtosi myös maan päällä niinkuin taivaassa; anna meille tänä päivänä meidän jokapäiväinen leipämme; ja anna meille meidän velkamme anteeksi, niinkuin mekin annamme anteeksi meidän velallisillemme; äläkä saata meitä kiusaukseen; vaan päästä meidät pahasta, (sillä sinun on valtakunta ja voima ja kunnia iankaikkisesti. Amen.)

Jos ette anna ihmisille anteeksi

Sillä jos te annatte anteeksi ihmisille heidän rikkomuksensa, niin teidän taivaallinen Isänne myös antaa teille anteeksi; mutta jos te ette anna ihmisille anteeksi, niin ei myöskään teidän Isänne anna anteeksi teidän rikkomuksianne.

He ovat saaneet palkkansa

Ja kun paastoatte, älkää olko synkännäköisiä niinkuin ulkokullatut; sillä he tekevät kasvonsa surkeiksi, että ihmiset näkisivät heidän paastoavan. Totisesti minä sanon teille: he ovat saaneet palkkansa.

Vaan kun sinä paastoat, niin voitele pääsi ja pese kasvosi, etteivät paastoamistasi näkisi ihmiset, vaan sinun Isäsi, joka on salassa; ja sinun Isäsi, joka salassa näkee, maksaa sinulle.

Missä sinun aarteesi on

Älkää kootko itsellenne aarteita maan päälle, missä koi ja ruoste raiskaa ja missä varkaat murtautuvat sisään ja varastavat.

Vaan kootkaa itsellenne aarteita taivaaseen, missä ei koi eikä ruoste raiskaa ja missä eivät varkaat murtaudu sisään eivätkä varasta.

Sillä missä sinun aarteesi on, siellä on myös sinun sydämesi.

Silmä on ruumiin lamppu. Jos siis silmäsi on terve, niin koko sinun ruumiisi on valaistu.

Mutta jos silmäsi on viallinen, niin koko ruumiisi on pimeä. Jos siis se valo, joka sinussa on, on pimeyttä, kuinka suuri onkaan pimeys!

Ei kukaan voi palvella kahta herraa; sillä hän on joko tätä vihaava ja toista rakastava, taikka tähän liittyvä ja toista halveksiva. Ette voi palvella Jumalaa ja mammonaa.

Älkää siis murehtiko

Sentähden minä sanon teille: älkää murehtiko hengestänne, mitä söisitte tai mitä joisitte, älkääkä ruumiistanne, mitä päällenne pukisitte. Eikö henki ole enemmän kuin ruoka ja ruumis enemmän kuin vaatteet?

Katsokaa taivaan lintuja: eivät ne kylvä eivätkä

leikkaa eivätkä kokoa aittoihin, ja teidän taivaallinen Isänne ruokkii ne. Ettekö te ole paljoa suurempiarvoiset kuin ne?

Ja kuka teistä voi murehtimisellaan lisätä ikäänsä kyynäränkään vertaa?

Ja mitä te murehditte vaatteista? Katselkaa kedon kukkia, kuinka ne kasvavat; eivät ne työtä tee eivätkä kehrää.

Kuitenkin minä sanon teille: ei Salomo kaikessa loistossansa ollut niin vaatetettu kuin yksi niistä.

Jos siis Jumala näin vaatettaa kedon ruohon, joka tänään kasvaa ja huomenna uuniin heitetään, eikö paljoa ennemmin teitä, te vähäuskoiset?

Älkää siis murehtiko sanoen: 'Mitä me syömme?' tahi: 'Mitä me juomme?' tahi: 'Millä me itsemme vaatetamme?'

Sillä tätä kaikkea pakanat tavoittelevat. Teidän taivaallinen Isänne kyllä tietää teidän kaikkea tätä tarvitsevan.

Vaan etsikää ensin Jumalan valtakuntaa ja hänen vanhurskauttansa, niin myös kaikki tämä teille annetaan.

Älkää siis murehtiko huomisesta päivästä, sillä huominen päivä pitää murheen itsestään. Riittää kullekin päivälle oma vaivansa."

Matt. 6:1-34

Älkää tuomitko

Älkää tuomitko, ettei teitä tuomittaisi; sillä millä tuomiolla te tuomitsette, sillä teidät tuomitaan; ja millä mitalla te mittaatte, sillä teille mitataan.

Kuinka näet rikan, joka on veljesi silmässä, mutta et huomaa malkaa omassa silmässäsi?

Taikka kuinka saatat sanoa veljellesi: 'Annas, minä otan rikan silmästäsi', ja katso, malka on omassa silmässäsi?

Sinä ulkokullattu, ota ensin malka omasta silmästäsi, ja sitten sinä näet ottaa rikan veljesi silmästä.

Älkää antako pyhää koirille, älkääkä heittäkö helmiänne sikojen eteen, etteivät ne tallaisi niitä jalkoihinsa ja kääntyisi ja repisi teitä.

Anokaa, niin teille annetaan; etsikää, niin te löydätte; kolkuttakaa, niin teille avataan.

Sillä jokainen anova saa, ja etsivä löytää, ja kolkuttavalle avataan.

Vai kuka teistä on se ihminen, joka antaa pojallensa kiven, kun tämä pyytää häneltä leipää, taikka, kun hän pyytää kalaa, antaa hänelle käärmeen?

Jos siis te, jotka olette pahoja, osaatte antaa lapsillenne hyviä lahjoja, kuinka paljoa ennemmin teidän Isänne, joka on taivaissa, antaa sitä, mikä hyvää on, niille, jotka sitä häneltä anovat!

Sentähden, kaikki, mitä te tahdotte ihmisten teille tekevän, tehkää myös te samoin heille; sillä tämä on laki ja profeetat.

Menkää ahtaasta portista sisälle. Sillä se portti on avara ja tie lavea, joka vie kadotukseen, ja monta on, jotka siitä sisälle menevät; mutta se portti on ahdas ja tie kaita, joka vie elämään, ja harvat ovat ne, jotka sen löytävät."

Matt. 7:1-14

Ja hän astui alas heidän kanssaan ja seisahtui lakealle paikalle; ja siellä oli suuri joukko hänen opetuslapsiaan ja paljon kansaa kaikesta Juudeasta ja Jerusalemista ja Tyyron ja Siidonin rantamaasta. Nämä olivat saapuneet kuulemaan häntä ja parantuakseen taudeistansa.

Ja myös ne, jotka olivat saastaisten henkien vaivaamia, tulivat terveiksi.

Ja kaikki kansa tahtoi päästä koskettamaan häntä, koska hänestä lähti voima, joka paransi kaikki.

Ja hän nosti silmänsä opetuslastensa puoleen ja sanoi:

Autuaita olette te

Autuaita olette te, köyhät, sillä teidän on Jumalan valtakunta.

Autuaita te, jotka nyt isoatte, sillä teidät ravitaan!

Autuaita te, jotka nyt itkette, sillä te saatte nauraa!

Autuaita olette te, kun ihmiset vihaavat teitä ja erottavat teidät yhteydestään ja herjaavat teitä ja pyyhkivät pois teidän nimenne ikäänkuin jonkin pahan - Ihmisen Pojan tähden.

Iloitkaa sinä päivänä, riemuun ratketkaa; sillä katso, teidän palkkanne on suuri taivaassa; sillä näin tekivät heidän isänsä profeetoille.

Voi teitä te rikkaat

Mutta voi teitä, te rikkaat, sillä te olette jo saaneet lohdutuksenne!

Voi teitä, jotka nyt olette kylläiset, sillä teidän on oleva nälkä! Voi teitä, jotka nyt nauratte, sillä te saatte murehtia ja itkeä!

Voi teitä, kun kaikki ihmiset puhuvat teistä hyvää! Sillä niin tekivät heidän isänsä väärille profeetoille.

Siunatkaa niitä, jotka teitä kiroavat

Mutta teille, jotka kuulette, minä sanon: rakastakaa vihollisianne, tehkää hyvää niille, jotka teitä vihaavat, siunatkaa niitä, jotka teitä kiroavat, rukoilkaa niiden edestä, jotka teitä parjaavat.

Jos joku lyö sinua poskelle, tarjoa hänelle toinenkin, ja jos joku ottaa sinulta vaipan, älä häneltä kiellä ihokastasikaan.

Anna jokaiselle, joka sinulta anoo, äläkä vaadi takaisin siltä, joka sinun omaasi ottaa.

Ja niinkuin te tahdotte ihmisten teille tekevän, niin tehkää tekin heille.

Ja jos te rakastatte niitä, jotka teitä rakastavat, mitä kiitosta teille siitä tulee? Rakastavathan syntisetkin niitä, jotka heitä rakastavat.

Ja jos teette hyvää niille, jotka teille hyvää tekevät, mitä kiitosta teille siitä tulee? Niinhän syntisetkin tekevät.

Ja jos te lainaatte niille, joilta toivotte saavanne takaisin, mitä kiitosta teille siitä tulee? Syntisetkin lainaavat syntisille saadakseen saman verran takaisin.

Vaan rakastakaa vihollisianne ja tehkää hyvää ja lainatkaa, toivomatta saavanne mitään takaisin; niin teidän palkkanne on oleva suuri, ja te tulette Korkeimman lapsiksi, sillä hän on hyvä kiittämättömille ja pahoille.

Olkaa armahtavaiset, niinkuin teidän Isänne on armahtavainen.

Antakaa anteeksi

Älkääkä tuomiko, niin ei teitäkään tuomita; älkää kadotustuomiota lausuko, niin ei teillekään kadotustuomiota lausuta. Antakaa anteeksi, niin teillekin anteeksi annetaan.

Antakaa, niin teille annetaan. Hyvä mitta, sullottu, pudistettu ja kukkurainen, annetaan teidän helmaanne; sillä millä mitalla te mittaatte, sillä mitataan teille takaisin."

Hän sanoi heille myös vertauksen: "Eihän sokea voi sokeaa taluttaa? Eivätkö molemmat lankea kuoppaan?

Ei ole opetuslapsi opettajaansa parempi; täysin oppineena jokainen on oleva niinkuin hänen opettajansa.

Kuinka näet rikan, joka on veljesi silmässä, mutta et huomaa malkaa omassa silmässäsi? Kuinka saatat sanoa veljellesi: 'Veljeni, annas, minä otan pois rikan, joka on silmässäsi', sinä, joka et näe malkaa omassa silmässäsi? Sinä ulkokullattu, ota ensin malka omasta silmästäsi, sitten sinä näet ottaa pois rikan, joka on veljesi silmässä.

Luuk. 6:17-42

Heidän hedelmistään tunnette heidät

Kavahtakaa vääriä profeettoja, jotka tulevat teidän luoksenne lammastenvaatteissa, mutta sisältä ovat raatelevaisia susia.

Heidän hedelmistään te tunnette heidät. Eihän orjantappuroista koota viinirypäleitä eikä ohdakkeista viikunoita?

Näin jokainen hyvä puu tekee hyviä hedelmiä, mutta huono puu tekee pahoja hedelmiä.

Ei saata hyvä puu kasvaa pahoja hedelmiä eikä huono puu kasvaa hyviä hedelmiä.

Jokainen puu, joka ei tee hyvää hedelmää, hakataan pois ja heitetään tuleen.

Niin te siis tunnette heidät heidän hedelmistään.

Matt.7:15-20

Hyvä ihminen tuo sydämensä hyvän runsaudesta esiin hyvää, ja paha tuo pahastansa esiin pahaa; sillä sydämen kyllyydestä suu puhuu.

Luuk. 6:45

Ei jokainen, joka sanoo minulle: 'Herra, Herra!', pääse taivasten valtakuntaan, vaan se, joka tekee minun taivaallisen Isäni tahdon.

Moni sanoo minulle sinä päivänä: 'Herra, Herra, emmekö me sinun nimesi kautta ennustaneet ja sinun nimesi kautta ajaneet ulos riivaajia ja sinun nimesi kautta tehneet monta voimallista tekoa?'

Ja silloin minä lausun heille julki: 'Minä en ole koskaan teitä tuntenut; menkää pois minun tyköäni, te laittomuuden tekijät'.

Jokainen, joka kuulee nämä
minun sanani

Sentähden on jokainen, joka kuulee nämä minun sanani ja tekee niiden mukaan, verrattava ymmärtäväiseen mieheen, joka huoneensa kalliolle rakensi.

Ja rankkasade lankesi, ja virrat tulvivat, ja tuulet puhalsivat ja syöksyivät sitä huonetta vastaan, mutta se ei sortunut, sillä se oli kalliolle perustettu.

Ja jokainen, joka kuulee nämä minun sanani eikä tee niiden mukaan, on verrattava tyhmään mieheen, joka huoneensa hiekalle rakensi.

Ja rankkasade lankesi, ja virrat tulvivat, ja tuulet puhalsivat ja syöksähtivät sitä huonetta vastaan, ja se sortui, ja sen sortuminen oli suuri."

Ja kun Jeesus lopetti nämä puheet, olivat kansanjoukot hämmästyksissään hänen opetuksestansa, sillä hän opetti heitä niinkuin se, jolla valta on, eikä niinkuin heidän kirjanoppineensa.

Matt.7:21-29

Minä tahdon; puhdistu

Ja kun hän oli eräässä kaupungissa, niin katso, siellä oli mies, yltänsä pitalissa. Ja nähdessään Jeesuksen hän lankesi kasvoilleen ja rukoili häntä sanoen: "Herra, jos tahdot, niin sinä voit minut puhdistaa".

Niin hän ojensi kätensä, kosketti häntä ja sanoi: "Minä tahdon; puhdistu". Ja kohta pitali lähti hänestä.

Ja hän kielsi häntä siitä kenellekään puhumasta ja sanoi: "Mene, näytä itsesi papille, ja uhraa puhdistumisestasi, niinkuin Mooses on säätänyt, todistukseksi heille".

Luuk. 5:12-14

Mutta mentyään pois tämä rupesi laajalti julistamaan ja asiasta tietoa levittämään, niin ettei Jeesus enää saattanut julkisesti mennä kaupunkeihin, vaan oleskeli niiden ulkopuolella autioissa paikoissa; ja kaikkialta tultiin hänen tykönsä.

Mark. 1:45

Niinkuin sinä uskot, niin sinulle tapahtukoon

Ja kun hän saapui Kapernaumiin, tuli hänen tykönsä sadanpäämies ja rukoili häntä ja sanoi: "Herra, minun palvelijani makaa kotona halvattuna ja on kovissa vaivoissa".

Hän sanoi hänelle: "Minä tulen ja parannan hänet".

Mutta sadanpäämies vastasi ja sanoi: "Herra, en minä ole sen arvoinen, että tulisit minun kattoni alle; vaan sano ainoastaan sana, niin minun palvelijani paranee.

Matt. 8:5-8

Sillä minä itsekin olen toisen vallan alaiseksi asetettu, ja minulla on sotamiehiä käskettävinäni, ja minä sanon tälle: 'Mene', ja hän menee, ja toiselle: 'Tule', ja hän tulee, ja palvelijalleni: 'Tee tämä', ja hän tekee."

Luuk. 7:8

Tämän kuultuaan Jeesus ihmetteli ja sanoi niille, jotka häntä seurasivat: "Totisesti minä sanon teille: en ole kenelläkään Israelissa löytänyt näin suurta uskoa.

Ja minä sanon teille: monet tulevat idästä ja lännestä ja aterioitsevat Aabrahamin ja Iisakin ja Jaakobin kanssa taivasten valtakunnassa; mutta valtakunnan lapset heitetään ulos pimeyteen; siellä on oleva itku ja hammasten kiristys."

Ja Jeesus sanoi sadanpäämiehelle: "Mene. Niinkuin sinä uskot, niin sinulle tapahtukoon." Ja palvelija parani sillä hetkellä.

Matt.8:10-13

Hän otti päällensä meidän sairautemme

Kun Jeesus tuli Pietarin kotiin, näki hän hänen anoppinsa makaavan sairaana kuumeessa.

Niin hän koski tämän käteen, ja kuume lähti hänestä; ja hän nousi ja palveli häntä.

Mutta illan tultua tuotiin hänen tykönsä monta riivattua. Ja hän ajoi henget ulos sanalla, ja kaikki sairaat hän paransi; että kävisi toteen, mikä on puhuttu profeetta Esaiaan kautta, joka sanoo *"Hän otti päällensä meidän sairautemme ja kantoi meidän tautimme"*.

Matt. 8:14-17

Minä seuraan sinua, mihin ikinä menet

Mutta kun Jeesus näki paljon kansaa ympärillään, käski hän lähteä toiselle rannalle.

Ja eräs kirjanoppinut tuli ja sanoi hänelle: "Opettaja, minä seuraan sinua, mihin ikinä menet".

Niin Jeesus sanoi hänelle: "Ketuilla on luolat ja taivaan linnuilla pesät, mutta Ihmisen Pojalla ei ole, mihin hän päänsä kallistaisi".

Ja eräs toinen hänen opetuslapsistaan sanoi hänelle: "Herra, salli minun ensin käydä hautaamassa isäni".

Mutta Jeesus sanoi hänelle: "Seuraa sinä minua, ja anna kuolleitten haudata kuolleensa".

Matt. 8:18-22

Vielä eräs toinen sanoi: "Minä tahdon seurata sinua, Herra; mutta salli minun ensin käydä ottamassa jäähyväiset kotiväeltäni".

Mutta Jeesus sanoi hänelle: "Ei kukaan, joka laskee kätensä auraan ja katsoo taaksensa, ole sovelias Jumalan valtakuntaan".

Luuk. 9:61,62

Hänen tulee kasvaa, mutta minun vähetä

Sen jälkeen Jeesus meni opetuslapsineen Juudean maaseudulle ja oleskeli siellä heidän kanssaan ja kastoi.

Mutta Johanneskin kastoi Ainonissa lähellä Salimia, koska siellä oli paljon vettä; ja ihmiset tulivat ja antoivat kastaa itsensä.

Sillä Johannesta ei vielä oltu heitetty vankeuteen.

Niin Johanneksen opetuslapset rupesivat väittelemään erään juutalaisen kanssa puhdistuksesta.

Ja he tulivat Johanneksen luo ja sanoivat hänelle: "Rabbi, se, joka oli sinun kanssasi Jordanin tuolla puolella ja josta sinä olet todistanut, katso, hän kastaa, ja kaikki menevät hänen tykönsä".

Johannes vastasi ja sanoi: "Ei ihminen voi ottaa mitään, ellei hänelle anneta taivaasta.

Te olette itse minun todistajani, että minä sanoin: en minä ole Kristus, vaan minä olen hänen edellänsä lähetetty.

Jolla on morsian, se on ylkä; mutta yljän ystävä, joka seisoo ja kuuntelee häntä, iloitsee suuresti yljän äänestä. Tämä minun iloni on nyt tullut täydelliseksi.

Hänen tulee kasvaa, mutta minun vähetä. Hän, joka ylhäältä tulee, on yli kaikkien. Joka on syntyisin maasta, se on maasta, ja maasta on, mitä hän puhuu; hän, joka taivaasta tulee, on yli kaikkien.

Ja mitä hän on nähnyt ja kuullut, sitä hän todistaa; ja hänen todistustansa ei kukaan ota vastaan.

Joka ottaa vastaan hänen todistuksensa, se sinetillä vahvistaa, että Jumala on totinen.

Sillä hän, jonka Jumala on lähettänyt, puhuu Jumalan sanoja; sillä ei Jumala anna Henkeä mitalla.

Isä rakastaa Poikaa ja on antanut kaikki hänen käteensä.

Joka uskoo Poikaan, sillä on iankaikkinen elämä; mutta joka ei ole kuuliainen Pojalle, se ei ole elämää näkevä, vaan Jumalan viha pysyy hänen päällänsä."

Joh. 3:22-36

Miksi olette niin pelkureita?

Ja sinä päivänä hän illan tultua sanoi heille: "Lähtekäämme yli toiselle rannalle".

Niin he laskivat kansan luotaan ja ottivat hänet mukaansa, niinkuin hän venheessä oli; ja muitakin venheitä oli hänen seurassaan.

Ja nousi kova myrskytuuli, ja aallot syöksyivät venheeseen, niin että venhe jo täyttyi.

Ja itse hän oli peräkeulassa ja nukkui nojaten päänaluseen. Ja he herättivät hänet ja sanoivat hänelle: "Opettaja, etkö välitä siitä, että me hukumme?"

Ja herättyään hän nuhteli tuulta ja sanoi järvelle: "Vaikene, ole hiljaa". Niin tuuli asettui, ja tuli aivan tyven.

Ja hän sanoi heille: "Miksi olette niin pelkureita? Kuinka teillä ei ole uskoa?"

Ja suuri pelko valtasi heidät, ja he sanoivat toisillensa: "Kuka onkaan tämä, kun sekä tuuli että meri häntä tottelevat?"

Mark. 4:35-41

Legio on minun nimeni

Ja he tulivat toiselle puolelle järveä gerasalaisten alueelle.

Ja kohta kun hän lähti venheestä, tuli häntä

vastaan haudoista mies, joka oli saastaisen hengen vallassa.

Hän asusti haudoissa, eikä kukaan enää voinut häntä kahleillakaan sitoa; sillä hän oli monta kertaa ollut sidottuna jalkanuoriin ja kahleisiin, mutta oli särkenyt kahleet ja katkonut jalkanuorat, eikä kukaan kyennyt häntä hillitsemään.

Ja hän oleskeli aina, yötä ja päivää, haudoissa ja vuorilla, huutaen ja runnellen itseään kivillä.

Kun hän kaukaa näki Jeesuksen, juoksi hän ja kumartui maahan hänen eteensä ja huutaen suurella äänellä sanoi: "Mitä sinulla on minun kanssani tekemistä, Jeesus, Jumalan, Korkeimman, Poika? Minä vannotan sinua Jumalan kautta, älä vaivaa minua."

Sillä hän oli sanomaisillaan sille: "Lähde ulos miehestä, sinä saastainen henki".

Ja Jeesus kysyi siltä: "Mikä on nimesi?" Niin se sanoi hänelle: "Legio on minun nimeni, sillä meitä on monta".

Ja se pyysi pyytämällä häntä, ettei hän lähettäisi niitä pois siitä seudusta.

Niin siellä oli lähellä vuorta suuri sikalauma laitumella.

Ja ne pyysivät häntä sanoen: "Lähetä meidät sikoihin, että menisimme niihin".

Ja hän antoi niille luvan. Niin saastaiset henget lähtivät miehestä ja menivät sikoihin. Silloin lauma, noin kaksituhatta sikaa, syöksyi jyrkännettä alas järveen; ja ne hukkuivat järveen.

Ja niiden paimentajat pakenivat ja kertoivat siitä kaupungissa ja maataloissa. Ja kansa lähti katsomaan, mitä oli tapahtunut.

Ja he tulivat Jeesuksen luo ja näkivät riivatun, jossa legio oli ollut, istuvan puettuna ja täydessä ymmärryksessään; ja he peljästyivät.

Näille kertoivat näkijät, mitä oli tapahtunut

riivatulle ja kuinka sikojen oli käynyt.

Ja he alkoivat pyytää häntä poistumaan heidän alueeltaan.

Ja hänen astuessaan venheeseen se riivattuna ollut pyysi häneltä saada olla hänen kanssaan.

Mutta hän ei sitä sallinut, vaan sanoi hänelle: "Mene kotiisi omaistesi luo ja kerro heille, kuinka suuria tekoja Herra on sinulle tehnyt ja kuinka hän on sinua armahtanut".

Niin hän lähti ja rupesi Dekapolin alueella julistamaan, kuinka suuria tekoja Jeesus oli hänelle tehnyt; ja kaikki ihmettelivät.

Mark. 5:1-20

Nouse ja käy

J a muutamien päivien perästä hän taas meni Kapernaumiin; ja kun kuultiin hänen olevan kotona, kokoontui paljon väkeä, niin etteivät he enää mahtuneet oven edustallekaan. Ja hän puhui heille sanaa.

Ja he tulivat tuoden hänen tykönsä halvattua, jota kantamassa oli neljä miestä.

Ja kun he väentungokselta eivät päässeet häntä tuomaan hänen tykönsä, purkivat he katon siltä kohdalta, missä hän oli, ja kaivettuaan aukon laskivat alas vuoteen, jossa halvattu makasi.

Kun Jeesus näki heidän uskonsa, sanoi hän halvatulle: "Poikani, sinun syntisi annetaan anteeksi".

Mutta siellä istui muutamia kirjanoppineita, ja he ajattelivat sydämessään: "Kuinka tämä näin puhuu? Hän pilkkaa Jumalaa. Kuka voi antaa syntejä anteeksi paitsi Jumala yksin?"

Mark. 2:1-7

Mutta Jeesus ymmärsi heidän ajatuksensa ja sanoi: "Miksi te ajattelette pahaa sydämessänne?

Sillä kumpi on helpompaa, sanoako: 'Sinun syntisi annetaan sinulle anteeksi', vai sanoa: 'Nouse ja käy'?

Matt. 9:4,5

Mutta tietääksenne, että Ihmisen Pojalla on valta maan päällä antaa syntejä anteeksi," - hän sanoi halvatulle - "minä sanon sinulle: nouse, ota vuoteesi ja mene kotiisi."

Luuk. 5:24

Ja hän nousi ja lähti kotiinsa. Mutta kun kansanjoukot sen näkivät, peljästyivät he ja ylistivät Jumalaa, joka oli antanut senkaltaisen vallan ihmisille.

Matt. 9:7,8

Laupeutta minä tahdon enkä uhria

Ja sieltä kulkiessaan ohi Jeesus näki miehen, jonka nimi oli Matteus, istumassa tulliasemalla ja sanoi hänelle: "Seuraa minua". Niin tämä nousi ja seurasi häntä.

Ja kun hän aterioi hänen kodissaan, niin katso, tuli monta publikaania ja syntistä, ja he aterioivat Jeesuksen ja hänen opetuslastensa kanssa.

Ja kun fariseukset sen näkivät, sanoivat he hänen opetuslapsilleen: "Miksi teidän opettajanne syö publikaanien ja syntisten kanssa?"

Mutta kun Jeesus sen kuuli, sanoi hän: "Eivät terveet tarvitse parantajaa, vaan sairaat.

Mutta menkää ja oppikaa, mitä tämä on: 'Laupeutta minä tahdon enkä uhria'. Sillä en minä ole tullut kutsumaan vanhurskaita, vaan syntisiä.

Matt. 9:9-13

Ellette näe merkkejä ja ihmeitä, te ette usko

Niin hän tuli taas Galilean Kaanaan, jossa hän oli tehnyt veden viiniksi. Ja Kapernaumissa oli eräs kuninkaan virkamies, jonka poika sairasti.

Kun hän kuuli Jeesuksen tulleen Juudeasta Galileaan, meni hän hänen luoksensa ja pyysi häntä tulemaan ja parantamaan hänen poikansa; sillä tämä oli kuolemaisillaan.

Niin Jeesus sanoi hänelle: "Ellette näe merkkejä ja ihmeitä, te ette usko".

Kuninkaan virkamies sanoi hänelle: "Herra, tule, ennenkuin minun lapseni kuolee".
Jeesus sanoi hänelle: "Mene, sinun poikasi elää".
Ja mies uskoi sanan, jonka Jeesus sanoi hänelle, ja meni.

Ja jo hänen ollessaan paluumatkalla hänen palvelijansa kohtasivat hänet ja sanoivat, että hänen poikansa eli.

Niin hän tiedusteli heiltä, millä hetkellä hän oli alkanut toipua. Ja he sanoivat hänelle: "Eilen seitsemännellä hetkellä kuume lähti hänestä".

Niin isä ymmärsi, että se oli tapahtunut sillä hetkellä, jolloin Jeesus oli sanonut hänelle: "Sinun poikasi elää". Ja hän uskoi, hän ja koko hänen huonekuntansa.

Joh. 4:46-53

Ei nuorta viiniä lasketa vanhoihin nahkaleileihin

Silloin Johanneksen opetuslapset tulivat hänen tykönsä ja sanoivat: "Me ja fariseukset paastoamme paljon; miksi sinun opetuslapsesi eivät paastoa?"

Niin Jeesus sanoi heille: "Eiväthän häävieraat voi surra, niinkauan kuin ylkä on heidän kanssaan? Mutta päivät tulevat, jolloin ylkä otetaan heiltä pois, ja silloin he paastoavat.

Ei kukaan pane vanuttamattomasta kankaasta paikkaa vanhaan vaippaan, sillä semmoinen täytetilkku repii palasen vaipasta, ja reikä tulee pahemmaksi.

Eikä nuorta viiniä lasketa vanhoihin nahkaleileihin; muutoin leilit pakahtuvat, ja viini juoksee maahan, ja leilit turmeltuvat; vaan nuori viini lasketaan uusiin leileihin, ja niin molemmat säilyvät."

Matt. 9:14-17

Eikä kukaan, joka juo vanhaa viiniä, halua nuorta, sillä hän sanoo: 'Vanha on hyvää'."

Luuk. 5:39

Ota vuoteesi ja käy

Sen jälkeen oli juutalaisten juhla, ja Jeesus meni ylös Jerusalemiin.

Ja Jerusalemissa on Lammasportin luona lammikko, jonka nimi hebreankielellä on Betesda, ja sen reunalla on viisi pylväskäytävää.

Niissä makasi suuri joukko sairaita, sokeita, rampoja ja näivetystautisia, jotka odottivat veden liikuttamista.

Ja siellä oli mies, joka oli sairastanut kolmekymmentä kahdeksan vuotta.

Kun Jeesus näki hänen siinä makaavan ja tiesi hänen jo kauan aikaa sairastaneen, sanoi hän hänelle: "Tahdotko tulla terveeksi?"

Sairas vastasi hänelle: "Herra, minulla ei ole ketään, joka veisi minut lammikkoon, kun vesi on kuohutettu; ja kun minä olen menemässä, astuu toinen sinne ennen minua".

Jeesus sanoi hänelle: "Nouse, ota vuoteesi ja käy".

Ja mies tuli kohta terveeksi ja otti vuoteensa ja kävi. Mutta se päivä oli sapatti.

Sentähden juutalaiset sanoivat parannetulle: "Nyt on sapatti, eikä sinun ole lupa kantaa vuodetta".

Hän vastasi heille: "Se, joka teki minut terveeksi, sanoi minulle: 'Ota vuoteesi ja käy'."

He kysyivät häneltä: "Kuka on se mies, joka sanoi sinulle: 'Ota vuoteesi ja käy'?"

Mutta parannettu ei tiennyt, kuka se oli; sillä Jeesus oli poistunut, kun siinä paikassa oli paljon kansaa.

Sen jälkeen Jeesus tapasi hänet pyhäkössä ja sanoi hänelle: "Katso, sinä olet tullut terveeksi; älä enää syntiä tee, ettei sinulle jotakin pahempaa tapahtuisi".

Joh. 5:1-14

En minä itsestäni voi mitään tehdä

Niin mies meni ja ilmoitti juutalaisille, että Jeesus oli hänet terveeksi tehnyt.

Ja sentähden juutalaiset vainosivat Jeesusta, koska hän semmoista teki sapattina.

Mutta Jeesus vastasi heille: "Minun Isäni tekee yhäti työtä, ja minä myös teen työtä".

Sentähden juutalaiset vielä enemmän tavoittelivat häntä tappaaksensa, kun hän ei ainoastaan kumonnut sapattia, vaan myös sanoi Jumalaa Isäksensä, tehden itsensä Jumalan vertaiseksi.

Niin Jeesus vastasi ja sanoi heille: "Totisesti, totisesti minä sanon teille: Poika ei voi itsestänsä mitään tehdä, vaan ainoastaan sen, minkä hän näkee Isän tekevän; sillä mitä Isä tekee, sitä myös Poika samoin tekee.

Sillä Isä rakastaa Poikaa ja näyttää hänelle

kaikki, mitä hän itse tekee; ja hän on näyttävä hänelle suurempia tekoja kuin nämä, niin että te ihmettelette.

Sillä niinkuin Isä herättää kuolleita ja tekee eläviksi, niin myös Poika tekee eläviksi, ketkä hän tahtoo.

Sillä Isä ei myöskään tuomitse ketään, vaan hän on antanut kaiken tuomion Pojalle, että kaikki kunnioittaisivat Poikaa, niinkuin he kunnioittavat Isää. Joka ei kunnioita Poikaa, se ei kunnioita Isää, joka on hänet lähettänyt.

Totisesti, totisesti minä sanon teille: joka kuulee minun sanani ja uskoo häneen, joka on minut lähettänyt, sillä on iankaikkinen elämä, eikä hän joudu tuomittavaksi, vaan on siirtynyt kuolemasta elämään.

Totisesti, totisesti minä sanon teille: aika tulee ja on jo, jolloin kuolleet kuulevat Jumalan Pojan äänen, ja jotka sen kuulevat ne saavat elää.

Sillä niinkuin Isällä on elämä itsessänsä, niin hän on antanut elämän myös Pojalle, niin että myös hänellä on elämä itsessänsä.

Ja hän on antanut hänelle vallan tuomita, koska hän on Ihmisen Poika.

Älkää ihmetelkö tätä, sillä hetki tulee, jolloin kaikki, jotka haudoissa ovat, kuulevat hänen äänensä ja tulevat esiin, ne, jotka ovat hyvää tehneet, elämän ylösnousemukseen, mutta ne, jotka ovat pahaa tehneet, tuomion ylösnousemukseen.

En minä itsestäni voi mitään tehdä. Niinkuin minä kuulen, niin minä tuomitsen; ja minun tuomioni on oikea, sillä minä en kysy omaa tahtoani, vaan hänen tahtoaan, joka on minut lähettänyt.

Joh. 5:15-30

Älä itke

Sen jälkeen hän vaelsi Nain nimiseen kaupunkiin, ja hänen kanssaan vaelsivat hänen opetuslapsensa ynnä suuri kansanjoukko.

Kun hän nyt lähestyi kaupungin porttia, katso, silloin kannettiin ulos kuollutta, äitinsä ainokaista poikaa. Ja äiti oli leski, ja hänen kanssaan kulki paljon kaupungin kansaa.

Ja hänet nähdessään Herra armahti häntä ja sanoi hänelle: "Älä itke".

Ja hän meni ja kosketti paareja; niin kantajat seisahtuivat. Ja hän sanoi: "Nuorukainen, minä sanon sinulle: nouse."

Niin kuollut nousi istualleen ja rupesi puhumaan. Ja hän antoi hänet hänen äidillensä.

Ja heidät kaikki valtasi pelko, ja he ylistivät Jumalaa sanoen: "Suuri profeetta on noussut meidän keskellemme", ja: "Jumala on katsonut kansansa puoleen".

Ja tämä puhe hänestä levisi koko Juudeaan ja kaikkiin ympärillä oleviin seutuihin.

Luuk. 7:11-17

Jolle vähän anteeksi annetaan, se rakastaa vähän

Niin eräs fariseuksista pyysi häntä ruualle kanssaan; ja hän meni fariseuksen taloon ja asettui aterialle.

Ja katso, siinä kaupungissa oli nainen, joka eli syntisesti; ja kun hän sai tietää, että Jeesus oli aterialla fariseuksen talossa, toi hän alabasteripullon täynnä hajuvoidetta ja asettui hänen taakseen hänen jalkojensa kohdalle, itki ja rupesi kastelemaan hänen jalkojansa kyynelillään ja kuivasi ne päänsä hiuksilla ja suuteli hänen jalkojaan ja voiteli ne hajuvoiteella.

Mutta kun fariseus, joka oli hänet kutsunut, sen näki, ajatteli hän mielessään näin: "Jos tämä olisi profeetta, tietäisi hän, mikä ja millainen tuo nainen on, joka häneen koskee: että hän on syntinen."

Niin Jeesus vastasi ja sanoi hänelle: "Simon, minulla on jotakin sanomista sinulle". Hän virkkoi: "Opettaja, sano". - "Lainanantajalla oli kaksi velallista; toinen oli velkaa viisisataa denaria, toinen viisikymmentä.

Kun heillä ei ollut, millä maksaa, antoi hän molemmille velan anteeksi. Kumpi heistä siis rakastaa häntä enemmän?"

Simon vastasi ja sanoi: "Minun mielestäni se, jolle hän antoi enemmän anteeksi". Hän sanoi hänelle: "Oikein sinä ratkaisit".

Ja naiseen kääntyen hän sanoi Simonille: "Näetkö tämän naisen? Minä tulin sinun taloosi; et sinä antanut vettä minun jaloilleni, mutta tämä kasteli kyynelillään minun jalkani ja kuivasi ne hiuksillaan.

Et sinä antanut minulle suudelmaa, mutta tämä ei ole lakannut suutelemasta minun jalkojani siitä asti, kuin tulin sisään.

Et sinä voidellut öljyllä minun päätäni, mutta tämä voiteli hajuvoiteella minun jalkani.

Sentähden minä sanon sinulle: tämän paljot synnit ovat anteeksi annetut: hänhän näet rakasti paljon; mutta jolle vähän anteeksi annetaan, se rakastaa vähän."

Sitten hän sanoi naiselle: "Sinun syntisi ovat anteeksi annetut".

Niin ateriakumppanit rupesivat ajattelemaan mielessänsä: "Kuka tämä on, joka synnitkin anteeksi antaa?"

Mutta hän sanoi naiselle: "Sinun uskosi on sinut pelastanut; mene rauhaan".

Luuk. 7:36-50

Hän vaelsi
kaupungista kaupunkiin

Ja sen jälkeen hän vaelsi kaupungista kaupunkiin ja kylästä kylään ja saarnasi ja julisti Jumalan valtakunnan evankeliumia; ja ne kaksitoista olivat hänen kanssansa, niin myös muutamia naisia, jotka olivat parannetut pahoista hengistä ja taudeista: Maria, Magdaleenaksi kutsuttu, josta seitsemän riivaajaa oli lähtenyt ulos, ja Johanna, Herodeksen taloudenhoitajan Kuusaan vaimo, ja Susanna ja useita muita, jotka palvelivat heitä varoillansa.

Luuk. 8:1-3

Kuka minuun koski?

Kun Jeesus oli venheellä kulkenut takaisin toiselle puolelle, kokoontui paljon kansaa hänen luoksensa, ja hän oli järven rannalla.

Niin tuli muuan synagoogan esimies, nimeltä Jairus, ja lankesi hänet nähdessään hänen jalkojensa juureen, pyysi häntä hartaasti ja sanoi: "Pieni tyttäreni on kuolemaisillaan; tule ja pane kätesi hänen päällensä, että hän tulisi terveeksi ja jäisi eloon".

Niin hän lähti hänen kanssansa. Ja häntä seurasi suuri kansan paljous, ja he tunkeutuivat hänen ympärilleen.

Ja siellä oli nainen, joka oli sairastanut verenjuoksua kaksitoista vuotta ja paljon kärsinyt monen lääkärin käsissä ja kuluttanut kaiken omaisuutensa saamatta mitään apua, pikemminkin käyden huonommaksi.

Tämä oli kuullut Jeesuksesta ja tuli kansanjoukossa takaapäin ja koski hänen vaippaansa; sillä hän sanoi: "Kunhan vain saan koskettaa edes hänen vaatteitaan, niin tulen terveeksi".

Mark. 5:21-28

Ja Jeesus sanoi: "Kuka minuun koski?" Mutta kun kaikki kielsivät, sanoi Pietari ja ne, jotka olivat hänen kanssaan: "Mestari, väentungos ahdistaa ja pusertaa sinua".

Mutta Jeesus sanoi: "Joku minuun koski; sillä minä tunsin, että voimaa lähti minusta".

Kun nainen näki, ettei hän pysynyt salassa, tuli hän vavisten, lankesi hänen eteensä ja ilmoitti kaiken kansan kuullen, mistä syystä hän oli koskenut häneen ja kuinka hän oli kohta tullut terveeksi.

Luuk. 8:45-47

Silloin Jeesus kääntyi, näki hänet ja sanoi: "Tyttäreni, ole turvallisella mielellä; sinun uskosi on tehnyt sinut terveeksi". Ja sillä hetkellä nainen tuli terveeksi.

Matt. 9:22

Hänen vielä puhuessaan tultiin synagoogan esimiehen kotoa sanomaan: "Tyttäresi kuoli; miksi enää opettajaa vaivaat?"

Mutta Jeesus ei ottanut kuullakseen, mitä puhuttiin, vaan sanoi synagoogan esimiehelle: "Älä pelkää, usko ainoastaan".

Ja hän ei sallinut kenenkään muun seurata mukanansa kuin Pietarin ja Jaakobin ja Johanneksen, Jaakobin veljen.

Ja he tulivat synagoogan esimiehen taloon; ja hän näki hälisevän joukon ja ääneensä itkeviä ja vaikeroivia.

Ja käydessään sisään hän sanoi heille: "Mitä te hälisette ja itkette? Lapsi ei ole kuollut, vaan nukkuu."

Niin he nauroivat häntä. Mutta hän ajoi kaikki ulos ja otti mukaansa lapsen isän ja äidin sekä ne, jotka olivat hänen kanssaan, ja meni sisälle sinne, missä lapsi makasi.

Ja hän tarttui lapsen käteen ja sanoi hänelle: "Talita kuum!" Se on käännettynä: Tyttö, minä sanon sinulle, nouse.

Ja heti tyttö nousi ja käveli. Sillä hän oli kaksi-
toistavuotias. Ja he joutuivat suuren hämmästyksen
valtaan.

Ja hän kielsi ankarasti heitä antamasta kenelle-
kään tietoa tästä ja käski antaa tytölle syötävää.

Mark. 5:35-43

Ja kun Jeesus kulki sieltä, seurasi häntä kaksi
sokeaa huutaen ja sanoen: "Daavidin poika,
armahda meitä".

Ja hänen mentyänsä huoneeseen sokeat tulivat
hänen tykönsä; ja Jeesus sanoi heille: "Uskotteko,
että minä voin sen tehdä?" He sanoivat hänelle:
"Uskomme, Herra".

Silloin hän kosketti heidän silmiänsä ja sanoi:
"Tapahtukoon teille uskonne mukaan".

Ja heidän silmänsä aukenivat. Ja Jeesus varoitti
heitä vakavasti sanoen: "Katsokaa, ettei kukaan saa
tästä tietää".

Mutta he menivät pois ja levittivät sanomaa
hänestä koko siihen maahan.

Ja katso, näiden lähdettyä tuotiin hänen tykönsä
mykkä mies, joka oli riivattu.

Ja kun riivaaja oli ajettu ulos, niin mykkä puhui,
ja kansa ihmetteli sanoen: "Tällaista ei ole Israelissa
ikinä nähty".

Mutta fariseukset sanoivat: "Riivaajain päämie-
hen voimalla hän ajaa ulos riivaajia".

Matt. 9:27-34

Eloa on paljon,
mutta työmiehiä vähän

Ja Jeesus vaelsi kaikki kaupungit ja kylät ja opetti
heidän synagoogissaan ja saarnasi valtakunnan
evankeliumia ja paransi kaikkinaisia tauteja ja
kaikkinaista raihnautta.

Ja nähdessään kansanjoukot hänen tuli heitä sääli, kun he olivat nääntyneet ja hyljätyt niinkuin lampaat, joilla ei ole paimenta.

Silloin hän sanoi opetuslapsillensa: "Eloa on paljon, mutta työmiehiä vähän.

Rukoilkaa siis elon Herraa, että hän lähettäisi työmiehiä elonkorjuuseensa."

Matt. 9:35-38

Joka ottaa tykönsä teidät, se ottaa tykönsä minut

Ja päivän tultua hän kutsui tykönsä opetuslapsensa ja valitsi heistä kaksitoista, joille hän myös antoi apostolin nimen: Simonin, jolle hän myös antoi nimen Pietari, ja Andreaan, hänen veljensä, ja Jaakobin ja Johanneksen, ja Filippuksen ja Bartolomeuksen, ja Matteuksen ja Tuomaan, ja Jaakobin, Alfeuksen pojan, ja Simonin, jota kutsuttiin Kiivailijaksi, ja Juudaan, Jaakobin pojan, sekä Juudas Iskariotin, josta tuli kavaltaja.

Luuk. 6:13-16

Ja hän kutsui tykönsä ne kaksitoista opetuslastaan ja antoi heille vallan ajaa ulos saastaisia henkiä ja parantaa kaikkinaisia tauteja ja kaikkinaista raihnautta.

Matt. 10:1

Nämä kaksitoista Jeesus lähetti ja käski heitä sanoen: "Älköön tienne viekö pakanain luokse, älkääkä menkö mihinkään samarialaisten kaupunkiin, vaan menkää ennemmin Israelin huoneen kadonneitten lammasten tykö.

Ja missä kuljette, saarnatkaa ja sanokaa: 'Taivasten valtakunta on tullut lähelle'.

Parantakaa sairaita, herättäkää kuolleita, puhdistakaa pitalisia, ajakaa ulos riivaajia. Lahjaksi olette saaneet, lahjaksi antakaa.

Älkää varustako itsellenne kultaa, älkää hopeata älkääkä vaskea vyöhönne, älkää laukkua matkalle, älkää kahta ihokasta, älkää kenkiä, älkääkä sauvaa; sillä työmies on ruokansa ansainnut.

Ja mihin kaupunkiin tai kylään te tulettekin, tiedustelkaa, kuka siellä on arvollinen, ja jääkää hänen luokseen, kunnes sieltä lähdette.

Ja tullessanne taloon tervehtikää sitä.

Ja jos talo on arvollinen, tulkoon sille teidän rauhanne; mutta jos se ei ole arvollinen, palatkoon teidän rauhanne teille takaisin.

Ja missä teitä ei oteta vastaan eikä teidän sanojanne kuulla, lähtekää pois siitä talosta tai siitä kaupungista ja pudistakaa tomu jaloistanne.

Totisesti minä sanon teille: Sodoman ja Gomorran maan on tuomiopäivänä oleva helpompi kuin sen kaupungin.

Katso, minä lähetän teidät niinkuin lampaat susien keskelle; olkaa siis älykkäät kuin käärmeet ja viattomat kuin kyyhkyset.

Kavahtakaa ihmisiä, sillä he vetävät teidät oikeuksiin, ja synagoogissaan he teitä ruoskivat; ja teidät viedään maaherrain ja kuningasten eteen minun tähteni, todistukseksi heille ja pakanoille.

Mutta kun he vetävät teitä oikeuteen, älkää huolehtiko siitä, miten tahi mitä puhuisitte, sillä teille annetaan sillä hetkellä, mitä teidän on puhuminen.

Sillä ette te itse puhu, vaan teidän Isänne Henki puhuu teissä.

Ja veli antaa veljensä kuolemaan ja isä lapsensa, ja lapset nousevat vanhempiansa vastaan ja tappavat heidät.

Ja te joudutte kaikkien vihattaviksi minun nimeni tähden; mutta joka vahvana pysyy loppuun asti, se pelastuu.

Ja kun teitä vainotaan yhdessä kaupungissa, paetkaa toiseen; sillä totisesti minä sanon teille: te ette ehdi loppuun käydä Israelin kaupunkeja, ennenkuin Ihmisen Poika tulee.

Ei ole opetuslapsi opettajaansa parempi, eikä palvelija parempi isäntäänsä.

Opetuslapselle riittää, että hänelle käy niinkuin hänen opettajalleen, ja palvelijalle, että hänelle käy niinkuin hänen isännälleen. Jos he perheenisäntää ovat sanoneet Beelsebuliksi, kuinka paljoa enemmän hänen perheväkeään!

Älkää siis peljätkö heitä. Sillä ei ole mitään peitettyä, mitä ei tule paljastetuksi, eikä mitään salattua, mikä ei tule tunnetuksi.

Minkä minä sanon teille pimeässä, se puhukaa päivän valossa. Ja minkä kuulette kuiskattavan korvaanne, se julistakaa katoilta.

Älkääkä peljätkö niitä, jotka tappavat ruumiin, mutta eivät voi tappaa sielua; vaan ennemmin peljätkää häntä, joka voi sekä sielun että ruumiin hukuttaa helvettiin.

Eikö kahta varpusta myydä yhteen ropoon? Eikä yksikään niistä putoa maahan teidän Isänne sallimatta.

Ovatpa teidän päänne hiuksetkin kaikki luetut.

Älkää siis peljätkö; te olette suurempiarvoiset kuin monta varpusta.

Sentähden, jokaisen, joka tunnustaa minut ihmisten edessä, minäkin tunnustan Isäni edessä, joka on taivaissa.

Mutta joka kieltää minut ihmisten edessä, sen minäkin kiellän Isäni edessä, joka on taivaissa.

Älkää luulko, että minä olen tullut tuomaan rauhaa maan päälle; en ole tullut tuomaan rauhaa, vaan miekan.

Sillä minä olen tullut 'nostamaan pojan riitaan isäänsä vastaan ja tyttären äitiänsä vastaan ja miniän anoppiansa vastaan; ja ihmisen vihamiehiksi tulevat hänen omat perhekuntalaisensa'.

Joka rakastaa isäänsä taikka äitiänsä enemmän kuin minua, se ei ole minulle sovelias; ja joka rakastaa poikaansa taikka tytärtänsä enemmän kuin minua, se ei ole minulle sovelias; ja joka ei ota ristiänsä ja seuraa minua, se ei ole minulle sovelias.

Joka löytää elämänsä, kadottaa sen; ja joka kadottaa elämänsä minun tähteni, hän löytää sen.

Joka ottaa tykönsä teidät, se ottaa tykönsä minut; ja joka ottaa minut tykönsä, ottaa tykönsä hänet, joka on minut lähettänyt.

Joka profeetan ottaa tykönsä profeetan nimen tähden, saa profeetan palkan; ja joka vanhurskaan ottaa tykönsä vanhurskaan nimen tähden, saa vanhurskaan palkan.

Ja kuka hyvänsä antaa yhdelle näistä pienistä maljallisen kylmää vettä, hänen juodaksensa, opetuslapsen nimen tähden, totisesti minä sanon teille: hän ei jää palkkaansa vaille."

Matt. 10:5-42

Oletko sinä se tuleva, vai pitääkö meidän toista odottaman?

Ja kun Jeesus oli antanut kahdelletoista opetuslapselleen kaikki nämä käskyt, niin hän lähti sieltä opettamaan ja saarnaamaan heidän kaupunkeihinsa.

Mutta kun Johannes vankilassa ollessaan kuuli Kristuksen teot, lähetti hän opetuslapsiansa sanomaan hänelle: "Oletko sinä se tuleva, vai pitääkö meidän toista odottaman?"

Matt. 11:1-3

Miehet saapuivat hänen tykönsä ja sanoivat: "Johannes Kastaja on lähettänyt meidät sinun tykösi ja kysyy: 'Oletko sinä se tuleva, vai pitääkö meidän toista odottaman?'"

Sillä hetkellä hän juuri paransi useita taudeista ja vitsauksista ja pahoista hengistä, ja monelle sokealle hän antoi näön.

Niin hän vastasi ja sanoi heille: "Menkää ja kertokaa Johannekselle, mitä olette nähneet ja kuulleet: sokeat saavat näkönsä, rammat kävelevät, pitaliset puhdistuvat, kuurot kuulevat, kuolleet herätetään, köyhille julistetaan evankeliumia.

Ja autuas on se, joka ei loukkaannu minuun."

Luuk. 7:20-23

Mihin minä siis vertaan tämän sukupolven ihmiset, ja kenen kaltaisia he ovat?

Kun Johanneksen lähettiläät olivat menneet, rupesi hän puhumaan kansalle Johanneksesta: "Mitä te lähditte erämaahan katselemaan? Ruokoako, jota tuuli huojuttaa?

Vai mitä lähditte katsomaan? Ihmistäkö, hienoihin vaatteisiin puettua? Katso, ne jotka koreissa vaatteissa käyvät ja herkullisesti elävät, ne ovat kuningasten linnoissa.

Vai mitä lähditte katsomaan? Profeettaako? Totisesti, minä sanon teille: hän on enemmän kuin profeetta.

Tämä on se, josta on kirjoitettu: 'Katso, minä lähetän enkelini sinun edelläsi, ja hän on valmistava tiesi sinun eteesi'.

Minä sanon teille: ei ole vaimoista syntyneitten joukossa yhtäkään suurempaa kuin Johannes; mutta vähäisin Jumalan valtakunnassa on suurempi kuin hän.

Luuk. 7:24-28

Mutta Johannes Kastajan päivistä tähän asti hyökätään taivasten valtakuntaa vastaan, ja hyökkääjät tempaavat sen itselleen.

Sillä kaikki profeetat ja laki ovat ennustaneet Johannekseen asti; ja jos tahdotte ottaa vastaan: hän on Elias, joka oli tuleva.

Jolla on korvat, se kuulkoon.

Matt. 11:12-15

Ja kaikki kansa, joka häntä kuuli, publikaanitkin, tunnustivat Jumalan vanhurskaaksi ja antoivat kastaa itsensä Johanneksen kasteella.

Mutta fariseukset ja lainoppineet tekivät turhaksi Jumalan aivoituksen heitä kohtaan eivätkä ottaneet Johannekselta kastetta.

Mihin minä siis vertaan tämän sukupolven ihmiset, ja kenen kaltaisia he ovat?

He ovat lasten kaltaisia, jotka istuvat torilla ja huutavat toisilleen ja sanovat: 'Me soitimme teille huilua, ja te ette karkeloineet; me veisasimme itkuvirsiä, ja te ette itkeneet'.

Sillä Johannes Kastaja on tullut, ei syö leipää eikä juo viiniä, ja te sanotte: 'Hänessä on riivaaja'.

Luuk. 7:29-33

Ihmisen Poika tuli, hän syö ja juo, ja he sanovat: 'Katso syömäriä ja viininjuojaa, publikaanien ja syntisten ystävää!' Ja viisaus on oikeaksi näytetty teoissansa."

Matt. 11:19

En minä ota vastaan kunniaa ihmisiltä

Jos minä itsestäni todistan, ei minun todistukseni ole pätevä.

On toinen, joka todistaa minusta, ja minä tiedän, että se todistus, jonka hän minusta todistaa, on pätevä.

Te lähetitte lähettiläät Johanneksen luo, ja hän todisti sen, mikä totta on.

Mutta minä en ota ihmiseltä todistusta, vaan puhun tämän, että te pelastuisitte.

Hän oli palava ja loistava lamppu, mutta te tahdoitte ainoastaan hetken iloitella hänen valossansa.

Mutta minulla on todistus, joka on suurempi kuin Johanneksen; sillä ne teot, jotka Isä on antanut minun täytettävikseni, ne teot, jotka minä teen, todistavat minusta, että Isä on minut lähettänyt.

Ja Isä, joka on minut lähettänyt, hän on todistanut minusta. Te ette ole koskaan kuulleet hänen ääntänsä ettekä nähneet hänen muotoansa, eikä teillä ole hänen sanaansa teissä pysyväisenä; sillä te ette usko sitä, jonka hän on lähettänyt.

Te tutkitte kirjoituksia, sillä teillä on mielestänne niissä iankaikkinen elämä, ja ne juuri todistavat minusta; ja te ette tahdo tulla minun tyköni, että saisitte elämän.

En minä ota vastaan kunniaa ihmisiltä; mutta minä tunnen teidät, ettei teillä ole Jumalan rakkautta itsessänne.

Minä olen tullut Isäni nimessä, ja te ette ota minua vastaan; jos toinen tulee omassa nimessään, niin hänet te otatte vastaan.

Kuinka te voisitte uskoa, te, jotka otatte vastaan kunniaa toinen toiseltanne, ettekä etsi sitä kunniaa, mikä tulee häneltä, joka yksin on Jumala?

Älkää luulko, että minä olen syyttävä teitä Isän tykönä; teillä on syyttäjänne, Mooses, johon te panette toivonne.

Sillä jos te Mooseksta uskoisitte, niin te uskoisitte minua; sillä minusta hän on kirjoittanut.

Mutta jos te ette usko hänen kirjoituksiaan, kuinka te uskoisitte minun sanojani?"

Joh. 5:31-47

Minä lähetän teidät niinkuin lampaat susien keskelle

Sen jälkeen Herra valitsi seitsemänkymmentä muuta ja lähetti heidät kaksittain edellänsä jokaiseen kaupunkiin ja paikkaan, jonne hän itse aikoi mennä.

Ja hän sanoi heille: "Eloa on paljon, mutta työmiehiä vähän. Rukoilkaa siis elon Herraa, että hän lähettäisi työmiehiä elonkorjuuseensa.

Menkää; katso, minä lähetän teidät niinkuin lampaat susien keskelle.

Älkää ottako mukaanne rahakukkaroa, älkää laukkua, älkää kenkiä, älkääkä tervehtikö ketään tiellä.

Kun tulette johonkin taloon, niin sanokaa ensiksi: 'Rauha tälle talolle!'

Ja jos siellä on rauhan lapsi, niin teidän rauhanne on lepäävä hänen päällänsä; mutta jos ei ole, niin se palajaa teille.

Ja olkaa siinä talossa ja syökää ja juokaa, mitä heillä on tarjota, sillä työmies on palkkansa ansainnut. Älkää siirtykö talosta taloon.

Ja mihin kaupunkiin te tulettekin, missä teidät otetaan vastaan, syökää, mitä eteenne pannaan, ja parantakaa sairaat siellä ja sanokaa heille: 'Jumalan valtakunta on tullut teitä lähelle'.

Mutta kun tulette kaupunkiin, jossa teitä ei oteta vastaan, niin menkää sen kaduille ja sanokaa: 'Tomunkin, joka teidän kaupungistanne on jalkoihimme tarttunut, me pudistamme teille takaisin; mutta se tietäkää, että Jumalan valtakunta on tullut lähelle'.

Luuk. 10:1-11

Sitten hän rupesi nuhtelemaan niitä kaupunkeja, joissa useimmat hänen voimalliset tekonsa olivat tapahtuneet, siitä, etteivät ne olleet tehneet parannusta: "Voi sinua, Korasin! Voi sinua, Beetsaida! Sillä jos ne voimalliset teot, jotka ovat tapahtuneet teissä, olisivat tapahtuneet Tyyrossa ja Siidonissa, niin nämä jo aikaa sitten olisivat säkissä ja tuhassa tehneet parannuksen.

Mutta minä sanon teille: Tyyron ja Siidonin on tuomiopäivänä oleva helpompi kuin teidän.

Ja sinä, Kapernaum, korotetaankohan sinut hamaan taivaaseen? Hamaan tuonelaan on sinun astuttava alas. Sillä jos ne voimalliset teot, jotka ovat tapahtuneet sinussa, olisivat tapahtuneet Sodomassa, niin se seisoisi vielä tänäkin päivänä.

Mutta minä sanon teille: Sodoman maan on tuomiopäivänä oleva helpompi kuin sinun.

Matt. 11:20-24

Joka kuulee teitä, se kuulee minua, ja joka hylkää teidät, hylkää minut; mutta joka minut hylkää, hylkää hänet, joka on minut lähettänyt."

Luuk. 10:16

Niin he lähtivät ja saarnasivat, että oli tehtävä parannus.

Ja he ajoivat ulos monta riivaajaa ja voitelivat monta sairasta öljyllä ja paransivat heidät.

Mark. 6:12, 13

Teidän nimenne ovat kirjoitettuina taivaassa

Niin ne seitsemänkymmentä palasivat iloiten ja sanoivat: "Herra, riivaajatkin ovat meille alamaiset sinun nimesi tähden".

Silloin hän sanoi heille: "Minä näin saatanan lankeavan taivaasta niinkuin salaman.

Katso, minä olen antanut teille vallan tallata käärmeitä ja skorpioneja ja kaikkea vihollisen voimaa, eikä mikään ole teitä vahingoittava.

Älkää kuitenkaan siitä iloitko, että henget
ovat teille alamaiset, vaan iloitkaa siitä, että teidän
nimenne ovat kirjoitettuina taivaissa."

Luuk. 10:17-20

Autuaat ovat ne silmät, jotka näkevät

Sillä hetkellä hän riemuitsi Pyhässä Hengessä
ja sanoi: "Minä ylistän sinua, Isä, taivaan ja
maan Herra, että olet salannut nämä viisailta ja
ymmärtäväisiltä ja ilmoittanut ne lapsenmielisille.
Niin, Isä, sillä näin on sinulle hyväksi näkynyt.

Kaikki on minun Isäni antanut minun haltuuni,
eikä kukaan muu tunne, kuka Poika on, kuin Isä;
eikä kukaan muu tunne, kuka Isä on, kuin Poika ja
se, kenelle Poika tahtoo hänet ilmoittaa."

Ja hän kääntyi opetuslapsiinsa erikseen ja sanoi:
"Autuaat ovat ne silmät, jotka näkevät, mitä te
näette.

Sillä minä sanon teille: monet profeetat ja
kuninkaat ovat tahtoneet nähdä, mitä te näette,
eivätkä ole nähneet, ja kuulla, mitä te kuulette,
eivätkä ole kuulleet."

Luuk. 10:21-24

Kuka sitten on minun lähimmäiseni?

Ja katso, eräs lainoppinut nousi ja kysyi kiusaten
häntä: "Opettaja, mitä minun pitää tekemän, että
minä iankaikkisen elämän perisin?"

Niin hän sanoi hänelle: "Mitä laissa on kirjoi-
tettuna? Kuinkas luet?"

Hän vastasi ja sanoi: "Rakasta Herraa, sinun

Jumalaasi, kaikesta sydämestäsi ja kaikesta sielustasi ja kaikesta voimastasi ja kaikesta mielestäsi, ja lähimmäistäsi niinkuin itseäsi".

Hän sanoi hänelle: "Oikein vastasit; tee se, niin sinä saat elää".

Mutta hän tahtoi näyttää olevansa vanhurskas ja sanoi Jeesukselle: "Kuka sitten on minun lähimmäiseni?"

Jeesus vastasi ja sanoi: "Eräs mies vaelsi Jerusalemista alas Jerikoon ja joutui ryövärien käsiin, jotka riisuivat hänet alasti ja löivät haavoille ja menivät pois jättäen hänet puolikuolleeksi.

Niin vaelsi sattumalta eräs pappi sitä tietä ja näki hänet ja meni ohitse.

Samoin leeviläinenkin: kun hän tuli sille paikalle ja näki hänet, meni hän ohitse.

Mutta kun eräs samarialainen, joka matkusti sitä tietä, tuli hänen kohdalleen ja näki hänet, niin hän armahti häntä.

Ja hän meni hänen luokseen ja sitoi hänen haavansa ja vuodatti niihin öljyä ja viiniä, pani hänet juhtansa selkään ja vei hänet majataloon ja hoiti häntä.

Ja seuraavana aamuna hän otti esiin kaksi denaria ja antoi majatalon isännälle ja sanoi: 'Hoida häntä, ja mitä sinulta lisää kuluu, sen minä palatessani sinulle maksan'.

Kuka näistä kolmesta sinun mielestäsi osoitti olevansa sen lähimmäinen, joka oli joutunut ryövärien käsiin?"

Hän sanoi: "Se, joka osoitti hänelle laupeutta". Niin Jeesus sanoi hänelle: "Mene ja tee sinä samoin".

Luuk. 10:25-37

Maria on valinnut hyvän osan

Ja heidän vaeltaessaan hän meni muutamaan kylään. Niin eräs nainen, nimeltä Martta, otti hänet kotiinsa.

Ja hänellä oli sisar, Maria niminen, joka asettui istumaan Herran jalkojen juureen ja kuunteli hänen puhettansa.

Mutta Martta puuhasi monissa palvelustoimissa; ja hän tuli ja sanoi: "Herra, etkö sinä välitä mitään siitä, että sisareni on jättänyt minut yksinäni palvelemaan? Sano siis hänelle, että hän minua auttaisi."

Herra vastasi ja sanoi hänelle: "Martta, Martta, moninaisista sinä huolehdit ja hätäilet, mutta tarpeellisia on vähän, tahi yksi ainoa. Maria on valinnut hyvän osan, jota ei häneltä oteta pois."

Luuk. 10:38-42

Ottakaa minun ikeeni päällenne ja oppikaa minusta

Siihen aikaan Jeesus johtui puhumaan sanoen: "Minä ylistän sinua, Isä, taivaan ja maan Herra, että olet salannut nämä viisailta ja ymmärtäväisiltä ja ilmoittanut ne lapsenmielisille.

Niin, Isä, sillä näin on sinulle hyväksi näkynyt.

Kaikki on minun Isäni antanut minun haltuuni, eikä kukaan muu tunne Poikaa kuin Isä, eikä Isää tunne kukaan muu kuin Poika ja se, kenelle Poika tahtoo hänet ilmoittaa.

Tulkaa minun tyköni, kaikki työtätekeväiset ja raskautetut, niin minä annan teille levon.

Ottakaa minun ikeeni päällenne ja oppikaa minusta, sillä minä olen hiljainen ja nöyrä sydämeltä; niin te löydätte levon sielullenne.

Sillä minun ikeeni on sovelias, ja minun kuormani on keveä."

Matt. 11:25-30

Ihmisen Poika on sapatin herra

Siihen aikaan Jeesus kulki sapattina viljavainioiden halki; ja hänen opetuslastensa oli nälkä, ja he rupesivat katkomaan tähkäpäitä ja syömään.

Mutta kun fariseukset sen näkivät, sanoivat he hänelle: "Katso, sinun opetuslapsesi tekevät, mitä ei ole lupa tehdä sapattina".

Matt. 12:1,2

Hän sanoi heille: "Ettekö ole koskaan lukeneet, mitä Daavid teki, kun hän ja hänen seuralaisensa olivat puutteessa ja heidän oli nälkä, kuinka hän meni Jumalan huoneeseen ylimmäisen papin Abjatarin aikana ja söi näkyleivät, joita ei ollut lupa syödä muiden kuin pappien, ja antoi myös niille, jotka hänen kanssansa olivat?"

Mark. 2:25,26

Tai ettekö ole lukeneet laista, että papit sapattina pyhäkössä rikkovat sapatin ja ovat kuitenkin syyttömät?

Mutta minä sanon teille: tässä on se, joka on pyhäkköä suurempi.

Matt. 12:5,6

Ja hän sanoi heille: "Sapatti on asetettu ihmistä varten eikä ihminen sapattia varten.

Mark. 2:27

Mutta jos tietäisitte, mitä tämä on: 'Laupeutta minä tahdon enkä uhria', niin te ette tuomitsisi syyttömiä.

Sillä Ihmisen Poika on sapatin herra."

Ja hän lähti sieltä ja tuli heidän synagoogaansa. Ja katso, siellä oli mies, jonka käsi oli kuivettunut. Niin he kysyivät häneltä sanoen: "Onko luvallista sapattina parantaa?" voidaksensa nostaa syytteen häntä vastaan.

Niin hän sanoi heille: "Kuka teistä on se mies, joka ei, jos hänen ainoa lampaansa putoaa sapattina kuoppaan, tartu siihen ja nosta sitä ylös?

Kuinka paljon suurempiarvoinen onkaan ihminen kuin lammas! Sentähden on lupa tehdä sapattina hyvää."

Sitten hän sanoi miehelle: "Ojenna kätesi!" Ja hän ojensi; ja se tuli entiselleen, terveeksi niinkuin toinenkin.

Matt. 12:7-13

Ja fariseukset lähtivät ulos ja pitivät kohta herodilaisten kanssa neuvoa häntä vastaan, surmataksensa hänet.

Mark.3:6

Mutta kun Jeesus huomasi sen, väistyi hän sieltä pois. Ja monet seurasivat häntä, ja hän paransi heidät kaikki, ja hän varoitti vakavasti heitä saattamasta häntä julki; että kävisi toteen, mikä on puhuttu profeetta Esaiaan kautta, joka sanoo:

"Katso, minun palvelijani, jonka minä olen valinnut, minun rakkaani, johon minun sieluni on mielistynyt; minä panen Henkeni häneen, ja hän on saattava oikeuden sanomaa pakanoille.
Ei hän riitele eikä huuda, ei hänen ääntänsä kuule kukaan kaduilla. Särjettyä ruokoa hän ei muserra, ja suitsevaista kynttilänsydäntä hän ei sammuta, kunnes hän saattaa oikeuden voittoon. Ja hänen nimeensä pakanat panevat toivonsa."

Matt. 12:15-21

Hän paransi monia

Mutta Jeesus vetäytyi opetuslapsineen järven rannalle, ja häntä seurasi suuri joukko kansaa Galileasta. Ja Juudeasta ja Jerusalemista

ja Idumeasta ja Jordanin tuolta puolen ja Tyyron
ja Siidonin ympäristöltä tuli paljon kansaa hänen
tykönsä, kun he kuulivat, kuinka suuria tekoja hän
teki.

Ja hän sanoi opetuslapsillensa, että hänelle oli
pidettävä venhe varalla väentungoksen tähden,
etteivät he ahdistaisi häntä; sillä hän paransi monta,
jonka tähden kaikki, joilla oli vaivoja, tunkeutuivat
hänen päälleen koskettaaksensa häntä.

Ja kun saastaiset henget näkivät hänet, lanke-
sivat he maahan hänen eteensä ja huusivat sanoen:
"Sinä olet Jumalan Poika".

Ja hän varoitti ankarasti heitä saattamasta häntä
julki.

Mark. 3:7-12

Anokaa niin teille annetaan

J a kun hän oli eräässä paikassa rukoilemassa ja
oli lakannut, sanoi eräs hänen opetuslapsistansa
hänelle: "Herra, opeta meitä rukoilemaan, niinkuin
Johanneskin opetti opetuslapsiansa".

Niin hän sanoi heille: "Kun rukoilette, sanokaa:
Isä, pyhitetty olkoon sinun nimesi; tulkoon sinun
valtakuntasi; (tapahtukoon sinun tahtosi myös maan
päällä niinkuin taivaassa;) anna meille joka päivä
meidän jokapäiväinen leipämme; ja anna meille
meidän syntimme anteeksi, sillä mekin annamme
anteeksi jokaiselle velallisellemme; äläkä saata meitä
kiusaukseen; (vaan päästä meidät pahasta)."

Ja hän sanoi heille: "Jos jollakin teistä on ystävä
ja hän menee hänen luoksensa yösydännä ja sanoo
hänelle: 'Ystäväni, lainaa minulle kolme leipää, sillä
eräs ystäväni on matkallaan tullut minun luokseni,
eikä minulla ole, mitä panna hänen eteensä'; ja
toinen sisältä vastaa ja sanoo: 'Älä minua vaivaa; ovi
on jo suljettu, ja lapseni ovat minun kanssani vuo-

teessa; en minä voi nousta antamaan sinulle' - minä sanon teille: vaikka hän ei nousekaan antamaan hänelle sentähden, että hän on hänen ystävänsä, nousee hän kuitenkin sentähden, että toinen ei hellitä, ja antaa hänelle niin paljon, kuin hän tarvitsee.

Niinpä minäkin sanon teille: anokaa, niin teille annetaan; etsikää, niin te löydätte; kolkuttakaa, niin teille avataan.

Sillä jokainen anova saa, ja etsivä löytää, ja kolkuttavalle avataan.

Ja kuka teistä on se isä, joka poikansa häneltä pyytäessä kalaa antaa hänelle kalan sijasta käärmeen, taikka joka hänen pyytäessään munaa antaa hänelle skorpionin?

Jos siis te, jotka olette pahoja, osaatte antaa lapsillenne hyviä lahjoja, kuinka paljoa ennemmin taivaallinen Isä antaa Pyhän Hengen niille, jotka sitä häneltä anovat!"

Luuk. 11:1-13

Hänessä on Beelsebul

Silloin tuotiin hänen tykönsä riivattu mies, joka oli sokea ja mykkä, ja hän paransi hänet, niin että mykkä puhui ja näki.

Ja kaikki kansa hämmästyi ja sanoi: "Eiköhän tämä ole Daavidin poika?"

Matt. 12:22,23

Ja kirjanoppineet, jotka olivat tulleet Jerusalemista, sanoivat: "Hänessä on Beelsebul", ja: "Riivaajien päämiehen voimalla hän ajaa ulos riivaajia".

Niin hän kutsui heidät luoksensa ja sanoi heille vertauksilla: "Kuinka saatana voi ajaa ulos saatanan?

Ja jos jokin valtakunta riitautuu itsensä kanssa, ei se valtakunta voi pysyä pystyssä.

Ja jos jokin talo riitautuu itsensä kanssa, ei se talo voi pysyä pystyssä.

Ja jos saatana nousee itseänsä vastaan ja riitau-
tuu itsensä kanssa, ei hän voi pysyä, vaan hänen
loppunsa on tullut.

Mark. 3:22-26

Ja jos minä Beelsebulin voimalla ajan ulos
riivaajia, kenenkä voimalla sitten teidän lapsenne
ajavat niitä ulos? Niinpä he tulevat olemaan teidän
tuomarinne

Mutta jos minä Jumalan Hengen voimalla ajan
ulos riivaajia, niin on Jumalan valtakunta tullut
teidän tykönne.

Matt. 12:27,28

Kun väkevä aseellisena vartioitsee kartanoaan,
on hänen omaisuutensa turvassa.

Mutta kun häntä väkevämpi karkaa hänen pääl-
lensä ja voittaa hänet, ottaa hän häneltä kaikki aseet,
joihin hän luotti, ja jakaa häneltä riistämänsä saaliin.

Joka ei ole minun kanssani, se on minua vas-
taan, ja joka ei minun kanssani kokoa, se hajottaa.

Luuk. 11:21-23

Hedelmästä puu tunnetaan

Sentähden minä sanon teille: jokainen synti
ja pilkka annetaan ihmisille anteeksi, mutta
Hengen pilkkaamista ei anteeksi anneta.

Ja jos joku sanoo sanan Ihmisen Poikaa vas-
taan, niin hänelle annetaan anteeksi; mutta jos joku
sanoo jotakin Pyhää Henkeä vastaan, niin hänelle ei
anteeksi anneta, ei tässä maailmassa eikä tulevassa.

Joko tehkää puu hyväksi ja sen hedelmä
hyväksi, tahi tehkää puu huonoksi ja sen hedelmä
huonoksi; sillä hedelmästä puu tunnetaan.

Te kyykäärmeitten sikiöt, kuinka te saattaisitte
hyvää puhua, kun itse olette pahoja? Sillä sydämen
kyllyydestä suu puhuu.

Hyvä ihminen tuo hyvän runsaudesta esille

hyvää, ja paha ihminen tuo pahan runsaudesta esille pahaa.

Mutta minä sanon teille: jokaisesta turhasta sanasta, minkä ihmiset puhuvat, pitää heidän tekemän tili tuomiopäivänä.

Sillä sanoistasi sinut julistetaan vanhurskaaksi, ja sanoistasi sinut tuomitaan syylliseksi."

Matt. 12:31-37

Joka kuulee eikä tee

Miksi te huudatte minulle: 'Herra, Herra!' ettekä tee, mitä minä sanon?

Jokainen, joka tulee minun tyköni ja kuulee minun sanani ja tekee niiden mukaan - minä osoitan teille, kenen kaltainen hän on.

Hän on miehen kaltainen, joka huonetta rakentaessaan kaivoi syvään ja laski perustuksen kalliolle; kun sitten tulva tuli, syöksähti virta sitä huonetta vastaan, mutta ei voinut sitä horjuttaa, sillä se oli hyvästi rakennettu.

Mutta joka kuulee eikä tee, se on miehen kaltainen, joka perustusta panematta rakensi huoneensa maan pinnalle; ja virta syöksähti sitä vastaan, ja heti se sortui, ja sen huoneen kukistuminen oli suuri."

Luuk. 6:46-49

Me tahdomme nähdä sinulta merkin

Silloin muutamat kirjanoppineista ja fariseuksista vastasivat hänelle sanoen: "Opettaja, me tahdomme nähdä sinulta merkin".

Mutta hän vastasi heille ja sanoi: "Tämä paha ja avionrikkoja sukupolvi tavoittelee merkkiä, mutta sille ei anneta muuta merkkiä kuin profeetta Joonaan merkki.

Sillä niinkuin Joonas oli meripedon vatsassa kolme päivää ja kolme yötä, niin on myös Ihmisen Poika oleva maan povessa kolme päivää ja kolme yötä.

Niiniven miehet nousevat tuomiolle yhdessä tämän sukupolven kanssa ja tulevat sille tuomioksi; sillä he tekivät parannuksen Joonaan saarnan vaikutuksesta, ja katso, tässä on enempi kuin Joonas.

Etelän kuningatar on heräjävä tuomiolle tämän sukupolven kanssa ja tuleva sille tuomioksi; sillä hän tuli maan ääristä kuulemaan Salomon viisautta, ja katso, tässä on enempi kuin Salomo.

Matt. 12:38-42

Saastainen henki

Kun saastainen henki lähtee ihmisestä, kuljeksii se autioita paikkoja ja etsii lepoa, eikä löydä.

Silloin se sanoo: 'Minä palaan huoneeseeni, josta lähdin'. Ja kun se tulee, tapaa se huoneen tyhjänä ja lakaistuna ja kaunistettuna.

Silloin se menee ja ottaa mukaansa seitsemän muuta henkeä, pahempaa kuin se itse, ja ne tulevat sisään ja asuvat siellä. Ja sen ihmisen viimeiset tulevat pahemmiksi kuin ensimmäiset. Niin käy myös tälle pahalle sukupolvelle."

Matt. 12:43-45

Autuaat ovat ne, jotka kuulevat Jumalan sanan ja sitä noudattavat

Niin hänen tätä puhuessaan eräs nainen kansanjoukosta korotti äänensä ja sanoi hänelle: "Autuas on se kohtu, joka on kantanut sinut, ja ne rinnat, joita olet imenyt".

Mutta hän sanoi: "Niin, autuaat ovat ne, jotka kuulevat Jumalan sanan ja sitä noudattavat".

Luuk. 11:27,28

Minun äitini ja veljeni

Hänen vielä puhuessaan kansalle, katso, hänen äitinsä ja veljensä seisoivat ulkona, tahtoen häntä puhutella.

Niin joku sanoi hänelle: "Katso, sinun äitisi ja veljesi seisovat ulkona ja tahtovat sinua puhutella".

Mutta hän vastasi ja sanoi sille, joka sen hänelle ilmoitti: "Kuka on minun äitini, ja ketkä ovat minun veljeni?"

Ja hän ojensi kätensä opetuslastensa puoleen ja sanoi: "Katso, minun äitini ja veljeni!

Sillä jokainen, joka tekee minun taivaallisen Isäni tahdon, on minun veljeni ja sisareni ja äitini."

Matt. 12:46-50

Katso siis, ettei se valo joka sinussa on ole pimeyttä

Ei kukaan, joka sytyttää lampun, pane sitä kätköön eikä vakan alle, vaan panee sen lampunjalkaan, että sisälletulijat näkisivät valon.

Sinun silmäsi on ruumiin lamppu. Kun silmäsi on terve, on koko sinun ruumiisi valaistu, mutta kun se on viallinen, on myös sinun ruumiisi pimeä.

Katso siis, ettei valo, joka sinussa on, ole pimeyttä.

Jos siis koko sinun ruumiisi on valoisa eikä miltään osaltaan pimeä, on se oleva kokonaan valoisa, niinkuin lampun valaistessa sinua kirkkaalla loisteellaan.

Luuk. 11:33-36

Miksi ette jo itsestänne päätä mikä oikeata on

Kun sillä välin kansaa oli kokoontunut tuhatmäärin, niin että he polkivat toisiaan, rupesi hän puhumaan opetuslapsillensa: "Ennen kaikkea kavahtakaa fariseusten hapatusta, se on: ulkokultaisuutta.

Ei ole mitään peitettyä, mikä ei tule paljastetuksi, eikä mitään salattua, mikä ei tule tunnetuksi.

Sentähden, kaikki, mitä te pimeässä sanotte, joutuu päivänvalossa kuultavaksi, ja mitä korvaan puhutte kammioissa, se katoilta julistetaan.

Jokaisen, joka tunnustaa minut

Mutta minä sanon teille, ystävilleni: älkää peljätkö niitä, jotka tappavat ruumiin, eivätkä sen jälkeen voi mitään enempää tehdä.

Vaan minä osoitan teille, ketä teidän on pelkääminen: peljätkää häntä, jolla on valta tapettuansa syöstä helvettiin. Niin, minä sanon teille, häntä te peljätkää.

Eikö viittä varpusta myydä kahteen ropoon? Eikä Jumala ole yhtäkään niistä unhottanut.

Ovatpa teidän päänne hiuksetkin kaikki luetut. Älkää peljätkö; te olette suurempiarvoiset kuin monta varpusta.

Mutta minä sanon teille: jokaisen, joka tunnustaa minut ihmisten edessä, myös Ihmisen Poika tunnustaa Jumalan enkelien edessä.

Mutta joka kieltää minut ihmisten edessä, se kielletään Jumalan enkelien edessä.

Ja jokaiselle, joka sanoo sanan Ihmisen Poikaa vastaan, annetaan anteeksi; mutta sille, joka Pyhää Henkeä pilkkaa, ei anteeksi anneta.

Mutta kun he vievät teitä synagoogain ja hallitusten ja esivaltojen eteen, älkää huolehtiko siitä, miten tai mitä vastaisitte puolestanne tahi mitä sanoisitte; sillä Pyhä Henki opettaa teille sillä hetkellä, mitä teidän on sanottava."

Joka kokoaa aarteita itselleen

Niin muuan mies kansanjoukosta sanoi hänelle: "Opettaja, sano minun veljelleni, että hän jakaisi kanssani perinnön".

Mutta hän vastasi hänelle: "Ihminen, kuka on minut asettanut teille tuomariksi tai jakomieheksi?"

Ja hän sanoi heille: "Katsokaa eteenne ja kavahtakaa kaikkea ahneutta, sillä ei ihmisen elämä riipu hänen omaisuudestaan, vaikka sitä ylenpalttisesti olisi".

Ja hän puhui heille vertauksen sanoen: "Rikkaan miehen maa kasvoi hyvin.

Niin hän mietti mielessään ja sanoi: 'Mitä minä teen, kun ei minulla ole, mihin viljani kokoaisin?'

Ja hän sanoi: 'Tämän minä teen: minä revin maahan aittani ja rakennan suuremmat ja kokoan niihin kaiken eloni ja hyvyyteni; ja sanon sielulleni: sielu, sinulla on paljon hyvää tallessa moneksi vuodeksi; nauti lepoa, syö, juo ja iloitse'.

Mutta Jumala sanoi hänelle: 'Sinä mieletön, tänä yönä sinun sielusi vaaditaan sinulta pois; kenelle sitten joutuu se, minkä sinä olet hankkinut?'

Näin käy sen, joka kokoaa aarteita itselleen, mutta jolla ei ole rikkautta Jumalan tykönä."

Missä teidän aarteenne on

Ja hän sanoi opetuslapsillensa: "Sentähden minä sanon teille: älkää murehtiko hengestänne, mitä

söisitte, älkääkä ruumiistanne, mitä päällenne
pukisitte.

Sillä henki on enemmän kuin ruoka, ja ruumis
enemmän kuin vaatteet.

Katselkaa kaarneita: eivät ne kylvä eivätkä
leikkaa, eikä niillä ole säilytyshuonetta eikä aittaa; ja
Jumala ruokkii ne. Kuinka paljoa suurempiarvoiset
te olette kuin linnut!

Ja kuka teistä voi murehtimisellaan lisätä
ikäänsä kyynäränkään vertaa?

Jos siis ette voi sitäkään, mikä vähintä on, mitä
te murehditte muusta?

Katselkaa kukkia, kuinka ne kasvavat: eivät
ne työtä tee eivätkä kehrää. Kuitenkin minä sanon
teille: ei Salomo kaikessa loistossansa ollut niin vaa-
tetettu kuin yksi niistä.

Jos siis Jumala näin vaatettaa kedon ruohon,
joka tänään kasvaa ja huomenna uuniin heitetään,
kuinka paljoa ennemmin teidät, te vähäuskoiset!

Älkää siis tekään etsikö, mitä söisitte ja mitä
joisitte, älkääkä korkeita tavoitelko.

Sillä näitä kaikkia maailman pakanakansat
tavoittelevat; mutta teidän Isänne kyllä tietää teidän
näitä tarvitsevan.

Vaan etsikää Jumalan valtakuntaa, niin myös
nämä teille annetaan sen ohessa.

Älä pelkää, sinä piskuinen lauma; sillä teidän
Isänne on nähnyt hyväksi antaa teille valtakunnan.

Myykää, mitä teillä on, ja antakaa almuja; hank-
kikaa itsellenne kulumattomat kukkarot, loppuma-
ton aarre taivaisiin, mihin ei varas ulotu ja missä koi
ei turmele.

Sillä missä teidän aarteenne on, siellä on myös teidän sydämenne.

Olkaa tekin valmiit

Olkoot teidän kupeenne vyötetyt ja lamppunne palamassa; ja olkaa te niiden ihmisten kaltaiset, jotka herraansa odottavat, milloin hän palajaa häistä, että he hänen tullessaan ja kolkuttaessaan heti avaisivat hänelle.

Autuaat ne palvelijat, jotka heidän herransa tullessaan tapaa valvomasta! Totisesti minä sanon teille: hän vyöttäytyy ja asettaa heidät aterioimaan ja menee ja palvelee heitä.

Ja jos hän tulee toisella yövartiolla tai kolmannella ja havaitsee heidän näin tekevän, niin autuaat ovat ne palvelijat.

Mutta se tietäkää: jos perheenisäntä tietäisi, millä hetkellä varas tulee, hän ei sallisi taloonsa murtauduttavan.

Niin olkaa tekin valmiit, sillä sinä hetkenä, jona ette luule, Ihmisen Poika tulee."

Jolle on paljon annettu, myös paljon vaaditaan

Niin Pietari sanoi: "Herra, meistäkö sinä sanot tämän vertauksen vai myös kaikista muista?"

Ja Herra sanoi: "Kuka siis on se uskollinen ja ymmärtäväinen huoneenhaltija, jonka hänen herransa asettaa pitämään huolta hänen palvelusväestään, antamaan heille ajallaan heidän ruokaosansa?

Autuas se palvelija, jonka hänen herransa tullessaan havaitsee näin tekevän!

Totisesti minä sanon teille: hän asettaa hänet kaiken omaisuutensa hoitajaksi.

Mutta jos palvelija sanoo sydämessään: 'Herrani tulo viivästyy', ja rupeaa lyömään palvelijoita

ja palvelijattaria sekä syömään ja juomaan ja päih-
dyttämään itseänsä, niin sen palvelijan herra tulee
päivänä, jona hän ei odota, ja hetkenä, jota hän ei
arvaa, ja hakkaa hänet kappaleiksi ja määrää hänelle
saman osan kuin uskottomille.

Ja sitä palvelijaa, joka tiesi herransa tahdon,
mutta ei tehnyt valmistuksia eikä toiminut hänen
tahtonsa mukaan, rangaistaan monilla lyönneillä.

Sitä taas, joka ei tiennyt, mutta teki semmoista,
mikä lyöntejä ansaitsee, rangaistaan vain muutamilla
lyönneillä. Sillä jokaiselta, jolle on paljon annettu,
myös paljon vaaditaan; ja jolle on paljon uskottu,
siltä sitä enemmän kysytään.

Eripuraisuutta

Tulta minä olen tullut heittämään maan päälle; ja
kuinka minä tahtoisinkaan, että se jo olisi syttynyt!

Mutta minä olen kasteella kastettava, ja kuinka
minä olenkaan ahdistettu, kunnes se on täytetty!

Luuletteko, että minä olen tullut tuomaan maan
päälle rauhaa? Ei, sanon minä teille, vaan eripurai-
suutta.

Sillä tästedes riitautuu viisi samassa talossa
keskenään, kolme joutuu riitaan kahta vastaan
ja kaksi kolmea vastaan, isä poikaansa vastaan ja
poika isäänsä vastaan, äiti tytärtänsä vastaan ja tytär
äitiänsä vastaan, anoppi miniäänsä vastaan ja miniä
anoppiansa vastaan.

Mikä oikeata on

Ja hän sanoi myöskin kansalle: "Kun näette pilven
nousevan lännestä, sanotte kohta: 'Tulee sade'; ja
niin tuleekin.

Ja kun näette etelätuulen puhaltavan, sanotte:
'Tulee helle'; ja niin tuleekin.

Te ulkokullatut, maan ja taivaan muodon te

osaatte arvioida; mutta kuinka ette arvioitse tätä
aikaa?

Miksi ette jo itsestänne päätä, mikä oikeata on?

Kun kuljet riitapuolesi kanssa hallitusmiehen
eteen, niin tee matkalla voitavasi päästäksesi hänestä
sovussa eroon, ettei hän raastaisi sinua tuomarin
eteen ja tuomari antaisi sinua oikeudenpalvelijalle, ja
ettei oikeudenpalvelija heittäisi sinua vankeuteen.

Minä sanon sinulle: sieltä et pääse, ennenkuin
maksat viimeisenkin rovon.

Luuk. 12:1-59

Ellette tee parannusta

Samaan aikaan oli saapuvilla muutamia, jotka
kertoivat hänelle niistä galilealaisista, joiden
veren Pilatus oli sekoittanut heidän uhriensa vereen.

Niin Jeesus vastasi ja sanoi heille: "Luuletteko,
että nämä galilealaiset olivat syntisemmät kuin
kaikki muut galilealaiset, koska he saivat kärsiä
tämän?

Eivät olleet, sanon minä teille, mutta ellette tee
parannusta, niin samoin te kaikki hukutte.

Taikka ne kahdeksantoista, jotka saivat sur-
mansa, kun torni Siloassa kaatui heidän päällensä,
luuletteko, että he olivat syyllisemmät kuin kaikki
muut ihmiset, jotka Jerusalemissa asuvat?

Eivät olleet, sanon minä teille, mutta ellette tee
parannusta, niin samoin te kaikki hukutte."

Luuk. 13:1-5

Ehkä se ensi vuonna
tekee hedelmää

Ja hän puhui tämän vertauksen: "Eräällä miehellä
oli viikunapuu istutettuna viinitarhassaan; ja hän

tuli etsimään hedelmää siitä, mutta ei löytänyt.

Niin hän sanoi viinitarhurille: 'Katso, kolmena vuotena minä olen käynyt etsimässä hedelmää tästä viikunapuusta, mutta en ole löytänyt. Hakkaa se pois; mitä varten se vielä maata laihduttaa?'

Mutta tämä vastasi ja sanoi hänelle: 'Herra, anna sen olla vielä tämä vuosi; sillä aikaa minä kuokin ja lannoitan maan sen ympäriltä.

Ehkä se ensi vuonna tekee hedelmää; mutta jos ei, niin hakkaa se pois'."

Luuk. 13:6-9

Nainen sinä olet päässyt heikkoudestasi

Ja hän oli opettamassa eräässä synagoogassa sapattina.

Ja katso, siellä oli nainen, jossa oli ollut heikkouden henki kahdeksantoista vuotta, ja hän oli koukistunut ja täydelleen kykenemätön oikaisemaan itseänsä.

Hänet nähdessään Jeesus kutsui hänet luoksensa ja sanoi hänelle: "Nainen, sinä olet päässyt heikkoudestasi", ja pani kätensä hänen päälleen. Ja heti hän oikaisi itsensä suoraksi ja ylisti Jumalaa.

Mutta synagoogan esimies, joka närkästyi siitä, että Jeesus paransi sapattina, rupesi puhumaan ja sanoi kansalle: "Kuusi päivää on, joina tulee työtä tehdä; tulkaa siis niinä päivinä parannuttamaan itseänne, älkääkä sapatinpäivänä".

Mutta Herra vastasi hänelle ja sanoi: "Te ulkokullatut, eikö jokainen teistä sapattina päästä härkäänsä tai aasiansa seimestä ja vie sitä juomaan?

Ja tätä naista, joka on Aabrahamin tytär ja jota saatana on pitänyt sidottuna, katso, jo kahdeksantoista vuotta, tätäkö ei olisi pitänyt päästää siitä siteestä sapatinpäivänä?"

Ja hänen näin sanoessaan kaikki hänen vastustajansa häpesivät, ja kaikki kansa iloitsi kaikista niistä ihmeellisistä teoista, joita hän teki.

Luuk. 13:10-17

JEESUS OPETTI VERTAUSTEN AVULLA

Katso, kylväjä meni kylvämään

Ja hän rupesi taas opettamaan järven rannalla. Ja hänen luoksensa kokoontui hyvin paljon kansaa, jonka tähden hän astui venheeseen ja istui siinä järvellä, ja kaikki kansa oli maalla järven rannalla.

Mark. 4:1

Ja hän puhui heille paljon vertauksilla ja sanoi: "Katso, kylväjä meni kylvämään.

Ja hänen kylväessään putosivat muutamat siemenet tien oheen, ja linnut tulivat ja söivät ne.

Toiset putosivat kallioperälle, jossa niillä ei ollut paljon maata, ja ne nousivat kohta oraalle, kun niillä ei ollut syvää maata.

Mutta auringon noustua ne paahtuivat, ja kun niillä ei ollut juurta, niin ne kuivettuivat.

Toiset taas putosivat orjantappuroihin, ja orjantappurat nousivat ja tukahuttivat ne.

Ja toiset putosivat hyvään maahan ja antoivat sadon, mitkä sata, mitkä kuusikymmentä, mitkä kolmekymmentä jyvää."

Matt. 13:3-8

Ja hän sanoi: "Jolla on korvat kuulla, se kuulkoon".

Ja kun hän oli jäänyt yksin, niin ne, jotka olivat hänen ympärillään, ynnä ne kaksitoista kysyivät häneltä näitä vertauksia.

Niin hän sanoi heille: "Teille on annettu Jumalan valtakunnan salaisuus, mutta noille ulkopuolella oleville kaikki tulee vertauksissa, että he näkemällä näkisivät, eivätkä huomaisi, ja kuulemalla kuulisivat, eivätkä ymmärtäisi, niin etteivät kääntyisi ja saisi anteeksi.

Mark. 4:9-12

Katsokaa siis, miten kuulette; sillä sille, jolla on, annetaan, mutta siltä, jolla ei ole, otetaan pois sekin, minkä hän luulee itsellään olevan.

Luuk. 8:18

Autuaat ovat teidän korvanne, koska ne kuulevat

S entähden minä puhun heille vertauksilla, että he näkevin silmin eivät näe ja kuulevin korvin eivät kuule, eivätkä ymmärrä.

Ja heissä käy toteen Esaiaan ennustus, joka sanoo: *'Kuulemalla kuulkaa, älkääkä ymmärtäkö, ja näkemällä nähkää, älkääkä käsittäkö. Sillä paatunut on tämän kansan sydän, ja korvillaan he työläästi kuulevat, ja silmänsä he ovat ummistaneet, etteivät he näkisi silmillään, eivät kuulisi korvillaan, eivät ymmärtäisi sydämellään eivätkä kääntyisi ja etten minä heitä parantaisi.'*

Mutta autuaat ovat teidän silmänne, koska ne näkevät, ja teidän korvanne, koska ne kuulevat.

Sillä totisesti minä sanon teille: monet profeetat ja vanhurskaat ovat halunneet nähdä, mitä te näette, eivätkä ole nähneet, ja kuulla, mitä te kuulette, eivätkä ole kuulleet.

Matt. 13:13-17

Vertaus kylväjästä

K uulkaa siis te vertaus kylväjästä: Kun joku kuulee valtakunnan sanan eikä ymmärrä, niin tulee paha ja tempaa pois sen, mikä hänen sydämeensä kylvettiin. Tämä on se, mikä kylvettiin tien oheen.

Mikä kallioperälle kylvettiin, on se, joka kuulee sanan ja heti ottaa sen ilolla vastaan; mutta hänellä ei ole juurta itsessään, vaan hän kestää ainoastaan jonkun aikaa, ja kun tulee ahdistus tai vaino sanan tähden, niin hän heti lankeaa pois.

Matt. 13:18-21

Ja toisia ovat orjantappuroihin kylvetyt; nämä ovat ne, jotka kuulevat sanan, mutta maailman huolet ja rikkauden viettelys ja muut himot pääsevät valtaan ja tukahuttavat sanan, ja se jää hedelmättömäksi.

Mark. 4:18,19

Mutta mikä hyvään maahan kylvettiin, on se, joka kuulee sanan ja ymmärtää sen ja myös tuottaa hedelmän ja tekee, mikä sata jyvää, mikä kuusikymmentä, mikä kolmekymmentä."

Matt. 13:23

Ei mikään ole salattuna

Ja hän sanoi heille: "Eihän lamppua oteta esiin, pantavaksi vakan alle tai vuoteen alle? Eiköhän lampunjalkaan pantavaksi?

Sillä ei mikään ole salattuna muuta varten, kuin että se tulisi ilmi, eikä kätkettynä muuta varten, kuin tullakseen julki.

Jos jollakin on korvat kuulla, hän kuulkoon."

Ja hän sanoi heille: "Ottakaa vaari siitä, mitä kuulette; millä mitalla te mittaatte, sillä teille mitataan, vieläpä teille lisätäänkin.

Sillä sille jolla on, sille annetaan; mutta siltä, jolla ei ole, otetaan pois sekin, mikä hänellä on."

Mark. 4:21-25

Taivasten valtakunta

Toisen vertauksen hän puhui heille sanoen: "Taivasten valtakunta on verrattava mieheen, joka kylvi hyvän siemenen peltoonsa.

Mutta ihmisten nukkuessa hänen vihamiehensä tuli ja kylvi lustetta nisun sekaan ja meni pois.

Ja kun laiho kasvoi ja teki hedelmää, silloin lustekin tuli näkyviin.

Niin perheenisännän palvelijat tulivat ja sanoivat hänelle: 'Herra, etkö kylvänyt peltoosi hyvää siementä? Mistä siihen sitten on tullut lustetta?'

Hän sanoi heille: 'Sen on vihamies tehnyt'. Niin palvelijat sanoivat hänelle: 'Tahdotko, että menemme ja kokoamme sen?'

Mutta hän sanoi: 'En, ettette lustetta kootessanne nyhtäisi sen mukana nisuakin.

Antakaa molempain kasvaa yhdessä elonleikkuuseen asti; ja elonaikana minä sanon leikkuumiehille: Kootkaa ensin luste ja sitokaa se kimppuihin poltettavaksi, mutta nisu korjatkaa minun aittaani.'"

Vielä toisen vertauksen hän puhui heille sanoen: "Taivasten valtakunta on sinapinsiemenen kaltainen, jonka mies otti ja kylvi peltoonsa.

Se on kaikista siemenistä pienin, mutta kun se on kasvanut, on se suurin vihanneskasveista ja tulee puuksi, niin että taivaan linnut tulevat ja tekevät pesänsä sen oksille."

Taas toisen vertauksen hän puhui heille: "Taivasten valtakunta on hapatuksen kaltainen, jonka nainen otti ja sekoitti kolmeen vakalliseen jauhoja, kunnes kaikki happani".

Tämän kaiken Jeesus puhui kansalle vertauksilla, ja ilman vertausta hän ei puhunut heille mitään; että kävisi toteen, mikä on puhuttu profeetan kautta, joka sanoo: *"Minä avaan suuni vertauksiin, minä tuon ilmi sen, mikä on ollut salassa maailman perustamisesta asti"*.

Selitä meille vertaus pellon lusteesta

Sitten hän laski luotaan kansanjoukot ja meni asuntoonsa. Ja hänen opetuslapsensa tulivat hänen tykönsä ja sanoivat: "Selitä meille vertaus pellon lusteesta".

Niin hän vastasi ja sanoi: "Hyvän siemenen kylväjä on Ihmisen Poika.

Pelto on maailma; hyvä siemen ovat valtakunnan lapset, mutta lusteet ovat pahan lapset.

Vihamies, joka ne kylvi, on perkele; elonaika on maailman loppu, ja leikkuumiehet ovat enkelit.

Niinkuin lusteet kootaan ja tulessa poltetaan, niin on tapahtuva maailman lopussa.

Ihmisen Poika lähettää enkelinsä, ja he kokoavat hänen valtakunnastaan kaikki, jotka ovat pahennukseksi ja jotka tekevät laittomuutta, ja heittävät heidät tuliseen pätsiin; siellä on oleva itku ja hammasten kiristys.

Silloin vanhurskaat loistavat Isänsä valtakunnassa niinkuin aurinko. Jolla on korvat, se kuulkoon.

Matt. 13:24-43

Oletteko ymmärtäneet tämän kaiken?

Ja hän sanoi: "Niin on Jumalan valtakunta, kuin jos mies kylvää siemenen maahan; ja hän nukkuu, ja hän nousee, öin ja päivin; ja siemen orastaa ja kasvaa, hän ei itse tiedä, miten.

Sillä itsestään maa tuottaa viljan: ensin korren, sitten tähkän, sitten täyden jyvän tähkään.

Mutta kun hedelmä on kypsynyt, lähettää hän kohta sinne sirpin, sillä elonaika on käsissä.

Mark. 4:26-29

Taivasten valtakunta on peltoon kätketyn aarteen kaltainen, jonka mies löysi ja kätki; ja siitä iloissaan hän meni ja myi kaikki, mitä hänellä oli, ja osti sen pellon.

Vielä taivasten valtakunta on kuin kauppias, joka etsi kalliita helmiä, ja löydettyään yhden kallisarvoisen helmen hän meni ja myi kaikki, mitä hänellä oli, ja osti sen.

Vielä taivasten valtakunta on nuotan kaltainen, joka heitettiin mereen ja kokosi kaikkinaisia kaloja.

Ja kun se tuli täyteen, vetivät he sen rannalle, istuutuivat ja kokosivat hyvät astioihin, mutta kelvottomat he viskasivat pois.

Näin on käyvä maailman lopussa; enkelit lähtevät ja erottavat pahat vanhurskaista ja heittävät heidät tuliseen pätsiin; siellä on oleva itku ja hammasten kiristys.

Oletteko ymmärtäneet tämän kaiken?" He vastasivat hänelle: "Olemme".

Ja hän sanoi heille: "Niin on jokainen kirjanoppinut, joka on tullut taivasten valtakunnan opetuslapseksi, perheenisännän kaltainen, joka tuo aarrekammiostaan esille uutta ja vanhaa".

Matt. 13:44-52

Ystäväni astu ylemmäs

Ja kun hän sapattina tuli erään fariseusten johtomiehen taloon aterialle, pitivät he häntä silmällä.

Ja katso, siellä oli vesitautinen mies hänen edessään.

Niin Jeesus rupesi puhumaan lainoppineille ja fariseuksille ja sanoi: "Onko luvallista parantaa sapattina, vai eikö?" Mutta he olivat vaiti.

Ja hän koski mieheen, paransi hänet ja laski menemään.

Ja hän sanoi heille: "Jos joltakin teistä putoaa poika tai härkä kaivoon, eikö hän heti vedä sitä ylös sapatinpäivänäkin?"

Eivätkä he kyenneet vastaamaan tähän.

Ja huomatessaan, kuinka kutsutut valitsivat itselleen ensimmäisiä sijoja, hän puhui heille vertauksen ja sanoi heille: "Kun joku on kutsunut sinut häihin, älä asetu aterioimaan ensimmäiselle sijalle; sillä, jos hän on kutsunut jonkun sinua arvollisemman, niin hän, joka on sinut ja hänet kutsunut, ehkä tulee ja sanoo sinulle: 'Anna tälle sija', ja silloin sinä saat häveten siirtyä viimeiselle paikalle.

Vaan kun olet kutsuttu, mene ja asetu viimeiselle sijalle, ja niin on se, joka on sinut kutsunut, sisään tullessaan sanova sinulle: 'Ystäväni, astu ylemmäksi'. Silloin tulee sinulle kunnia kaikkien pöytäkumppaniesi edessä.

Sillä jokainen, joka itsensä ylentää, alennetaan, ja joka itsensä alentaa, se ylennetään."

Luuk. 14:1-11

Eräs mies laittoi suuret illalliset ja kutsui monta

Ja hän sanoi myös sille, joka oli hänet kutsunut: "Kun laitat päivälliset tai illalliset, älä kutsu ystäviäsi, älä veljiäsi, älä sukulaisiasi äläkä rikkaita naapureita, etteivät hekin vuorostaan kutsuisi sinua, ja ettet sinä siten saisi maksua.

Vaan kun laitat pidot, kutsu köyhiä, raajarikkoja, rampoja, sokeita; niin sinä olet oleva autuas, koska he eivät voi maksaa sinulle; sillä sinulle maksetaan vanhurskasten ylösnousemuksessa."

Tämän kuullessaan eräs pöytäkumppaneista sanoi hänelle: "Autuas se, joka saa olla aterialla Jumalan valtakunnassa!"

Niin hän sanoi hänelle: "Eräs mies laittoi suuret illalliset ja kutsui monta.

Ja illallisajan tullessa hän lähetti palvelijansa sanomaan kutsutuille: 'Tulkaa, sillä kaikki on jo valmiina'.

Mutta he rupesivat kaikki järjestään estelemään. Ensimmäinen sanoi hänelle: 'Minä ostin pellon, ja minun täytyy lähteä sitä katsomaan; pyydän sinua, pidä minut estettynä'.

Toinen sanoi: 'Minä ostin viisi paria härkiä ja menen niitä koettelemaan; pyydän sinua, pidä minut estettynä'.

Vielä toinen sanoi: 'Minä otin vaimon, ja sentähden en voi tulla'.

Ja palvelija tuli takaisin ja ilmoitti herralleen tämän. Silloin isäntä vihastui ja sanoi palvelijalleen: 'Mene kiiruusti kaupungin kaduille ja kujille ja tuo köyhät ja raajarikot, sokeat ja rammat tänne sisälle'.

Ja palvelija sanoi: 'Herra, on tehty, minkä käskit, ja vielä on tilaa'.

Niin Herra sanoi palvelijalle: 'Mene teille ja aitovierille ja pakota heitä tulemaan sisälle, että minun taloni täyttyisi; sillä minä sanon teille, ettei yksikään niistä miehistä, jotka olivat kutsutut, ole maistava minun illallisiani'."

Luuk. 14:12-24

Jos suolakin käy mauttomaksi?

J a hänen mukanaan kulki paljon kansaa; ja hän kääntyi ja sanoi heille: "Jos joku tulee minun tyköni eikä vihaa isäänsä ja äitiänsä ja vaimoaan ja lapsiaan ja veljiään ja sisariaan, vieläpä omaa elämäänsäkin, hän ei voi olla minun opetuslapseni.

Ja joka ei kanna ristiänsä ja seuraa minua, se ei voi olla minun opetuslapseni.

Sillä jos joku teistä tahtoo rakentaa tornin, eikö hän ensin istu laskemaan kustannuksia, nähdäkseen, onko hänellä varoja rakentaa se valmiiksi, etteivät, kun hän on pannut perustuksen, mutta ei kykene saamaan rakennusta valmiiksi, kaikki, jotka sen näkevät, rupeaisi pilkkaamaan häntä sanoen: 'Tuo mies ryhtyi rakentamaan, mutta ei kyennyt saamaan valmiiksi'?

Tahi jos joku kuningas tahtoo lähteä sotimaan toista kuningasta vastaan, eikö hän ensin istu ja pidä neuvoa, kykeneekö hän kymmenellä tuhannella kohtaamaan sitä, joka tulee häntä vastaan kahdella-kymmenellä tuhannella?

Ja ellei kykene, niin hän, toisen vielä ollessa kaukana, lähettää hänen luoksensa lähettiläät hiero-maan rauhaa.

Niin ei myös teistä yksikään, joka ei luovu kai-kesta, mitä hänellä on, voi olla minun opetuslapseni.

Suola on hyvä; mutta jos suolakin käy maut-tomaksi, millä se saadaan suolaiseksi? Ei se kelpaa maahan eikä lantaan; se heitetään pois.

Jolla on korvat kuulla, se kuulkoon!"

Luuk. 14:25-35

Ei ole profeetta halveksittu muualla kuin kodissaan

Ja kun Jeesus oli lopettanut nämä vertaukset, lähti hän sieltä.

Ja hän tuli kotikaupunkiinsa ja opetti heitä

heidän synagoogassaan, niin että he hämmästyivät ja sanoivat: "Mistä hänellä on tämä viisaus ja nämä voimalliset teot?

Eikö tämä ole se rakentajan poika? Eikö hänen äitinsä ole nimeltään Maria ja hänen veljensä Jaakob ja Joosef ja Simon ja Juudas?

Ja eivätkö hänen sisarensa ole kaikki meidän parissamme? Mistä sitten hänellä on tämä kaikki?"

Ja he loukkaantuivat häneen. Mutta Jeesus sanoi heille: "Ei ole profeetta halveksittu muualla kuin kotikaupungissaan ja kodissaan".

Matt. 13:53-57

Ja hän ei voinut siellä tehdä mitään voimallista tekoa, paitsi että paransi joitakuita sairaita panemalla kätensä heidän päälleen.

Ja hän ihmetteli heidän epäuskoansa.

Mark. 6:5,6

Se on Johannes Kastaja

Siihen aikaan neljännysruhtinas Herodes kuuli maineen Jeesuksesta.

Ja hän sanoi palvelijoilleen: "Se on Johannes Kastaja; hän on noussut kuolleista, ja sentähden nämä voimat hänessä vaikuttavat".

Matt. 14:1,2

Sillä hän, Herodes, oli lähettänyt ottamaan kiinni Johanneksen, sitonut ja pannut hänet vankeuteen veljensä Filippuksen vaimon, Herodiaan, tähden. Sillä Herodes oli nainut hänet, ja Johannes oli sanonut Herodekselle: "Sinun ei ole lupa pitää veljesi vaimoa".

Ja Herodias piti vihaa häntä vastaan ja tahtoi tappaa hänet, mutta ei voinut.

Sillä Herodes pelkäsi Johannesta, koska tiesi hänet vanhurskaaksi ja pyhäksi mieheksi, ja suojeli häntä. Ja kun hän kuunteli häntä, tuli hän epäröivälle mielelle monesta asiasta; ja hän kuunteli häntä mielellään.

Niin tuli sopiva päivä, kun Herodes syntymä-päivänään piti pitoja ylimyksilleen ja sotapäälliköille ja Galilean ensimmäisille miehille.

Ja Herodiaan tytär tuli sisälle ja tanssi, ja se miellytti Herodesta ja hänen pöytävieraitaan. Niin kuningas sanoi tytölle: "Ano minulta, mitä ikinä tahdot, niin minä annan sinulle".

Ja hän vannoi tytölle: "Mitä ikinä minulta anot, sen minä annan sinulle, vaikka puolet valtakun-taani".

Niin hän meni ulos ja sanoi äidilleen: "Mitä minä anon?" Tämä sanoi: "Johannes Kastajan päätä".

Ja hän meni kohta kiiruusti sisälle kuninkaan luo, pyysi ja sanoi: "Minä tahdon, että nyt heti annat minulle lautasella Johannes Kastajan pään".

Silloin kuningas tuli hyvin murheelliseksi, mutta valansa ja pöytävierasten tähden hän ei tahtonut hyljätä hänen pyyntöään.

Ja kohta kuningas lähetti henkivartijan ja käski tuoda Johanneksen pään.

Niin vartija meni ja löi häneltä pään poikki vankilassa ja toi hänen päänsä lautasella ja antoi sen tytölle, ja tyttö antoi sen äidillensä.

Mark. 6:17-28

Ja hänen opetuslapsensa tulivat ja ottivat hänen ruumiinsa ja hautasivat hänet; ja he menivät ja ilmoittivat asian Jeesukselle.

Matt. 14:12

Montako leipää teillä on?

Ja apostolit kokoontuivat Jeesuksen tykö ja kertoivat hänelle kaikki, mitä olivat tehneet ja mitä olivat opettaneet.

Niin hän sanoi heille: "Tulkaa te yksinäisyyteen, autioon paikkaan, ja levähtäkää vähän". Sillä tulijoita ja menijöitä oli paljon, ja heillä ei ollut aikaa syödäkään.

Ja he lähtivät venheellä autioon paikkaan, yksinäisyyteen.

Ja he näkivät heidän lähtevän, ja monet saivat siitä tiedon ja riensivät sinne jalkaisin kaikista kaupungeista ja saapuivat ennen heitä.

Ja astuessaan maihin hän näki paljon kansaa, ja hänen kävi heitä sääliksi, koska he olivat niinkuin lampaat, joilla ei ole paimenta, ja hän rupesi opettamaan heille moninaisia.

Ja kun päivä jo oli pitkälle kulunut, menivät hänen opetuslapsensa hänen tykönsä ja sanoivat: "Tämä paikka on autio, ja aika on jo myöhäinen; laske heidät luotasi, että he menisivät ympäristöllä oleviin maataloihin ja kyliin ostamaan itsellensä syötävää".

Mutta hän vastasi heille ja sanoi: "Antakaa te heille syödä". Niin he sanoivat hänelle: "Lähdemmekö ostamaan leipää kahdellasadalla denarilla antaaksemme heille syödä?"

Mutta hän sanoi heille: "Montako leipää teillä on? Menkää katsomaan." Otettuaan siitä selvän he sanoivat: "Viisi, ja kaksi kalaa".

Niin hän määräsi heille, että kaikkien oli asetuttava ruokakunnittain vihantaan ruohikkoon.

Ja he laskeutuivat ryhmä ryhmän viereen, toisiin sata, toisiin viisikymmentä.

Ja hän otti ne viisi leipää ja kaksi kalaa, katsoi ylös taivaaseen ja siunasi ja mursi leivät ja antoi ne opetuslapsilleen kansan eteen pantaviksi; myöskin ne kaksi kalaa hän jakoi kaikille.

Ja kaikki söivät ja tulivat ravituiksi.

Sitten he keräsivät palaset, kaksitoista täyttä vakallista, ja tähteet kaloista.

Ja niitä, jotka olivat syöneet näitä leipiä, oli viisituhatta miestä.

Mark. 6:30-44

Kun nyt ihmiset näkivät sen tunnusteon, jonka Jeesus oli tehnyt, sanoivat he: "Tämä on totisesti se profeetta, joka oli maailmaan tuleva".

Kun nyt Jeesus huomasi, että he aikoivat tulla ja väkisin ottaa hänet, tehdäkseen hänet kuninkaaksi, väistyi hän taas pois vuorelle, hän yksinänsä.

Joh. 6:14,15

Sinä vähäuskoinen, miksi epäilit?

Mutta kun ilta tuli, menivät hänen opetuslapsensa alas järven rantaan, astuivat venheeseen ja lähtivät menemään järven toiselle puolelle, Kapernaumiin. Ja oli jo tullut pimeä, eikä Jeesus ollut vielä saapunut heidän luokseen; ja järvi aaltoili ankarasti kovan tuulen puhaltaessa.

Joh. 6:16-18

Mutta venhe oli jo monen vakomitan päässä maasta, aaltojen ahdistamana, sillä tuuli oli vastainen.

Ja neljännellä yövartiolla Jeesus tuli heidän tykönsä kävellen järven päällä.

Kun opetuslapset näkivät hänen kävelevän järven päällä, peljästyivät he ja sanoivat: "Se on aave", ja huusivat pelosta.

Mutta Jeesus puhutteli heitä kohta ja sanoi: "Olkaa turvallisella mielellä, minä se olen; älkää peljätkö".

Pietari vastasi hänelle ja sanoi: "Jos se olet sinä, Herra, niin käske minun tulla tykösi vettä myöten".

Hän sanoi: "Tule". Ja Pietari astui ulos venheestä ja käveli vetten päällä mennäkseen Jeesuksen tykö.

Mutta nähdessään, kuinka tuuli, hän peljästyi

ja rupesi vajoamaan ja huusi sanoen: "Herra, auta minua".

Niin Jeesus kohta ojensi kätensä, tarttui häneen ja sanoi hänelle: "Sinä vähäuskoinen, miksi epäilit?"

Ja kun he olivat astuneet venheeseen, asettui tuuli.

Niin venheessäolijat kumarsivat häntä ja sanoivat: "Totisesti sinä olet Jumalan Poika".

Ja kuljettuaan yli he tulivat maihin Gennesaretiin.

Ja kun sen paikkakunnan miehet tunsivat hänet, lähettivät he sanan kaikkeen ympäristöön, ja hänen tykönsä tuotiin kaikki sairaat.

Ja he pyysivät häneltä, että vain saisivat koskea hänen vaippansa tupsuun; ja kaikki, jotka koskivat, paranivat.

Matt. 14:24-36

Herra, anna meille aina sitä leipää

Seuraavana päivänä kansa yhä vielä oli järven toisella puolella, sillä he olivat nähneet, ettei siellä ollut muuta venhettä kuin se yksi ja ettei Jeesus mennyt opetuslastensa kanssa venheeseen, vaan että hänen opetuslapsensa lähtivät yksinään pois.

Kuitenkin oli muita venheitä tullut Tiberiaasta lähelle sitä paikkaa, jossa he olivat syöneet leipää, sittenkuin Herra oli lausunut kiitoksen.

Kun siis kansa näki, ettei Jeesus ollut siellä eivätkä hänen opetuslapsensa, astuivat hekin venheisiin ja menivät Kapernaumiin ja etsivät Jeesusta.

Ja kun he löysivät hänet järven toiselta puolelta, sanoivat he hänelle: "Rabbi, milloin tulit tänne?"

Jeesus vastasi heille ja sanoi: "Totisesti, totisesti minä sanon teille: ette te minua sentähden etsi, että olette nähneet tunnustekoja, vaan sentähden, että saitte syödä niitä leipiä ja tulitte ravituiksi.

Älkää hankkiko sitä ruokaa, joka katoaa, vaan sitä ruokaa, joka pysyy hamaan iankaikkiseen elämään ja jonka Ihmisen Poika on teille antava; sillä häneen on Isä, Jumala itse, sinettinsä painanut."

Niin he sanoivat hänelle: "Mitä meidän pitää tekemän, että me Jumalan tekoja tekisimme?"

Jeesus vastasi ja sanoi heille: "Se on Jumalan teko, että te uskotte häneen, jonka Jumala on lähettänyt".

He sanoivat hänelle: "Minkä tunnusteon sinä sitten teet, että me näkisimme sen ja uskoisimme sinua? Minkä teon sinä teet?

Meidän isämme söivät mannaa erämaassa, niinkuin kirjoitettu on: 'Hän antoi leipää taivaasta heille syötäväksi'."

Niin Jeesus sanoi heille: "Totisesti, totisesti minä sanon teille: ei Mooses antanut teille sitä leipää taivaasta, vaan minun Isäni antaa teille taivaasta totisen leivän.

Sillä Jumalan leipä on se, joka tulee alas taivaasta ja antaa maailmalle elämän."

Niin he sanoivat hänelle: "Herra, anna meille aina sitä leipää".

Jeesus sanoi heille: "Minä olen elämän leipä; joka tulee minun tyköni, se ei koskaan isoa, ja joka uskoo minuun, se ei koskaan janoa.

Mutta minä olen sanonut teille, että te olette nähneet minut, ettekä kuitenkaan usko.

Kaikki, minkä Isä antaa minulle, tulee minun tyköni; ja sitä, joka minun tyköni tulee, minä en heitä ulos.

Sillä minä olen tullut taivaasta, en tekemään omaa tahtoani, vaan hänen tahtonsa, joka on minut lähettänyt.

Ja minun lähettäjäni tahto on se, että minä kaikista niistä, jotka hän on minulle antanut, en kadota yhtäkään, vaan herätän heidät viimeisenä päivänä.

Sillä minun Isäni tahto on se, että jokaisella, joka näkee Pojan ja uskoo häneen, on iankaikkinen elämä; ja minä herätän hänet viimeisenä päivänä."

Joh. 6:22-40

Minä olen elämän leipä

Niin juutalaiset nurisivat häntä vastaan, koska hän sanoi: "Minä olen se leipä, joka on tullut alas taivaasta"; ja he sanoivat: "Eikö tämä ole Jeesus, Joosefin poika, jonka isän ja äidin me tunnemme? Kuinka hän sitten sanoo: 'Minä olen tullut alas taivaasta'?"

Jeesus vastasi ja sanoi heille: "Älkää nurisko keskenänne.

Ei kukaan voi tulla minun tyköni, ellei Isä, joka on minut lähettänyt, häntä vedä; ja minä herätän hänet viimeisenä päivänä.

Profeetoissa on kirjoitettuna: 'Ja he tulevat kaikki Jumalan opettamiksi'. Jokainen, joka on Isältä kuullut ja oppinut, tulee minun tyköni.

Ei niin, että kukaan olisi Isää nähnyt; ainoastaan hän, joka on Jumalasta, on nähnyt Isän.

Totisesti, totisesti minä sanon teille: joka uskoo, sillä on iankaikkinen elämä.

Minä olen elämän leipä.

Teidän isänne söivät mannaa erämaassa, ja he kuolivat.

Mutta tämä on se leipä, joka tulee alas taivaasta, että se, joka sitä syö, ei kuolisi.

Minä olen se elävä leipä, joka on tullut alas taivaasta. Jos joku syö tätä leipää, hän elää iankaikkisesti. Ja se leipä, jonka minä annan, on minun lihani, maailman elämän puolesta."

Silloin juutalaiset riitelivät keskenään sanoen: "Kuinka tämä voi antaa lihansa meille syötäväksi?"

Niin Jeesus sanoi heille: "Totisesti, totisesti minä sanon teille: ellette syö Ihmisen Pojan lihaa ja juo hänen vertansa, ei teillä ole elämää itsessänne.

Joka syö minun lihani ja juo minun vereni, sillä on iankaikkinen elämä, ja minä herätän hänet viimeisenä päivänä.

Sillä minun lihani on totinen ruoka, ja minun vereni on totinen juoma.

Joka syö minun lihani ja juo minun vereni, se pysyy minussa, ja minä hänessä.

Niinkuin Isä, joka elää, on minut lähettänyt, ja minä elän Isän kautta, niin myös se, joka minua syö, elää minun kauttani.

Tämä on se leipä, joka tuli alas taivaasta. Ei ole, niinkuin oli teidän isienne: he söivät ja kuolivat; joka tätä leipää syö, se elää iankaikkisesti."

Tämän hän puhui synagoogassa opettaessaan Kapernaumissa.

Joh. 6:41-59

Henki on se, joka eläväksi tekee

Niin monet hänen opetuslapsistansa, sen kuultuaan, sanoivat: "Tämä on kova puhe, kuka voi sitä kuulla?"

Mutta kun Jeesus sydämessään tiesi, että hänen opetuslapsensa siitä nurisivat, sanoi hän heille: "Loukkaako tämä teitä?

Mitä sitten, jos saatte nähdä Ihmisen Pojan nousevan sinne, missä hän oli ennen!

Henki on se, joka eläväksi tekee; ei liha mitään hyödytä. Ne sanat, jotka minä olen teille puhunut, ovat henki ja ovat elämä.

Mutta teissä on muutamia, jotka eivät usko." Sillä Jeesus tiesi alusta asti, ketkä ne olivat, jotka eivät uskoneet, ja kuka se oli, joka oli kavaltava hänet.

Ja hän sanoi: "Sentähden minä olen sanonut teille, ettei kukaan voi tulla minun tyköni, ellei minun Isäni sitä hänelle anna".

Tämän tähden monet hänen opetuslapsistaan vetäytyivät pois eivätkä enää vaeltaneet hänen kanssansa.

Niin Jeesus sanoi niille kahdelletoista: "Tahdotteko tekin mennä pois?"

Simon Pietari vastasi hänelle: "Herra, kenen tykö me menisimme? Sinulla on iankaikkisen elämän sanat; ja me uskomme ja ymmärrämme, että sinä olet Jumalan Pyhä."

Jeesus vastasi heille: "Enkö minä ole valinnut teitä, te kaksitoista? Ja yksi teistä on perkele."

Mutta sen hän sanoi Juudaasta, Simon Iskariotin pojasta; sillä tämä oli hänet kavaltava ja oli yksi niistä kahdestatoista.

Joh. 6:60-71

Jos joku tahtoo tehdä hänen tahtonsa

Ja sen jälkeen Jeesus vaelsi ympäri Galileassa; sillä hän ei tahtonut vaeltaa Juudeassa, koska juutalaiset tavoittelivat häntä tappaaksensa.

Ja juutalaisten juhla, lehtimajanjuhla, oli lähellä.

Niin hänen veljensä sanoivat hänelle: "Lähde täältä ja mene Juudeaan, että myös sinun opetuslapsesi näkisivät sinun tekosi, joita sinä teet; sillä ei kukaan, joka itse tahtoo tulla julki, tee mitään salassa. Koska sinä näitä tekoja teet, niin ilmoita itsesi maailmalle."

Sillä hänen veljensäkään eivät häneen uskoneet.

Niin Jeesus sanoi heille: "Minun aikani ei ole

vielä tullut; mutta teille aika on aina sovelias.

Teitä ei maailma voi vihata, mutta minua se vihaa, sillä minä todistan siitä, että sen teot ovat pahat.

Menkää te ylös juhlille; minä en vielä mene näille juhlille, sillä minun aikani ei ole vielä täyttynyt.

Tämän hän sanoi heille ja jäi Galileaan.

Mutta kun hänen veljensä olivat menneet juhlille, silloin hänkin meni sinne, ei julki, vaan ikäänkuin salaa.

Niin juutalaiset etsivät häntä juhlan aikana ja sanoivat: "Missä hän on?"

Ja hänestä oli paljon kiistelyä kansassa; muutamat sanoivat: "Hän on hyvä", mutta toiset sanoivat: "Ei ole, vaan hän villitsee kansan".

Ei kuitenkaan kukaan puhunut hänestä julkisesti, koska he pelkäsivät juutalaisia.

Mutta kun jo puoli juhlaa oli kulunut, meni Jeesus ylös pyhäkköön ja opetti.

Niin juutalaiset ihmettelivät ja sanoivat: "Kuinka tämä osaa kirjoituksia, vaikkei ole oppia saanut?"

Jeesus vastasi heille ja sanoi: "Minun oppini ei ole minun, vaan hänen, joka on minut lähettänyt.

Jos joku tahtoo tehdä hänen tahtonsa, tulee hän tuntemaan, onko tämä oppi Jumalasta, vai puhunko minä omiani.

Joka omiaan puhuu, se pyytää omaa kunniaansa, mutta joka pyytää lähettäjänsä kunniaa, se on totinen, eikä hänessä ole vääryyttä.

Eikö Mooses ole antanut teille lakia? Ja kukaan teistä ei lakia täytä. Miksi tavoittelette minua tappaaksenne?"

Kansa vastasi: "Sinussa on riivaaja; kuka sinua tavoittelee tappaaksensa?"

Jeesus vastasi ja sanoi heille: "Yhden teon minä tein, ja te kaikki kummastelette.

Mooses antoi teille ympärileikkauksen - ei niin, että se olisi Moosekselta, vaan se on isiltä - ja sapattinakin te ympärileikkaatte ihmisen.

Sentähden: jos ihminen saa ympärileikkauksen sapattina, ettei Mooseksen lakia rikottaisi, miksi te olette vihoissanne minulle siitä, että minä tein koko ihmisen terveeksi sapattina?

Älkää tuomitko näön mukaan, vaan tuomitkaa oikea tuomio."

Niin muutamat jerusalemilaisista sanoivat: "Eikö tämä ole se, jota he tavoittelevat tappaaksensa?

Ja katso, hän puhuu vapaasti, eivätkä he sano hänelle mitään. Olisivatko hallitusmiehet tosiaan saaneet tietoonsa, että tämä on Kristus?

Kuitenkin, me tiedämme, mistä tämä on; mutta kun Kristus tulee, niin ei kukaan tiedä, mistä hän on."

Niin Jeesus puhui pyhäkössä suurella äänellä, opetti ja sanoi: "Te tunnette minut ja tiedätte, mistä minä olen; ja itsestäni minä en ole tullut, vaan hän, joka minut on lähettänyt, on oikea lähettäjä, ja häntä te ette tunne.

Minä tunnen hänet, sillä hänestä minä olen, ja hän on minut lähettänyt."

Niin heillä oli halu ottaa hänet kiinni; mutta ei kukaan käynyt häneen käsiksi, sillä hänen hetkensä ei ollut vielä tullut.

Mutta monet kansasta uskoivat häneen ja sanoivat: "Kun Kristus tulee, tehneekö hän enemmän tunnustekoja, kuin tämä on tehnyt?"

Fariseukset kuulivat kansan näin kiistelevän hänestä; niin ylipapit ja fariseukset lähettivät palvelijoita ottamaan häntä kiinni.

Mutta Jeesus sanoi: "Minä olen vielä vähän aikaa teidän kanssanne, ja sitten minä menen pois hänen tykönsä, joka on minut lähettänyt.

Silloin te etsitte minua, mutta ette löydä; ja missä minä olen, sinne te ette voi tulla."

Niin juutalaiset sanoivat keskenään: "Minne tämä aikoo mennä, koska emme voi löytää häntä? Eihän vain aikone mennä niiden luo, jotka asuvat hajallaan kreikkalaisten keskellä, ja opettaa kreikkalaisia?

Mitä tämä sana on, jonka hän sanoi: 'Te etsitte minua, mutta ette löydä', ja: 'Missä minä olen, sinne te ette voi tulla'?"

Joh. 7:1-36

Ei suinkaan Kristus tule Galileasta?

Mutta juhlan viimeisenä, suurena päivänä Jeesus seisoi ja huusi ja sanoi: "Jos joku janoaa, niin tulkoon minun tyköni ja juokoon.

Joka uskoo minuun, hänen sisimmästään on, niinkuin Raamattu sanoo, juokseva elävän veden virrat."

Mutta sen hän sanoi Hengestä, joka niiden piti saaman, jotka uskoivat häneen; sillä Henki ei ollut vielä tullut, koska Jeesus ei vielä ollut kirkastettu.

Niin muutamat kansasta, kuultuaan nämä sanat, sanoivat: "Tämä on totisesti se profeetta".

Toiset sanoivat: "Tämä on Kristus". Mutta toiset sanoivat: "Ei suinkaan Kristus tule Galileasta?

Eikö Raamattu sano, että Kristus on oleva Daavidin jälkeläisiä ja tuleva pienestä Beetlehemin kaupungista, jossa Daavid oli?"

Niin syntyi kansassa eripuraisuutta hänen tähtensä.

Ja muutamat heistä tahtoivat ottaa hänet kiinni. Mutta ei kukaan käynyt häneen käsiksi.

Niin palvelijat palasivat ylipappien ja fariseusten luo, ja nämä sanoivat heille: "Miksi ette tuoneet häntä tänne?"

Palvelijat vastasivat: "Ei ole koskaan ihminen puhunut niin, kuin se mies puhuu".

Niin fariseukset vastasivat heille: "Oletteko tekin eksytetyt?

Onko kukaan hallitusmiehistä uskonut häneen tai kukaan fariseuksista?

Mutta tuo kansa, joka ei lakia tunne, on kirottu."

Niin Nikodeemus, joka ennen oli käynyt Jeesuksen luona ja joka oli yksi heistä, sanoi heille: "Tuomitseeko lakimme ketään, ennenkuin häntä on kuulusteltu ja saatu tietää, mitä hän on tehnyt?"

He vastasivat ja sanoivat hänelle: "Oletko sinäkin Galileasta? Tutki ja näe, ettei Galileasta nouse profeettaa."

Ja he menivät kukin kotiinsa.

Joh. 7:37-53

Tämä kansa kunnioittaa minua huulillaan, mutta heidän sydämensä on minusta kaukana

Ja fariseukset ja muutamat kirjanoppineet, jotka olivat tulleet Jerusalemista, kokoontuivat hänen luoksensa.

Ja he näkivät, että muutamat hänen opetuslapsistaan söivät leipää epäpuhtailla, se on pesemättömillä, käsillä.

Sillä eivät fariseukset eivätkä ketkään juutalaiset syö, ennenkuin ovat tarkoin pesseet kätensä, noudattaen vanhinten perinnäissääntöä, ja torilta tultuaan he eivät syö, ennenkuin ovat itseään vedellä vihmoneet; ja paljon muuta on, mitä he ovat ottaneet noudattaakseen, niinkuin maljain ja kiviastiain ja vaskiastiain pesemisiä.

Niin fariseukset ja kirjanoppineet kysyivät häneltä: "Miksi sinun opetuslapsesi eivät vaella vanhinten perinnäissäännön mukaan, vaan syövät leipää epäpuhtailla käsillä?"

Mutta hän sanoi heille: "Oikein Esaias on ennustanut teistä, ulkokullatuista, niinkuin kirjoitettu on: *Tämä kansa kunnioittaa minua huulillaan, mutta heidän sydämensä on minusta kaukana; mutta turhaan he palvelevat minua opettaen oppeja, jotka ovat ihmiskäskyjä'.*

Te hylkäätte Jumalan käskyn ja noudatatte ihmisten perinnäissääntöä."

Ja hän sanoi heille: "Hyvin te kumoatte Jumalan käskyn noudattaaksenne omaa perinnäissääntöänne.

Sillä Mooses on sanonut: 'Kunnioita isääsi ja äitiäsi', ja: 'Joka kiroaa isäänsä tai äitiänsä, sen pitää kuolemalla kuoleman'.

Mutta te sanotte, että jos ihminen sanoo isälleen tai äidilleen: 'Se, minkä sinä olisit saava minulta hyväksesi, on korban' - se on uhrilahja - ja niin te ette enää salli hänen antaa mitään avustusta isälleen tai äidilleen.

Te teette Jumalan sanan tyhjäksi perinnäissäännöllänne, jonka olette säätäneet. Ja paljon muuta samankaltaista te teette."

Mark. 7:1-13

He ovat sokeita, sokeain taluttajia

Ja hän kutsui kansan tykönsä ja sanoi heille: "Kuulkaa ja ymmärtäkää.

Ei saastuta ihmistä se, mikä menee suusta sisään; vaan mikä suusta käy ulos, se saastuttaa ihmisen."

Silloin opetuslapset tulivat ja sanoivat hänelle:

"Tiedätkö, että fariseukset loukkaantuivat kuulles-
saan tuon puheen?"

Mutta hän vastasi ja sanoi: "Jokainen istutus,
jota minun taivaallinen Isäni ei ole istuttanut, on
juurineen revittävä pois.

Älkää heistä välittäkö: he ovat sokeita sokeain
taluttajia; mutta jos sokea sokeaa taluttaa, niin he
molemmat kuoppaan lankeavat."

Niin Pietari vastasi ja sanoi hänelle: "Selitä
meille tämä vertaus".

Mutta Jeesus sanoi: "Vieläkö tekin olette
ymmärtämättömiä?

Ettekö käsitä, että kaikki, mikä käy suusta
sisään, menee vatsaan ja ulostuu?

Matt.15:10-17

Sillä sisästä, ihmisten sydämestä, lähtevät pahat
ajatukset, haureudet, varkaudet, murhat, aviori-
kokset, ahneus, häijyys, petollisuus, irstaus, pahan-
suonti, jumalanpilkka, ylpeys, mielettömyys.
Kaikki tämä paha lähtee sisästä ulos ja saastuttaa
ihmisen."

Mark. 7:21-23

Suuri on sinun uskosi

Ja Jeesus lähti sieltä ja vetäytyi Tyyron ja Siidonin
tienoille.

Ja katso, kanaanilainen vaimo tuli niiltä seu-
duilta ja huusi sanoen: "Herra, Daavidin poika,
armahda minua. Riivaaja vaivaa kauheasti minun
tytärtäni."

Mutta hän ei vastannut hänelle sanaakaan. Niin
hänen opetuslapsensa tulivat ja rukoilivat häntä
sanoen: "Päästä hänet menemään, sillä hän huutaa
meidän jälkeemme".

Hän vastasi ja sanoi: "Minua ei ole lähetetty
muitten kuin Israelin huoneen kadonneitten lam-
masten tykö".

Mutta vaimo tuli ja kumarsi häntä ja sanoi: "Herra, auta minua".

Mutta hän vastasi ja sanoi: "Ei ole soveliasta ottaa lasten leipää ja heittää penikoille".

Mutta vaimo sanoi: "Niin, Herra; mutta syövät-hän penikatkin niitä muruja, jotka heidän herrainsa pöydältä putoavat".

Silloin Jeesus vastasi ja sanoi hänelle: "Oi vaimo, suuri on sinun uskosi, tapahtukoon sinulle, niinkuin tahdot". Ja hänen tyttärensä oli siitä hetkestä terve.

Matt. 15:21-28

Ja vaimo meni kotiinsa ja havaitsi lapsen makaavan vuoteella ja riivaajan lähteneen hänestä.

Mark. 7:30

Effata

Ja hän lähti jälleen Tyyron alueelta ja kulkien Siidonin kautta tuli Galilean järven ääreen Dekapolin alueen keskitse.

Ja hänen tykönsä tuotiin kuuro, joka oli melkein mykkä, ja he pyysivät häntä panemaan kätensä hänen päälleen.

Niin hän otti hänet erilleen kansasta, pisti sormensa hänen korviinsa, sylki ja koski hänen kieleensä ja katsahti ylös taivaaseen, huokasi ja sanoi hänelle: "Effata", se on: aukene.

Niin hänen korvansa aukenivat, ja hänen kielensä side irtautui, ja hän puhui selkeästi.

Ja Jeesus kielsi heitä sitä kenellekään sanomasta; mutta mitä enemmän hän heitä kielsi, sitä enemmän he julistivat.

Ja ihmiset hämmästyivät ylenmäärin ja sanoivat: "Hyvin hän on kaikki tehnyt: kuurot hän saa kuulemaan ja mykät puhumaan".

Mark. 7:31-37

Montako leipää teillä on?

Ja Jeesus lähti sieltä ja tuli Galilean järven rannalle; ja hän nousi vuorelle ja istui sinne.

Ja hänen tykönsä tuli paljon kansaa, ja he toivat mukanaan rampoja, raajarikkoja, sokeita, mykkiä ja paljon muita, ja laskivat heidät hänen jalkojensa juureen; ja hän paransi heidät, niin että kansa ihmetteli nähdessään mykkäin puhuvan, raajarikkojen olevan terveitä, rampojen kävelevän ja sokeain näkevän; ja he ylistivät Israelin Jumalaa.

Ja Jeesus kutsui opetuslapsensa tykönsä ja sanoi: "Minun käy sääliksi kansaa, sillä he ovat jo kolme päivää olleet minun tykönäni, eikä heillä ole mitään syötävää; enkä minä tahdo laskea heitä syömättä menemään, etteivät nääntyisi matkalla".

Niin opetuslapset sanoivat hänelle: "Mistä me saamme täällä erämaassa niin paljon leipää, että voimme ravita noin suuren kansanjoukon?"

Jeesus sanoi heille: "Montako leipää teillä on?" He sanoivat: "Seitsemän, ja muutamia kalasia".

Niin hän käski kansan asettua maahan.

Ja hän otti ne seitsemän leipää ja kalat, kiitti, mursi ja antoi opetuslapsillensa, ja opetuslapset antoivat kansalle.

Ja kaikki söivät ja tulivat ravituiksi. Sitten he keräsivät jääneet palaset, seitsemän täyttä vasullista.

Ja niitä, jotka aterioivat, oli neljätuhatta miestä, paitsi naisia ja lapsia.

Ja laskettuaan kansan tyköänsä hän astui veneeseen ja meni Magadanin alueelle.

Matt. 15:29-39

Tämä paha ja avionrikkoja sukupolvi

Ja fariseukset ja saddukeukset tulivat hänen luoksensa ja kiusasivat häntä pyytäen häntä näyttämään heille merkin taivaasta.

Mutta hän vastasi ja sanoi heille: "Kun ilta tulee, sanotte te: 'Tulee selkeä ilma, sillä taivas ruskottaa', ja aamulla: 'Tänään tulee rajuilma, sillä taivas ruskottaa ja on synkkä'. Taivaan muodon te osaatte arvioida, mutta aikain merkkejä ette osaa.

Tämä paha ja avionrikkoja sukupolvi tavoittelee merkkiä, mutta sille ei anneta muuta merkkiä kuin Joonaan merkki."

Matt. 16:1-4

Voi teitä te fariseukset

Hänen näin puhuessaan pyysi eräs fariseus häntä luoksensa aterioimaan; niin hän meni sinne ja asettui aterialle.

Mutta kun fariseus näki, ettei hän peseytynyt ennen ateriaa, ihmetteli hän.

Silloin Herra sanoi hänelle: "Kyllä te, fariseukset, puhdistatte maljan ja vadin ulkopuolen, mutta sisäpuoli teissä on täynnä ryöstöä ja pahuutta.

Te mielettömät, eikö se, joka on tehnyt ulkopuolen, ole tehnyt sisäpuoltakin?

Mutta antakaa almuksi se, mikä sisällä on; katso, silloin kaikki on teille puhdasta.

Mutta voi teitä, te fariseukset, kun te annatte kymmenykset mintuista ja ruuduista ja kaikenlaisista vihanneksista, mutta sivuutatte oikeuden ja Jumalan rakkauden! Näitä olisi tullut noudattaa eikä noitakaan laiminlyödä.

Voi teitä, te fariseukset, kun te rakastatte etu-
maista istuinta synagoogissa ja tervehdyksiä toreilla!

Voi teitä, kun te olette niinkuin merkittömät
haudat, joiden päällitse ihmiset kävelevät niistä
tietämättä!"

Silloin eräs lainoppineista rupesi puhumaan ja
sanoi hänelle: "Opettaja, kun noin puhut, niin sinä
häpäiset myös meitä".

Mutta hän sanoi: "Voi teitäkin, te lainoppineet,
kun te sälytätte ihmisten päälle vaikeasti kannettavia
taakkoja ettekä itse sormellannekaan koske niihin
taakkoihin!

Voi teitä, kun te rakennatte profeettain hauta-
kammioita, ja teidän isänne ovat heidät tappaneet!

Näin te siis olette isäinne tekojen todistajia ja
suostutte niihin: sillä he tappoivat profeetat, ja te
rakennatte niille hautakammioita.

Sentähden Jumalan viisaus sanookin: 'Minä
lähetän heille profeettoja ja apostoleja, ja muuta-
mat niistä he tappavat ja toisia vainoavat, että tältä
sukukunnalta vaadittaisiin kaikkien profeettain veri,
mikä on vuodatettu maailman perustamisesta asti,
hamasta Aabelin verestä Sakariaan vereen saakka,
hänen, joka surmattiin alttarin ja temppelin välillä'.
Niin, minä sanon teille, se pitää tältä sukukunnalta
vaadittaman.

Voi teitä, te lainoppineet, kun te olette vieneet
tiedon avaimen! Itse te ette ole menneet sisälle, ja
sisälle meneviä te olette estäneet."

Ja hänen sieltä lähtiessään kirjanoppineet ja
fariseukset rupesivat kovasti ahdistamaan häntä ja
urkkimaan häneltä moninaisia, väijyen, miten saisi-
vat hänet hänen sanoistaan ansaan.

Luuk. 11:37-54

Ettekö vielä käsitä?

Kun opetuslapset saapuivat toiselle rannalle, olivat he unhottaneet ottaa leipää mukaansa.

Ja Jeesus sanoi heille: "Varokaa ja kavahtakaa fariseusten ja saddukeusten hapatusta".

Niin he puhuivat keskenään sanoen: "Emme ottaneet leipää mukaamme".

Mutta kun Jeesus sen huomasi, sanoi hän: "Te vähäuskoiset, mitä puhutte keskenänne siitä, ettei teillä ole leipää mukananne?

Ettekö vielä käsitä? Ja ettekö muista niitä viittä leipää viidelletuhannelle ja kuinka monta vakallista otitte talteen, ettekä niitä seitsemää leipää neljälletuhannelle ja kuinka monta vasullista otitte talteen?

Kuinka te ette käsitä, etten minä puhunut teille leivästä? Vaan kavahtakaa fariseusten ja saddukeusten hapatusta."

Silloin he ymmärsivät, ettei hän käskenyt kavahtamaan leivän hapatusta, vaan fariseusten ja saddukeusten oppia.

Matt. 16:5-12

He tulivat Beetsaidaan

Ja he tulivat Beetsaidaan. Ja hänen tykönsä tuotiin sokea, ja he pyysivät, että hän koskisi häneen.

Niin hän tarttui sokean käteen, talutti hänet kylän ulkopuolelle, sylki hänen silmiinsä ja pani kätensä hänen päälleen ja kysyi häneltä: "Näetkö mitään?"

Tämä katsahti ylös ja sanoi: "Näen ihmiset, sillä minä erotan käveleviä, ne ovat puiden näköisiä".

Sitten hän taas pani kätensä hänen silmilleen; ja nyt mies näki tarkkaan ja oli parantunut ja näki kaikki aivan selvästi.

Ja hän lähetti hänet hänen kotiinsa sanoen: "Älä edes poikkea kylään".

Mark. 8:22-26

Kenenkä te sanotte minun olevan

Ja tapahtui, kun hän oli yksinäisessä paikassa rukoilemassa ja hänen opetuslapsensa olivat hänen kanssaan, että hän kysyi heiltä ja sanoi: "Kenen kansa sanoo minun olevan?"

He vastasivat sanoen: "Johannes Kastajan, mutta toiset Eliaan, toiset taas sanovat, että joku vanhoista profeetoista on noussut ylös".

Luuk. 9:18,19

Hän sanoi heille: "Kenenkä te sanotte minun olevan?"

Simon Pietari vastasi ja sanoi: "Sinä olet Kristus, elävän Jumalan Poika".

Jeesus vastasi ja sanoi hänelle: "Autuas olet sinä, Simon, Joonaan poika, sillä ei liha eikä veri ole sitä sinulle ilmoittanut, vaan minun Isäni, joka on taivaissa.

Ja minä sanon sinulle: sinä olet Pietari, ja tälle kalliolle minä rakennan seurakuntani, ja tuonelan portit eivät sitä voita.

Minä olen antava sinulle taivasten valtakunnan avaimet, ja minkä sinä sidot maan päällä, se on oleva sidottu taivaissa, ja minkä sinä päästät maan päällä, se on oleva päästetty taivaissa."

Matt. 16:15-19

Niin hän vakavasti varoittaen kielsi heitä kenellekään tästä puhumasta ja sanoi: "Ihmisen Pojan pitää kärsimän paljon ja joutuman vanhinten ja ylipappien ja kirjanoppineiden hyljittäväksi ja tuleman tapetuksi ja kolmantena päivänä nouseman ylös".

Luuk. 9:21,22

Joka tahtoo pelastaa elämänsä

Siitä lähtien Jeesus alkoi ilmoittaa opetuslapsilleen, että hänen piti menemän Jerusalemiin ja kärsimän paljon vanhimmilta ja ylipapeilta ja kirjanoppineilta ja tuleman tapetuksi ja kolmantena päivänä nouseman ylös.

Silloin Pietari otti hänet erilleen ja rupesi nuhtelemaan häntä sanoen: "Jumala varjelkoon, Herra, älköön se sinulle tapahtuko".

Mutta hän kääntyi ja sanoi Pietarille: "Mene pois minun edestäni, saatana; sinä olet minulle pahennukseksi, sillä sinä et ajattele sitä, mikä on Jumalan, vaan sitä, mikä on ihmisten".

Silloin Jeesus sanoi opetuslapsillensa: "Jos joku tahtoo minun perässäni kulkea, hän kieltäköön itsensä ja ottakoon ristinsä ja seuratkoon minua.

Matt. 16:21-24

Sillä joka tahtoo pelastaa elämänsä, hän kadottaa sen, mutta joka kadottaa elämänsä minun ja evankeliumin tähden, hän pelastaa sen.

Sillä mitä se hyödyttää ihmistä, vaikka hän voittaisi omaksensa koko maailman, mutta saisi vahingon sielullensa?

Sillä mitä voi ihminen antaa sielunsa lunnaiksi?

Sillä joka häpeää minua ja minun sanojani tässä avionrikkojassa ja syntisessä sukupolvessa, sitä myös Ihmisen Poika on häpeävä, kun hän tulee Isänsä kirkkaudessa pyhien enkelien kanssa."

Mark. 8:35-38

Sillä Ihmisen Poika on tuleva Isänsä kirkkaudessa enkeliensä kanssa, ja silloin hän maksaa kullekin hänen tekojensa mukaan.

Matt. 16:27

Ja hän sanoi heille: "Totisesti minä sanon teille: tässä seisovien joukossa on muutamia, jotka eivät maista kuolemaa, ennenkuin näkevät Jumalan valtakunnan tulevan voimassansa".

Mark. 9:1

Tämä on minun rakas poikani; kuulkaa häntä

Ja kuuden päivän kuluttua Jeesus otti mukaansa Pietarin ja Jaakobin ja Johanneksen ja vei heidät erilleen muista korkealle vuorelle, yksinäisyyteen. Ja hänen muotonsa muuttui heidän edessään; ja hänen vaatteensa tulivat hohtaviksi, niin ylen valkoisiksi, ettei kukaan vaatteenvalkaisija maan päällä taida semmoiseksi valkaista.

Ja heille ilmestyivät Elias ynnä Mooses, ja nämä puhuivat Jeesuksen kanssa.

Mark. 9:2-4

He näkyivät kirkkaudessa ja puhuivat hänen poismenostansa, jonka hän oli saattava täytäntöön Jerusalemissa.

Luuk. 9:31

Niin Pietari rupesi puhumaan ja sanoi Jeesukselle: "Rabbi, meidän on tässä hyvä olla; tehkäämme siis kolme majaa, sinulle yksi ja Moosekselle yksi ja Eliaalle yksi".

Sillä hän ei tiennyt, mitä sanoa, koska he olivat peljästyksissään.

Ja tuli pilvi, joka peitti heidät varjoonsa, ja pilvestä kuului ääni: "Tämä on minun rakas Poikani; kuulkaa häntä".

Mark. 9:5-7

Kun opetuslapset sen kuulivat, lankesivat he kasvoilleen ja peljästyivät kovin.

Niin Jeesus tuli heidän tykönsä, koski heihin ja sanoi: "Nouskaa, älkääkä peljätkö".

Ja kun he nostivat silmänsä, eivät he nähneet ketään muuta kuin Jeesuksen yksinään.

Ja heidän kulkiessaan alas vuorelta Jeesus varoitti heitä sanoen: "Älkää kenellekään kertoko tätä näkyä, ennenkuin Ihmisen Poika on noussut kuolleista".

Ja hänen opetuslapsensa kysyivät häneltä sanoen: "Miksi sitten kirjanoppineet sanovat, että Eliaan pitää tulla ensin?"

Jeesus vastasi ja sanoi: "Elias tosin tulee ja asettaa kaikki kohdalleen. Mutta minä sanon teille, että Elias on jo tullut. Mutta he eivät tunteneet häntä, vaan tekivät hänelle, mitä tahtoivat. Samoin myös Ihmisen Poika saa kärsiä heiltä."

Silloin opetuslapset ymmärsivät hänen puhuneen heille Johannes Kastajasta.

Matt. 17:6-13

Voi, sinä epäuskoinen sukupolvi

Ja kun he tulivat opetuslasten luo, näkivät he paljon kansaa heidän ympärillään ja kirjanoppineita väittelemässä heidän kanssaan.

Ja kohta kun kaikki kansa hänet näki, hämmästyivät he ja riensivät hänen luoksensa ja tervehtivät häntä.

Ja hän kysyi heiltä: "Mitä te väittelette heidän kanssaan?"

Silloin vastasi eräs mies kansanjoukosta hänelle: "Opettaja, minä toin sinun tykösi poikani, jossa on mykkä henki.

Ja missä vain se käy hänen kimppuunsa, riuhtoo se häntä, ja hänestä lähtee vaahto, ja hän kiristelee hampaitaan; ja hän kuihtuu. Ja minä sanoin sinun opetuslapsillesi, että he ajaisivat sen ulos, mutta he eivät kyenneet."

Hän vastasi heille sanoen: "Voi, sinä epäuskoinen sukupolvi, kuinka kauan minun täytyy olla teidän luonanne? Kuinka kauan kärsiä teitä? Tuokaa hänet minun tyköni."

Niin he toivat hänet hänen tykönsä. Ja heti kun hän näki Jeesuksen, kouristi henki häntä, ja hän kaatui maahan, kieritteli itseään, ja hänestä lähti vaahto.

Ja Jeesus kysyi hänen isältään: "Kuinka kauan aikaa tätä on hänessä ollut?" Niin hän sanoi: "Pienestä pitäen.

Ja monesti se on heittänyt hänet milloin tuleen, milloin veteen, tuhotakseen hänet. Mutta jos sinä jotakin voit, niin armahda meitä ja auta meitä."

Niin Jeesus sanoi hänelle: "'Jos voit!' Kaikki on mahdollista sille, joka uskoo".

Ja heti lapsen isä huusi ja sanoi: "Minä uskon; auta minun epäuskoani".

Mutta kun Jeesus näki, että kansaa riensi sinne, nuhteli hän saastaista henkeä ja sanoi sille: "Sinä mykkä ja kuuro henki, minä käsken sinua: lähde ulos hänestä, äläkä enää häneen mene".

Niin se huusi ja kouristi häntä kovasti ja lähti ulos. Ja hän kävi ikäänkuin kuolleeksi, niin että monet sanoivat: "Hän kuoli".

Mutta Jeesus tarttui hänen käteensä ja nosti hänet ylös. Ja hän nousi.

Ja kun Jeesus oli mennyt huoneeseen, niin hänen opetuslapsensa kysyivät häneltä eriksensä: "Miksi emme me voineet ajaa sitä ulos?"

Hän sanoi heille: "Tätä lajia ei saa lähtemään ulos muulla kuin rukouksella ja paastolla".

Mark. 9:14-29

Ottakaa korviinne nämä sanat

Ja kaikki hämmästyivät Jumalan valtasuuruutta. Mutta kun kaikki ihmettelivät kaikkea sitä, mitä Jeesus teki, sanoi hän opetuslapsillensa: "Ottakaa korviinne nämä sanat: Ihmisen Poika annetaan ihmisten käsiin".

Luuk. 9:43,44

Ja he tappavat hänet, ja kolmantena päivänä hän nousee ylös". Ja he tulivat kovin murheellisiksi.

Matt. 17:23

Mutta he eivät käsittäneet sitä puhetta ja pelkäsivät häneltä kysyä.

Mark. 9:32

Ettemme heitä loukkaisi

Ja kun he saapuivat Kapernaumiin, tulivat temppeliveron kantajat Pietarin luo ja sanoivat: "Eikö teidän opettajanne maksa temppeliveroa?"

Hän sanoi: "Maksaa". Ja kun hän tuli huoneeseen, kysyi Jeesus häneltä ensi sanaksi: "Mitä arvelet, Simon? Keiltä maan kuninkaat ottavat tullia tai veroa? Lapsiltaanko vai vierailta?"

Ja kun hän vastasi: "Vierailta", sanoi Jeesus hänelle: "Lapset ovat siis vapaat.

Mutta ettemme heitä loukkaisi, niin mene ja heitä onki järveen. Ota sitten ensiksi saamasi kala, ja kun avaat sen suun, löydät hopearahan. Ota se ja anna heille minun puolestani ja omasta puolestasi."

Matt. 17:24-27

Voi sitä ihmistä, jonka kautta viettelys tulee!

Sillä hetkellä opetuslapset tulivat Jeesuksen tykö ja sanoivat: "Kuka on suurin taivasten valtakunnassa?"

Niin hän kutsui tykönsä lapsen, asetti sen heidän keskellensä ja sanoi: "Totisesti minä sanon teille: ellette käänny ja tule lasten kaltaisiksi, ette pääse taivasten valtakuntaan.

Sentähden, joka nöyrtyy tämän lapsen kaltaiseksi, se on suurin taivasten valtakunnassa.

Matt. 18:1-4

Joka ottaa tykönsä yhden tämänkaltaisen lapsen minun nimeeni, se ottaa tykönsä minut; ja joka minut ottaa tykönsä, se ei ota tykönsä minua, vaan hänet, joka on minut lähettänyt.

Mark. 9:37

Mutta joka viettelee yhden näistä pienistä, jotka uskovat minuun, sen olisi parempi, että myllynkivi ripustettaisiin hänen kaulaansa ja hänet upotettaisiin meren syvyyteen.

Matt. 18:6

Pitäkää itsestänne vaari! Jos sinun veljesi tekee syntiä, niin nuhtele häntä, ja jos hän katuu, anna hänelle anteeksi.

Luuk. 17:3

Voi maailmaa viettelysten tähden! Viettelysten täytyy kyllä tulla; mutta voi sitä ihmistä, jonka kautta viettelys tulee!

Mutta jos sinun kätesi tai jalkasi viettelee sinua, hakkaa se poikki ja heitä luotasi; parempi on sinulle, että käsipuolena tai jalkapuolena pääset elämään sisälle, kuin että sinut, molemmat kädet tai molemmat jalat tallella, heitetään iankaikkiseen tuleen.

Ja jos sinun silmäsi viettelee sinua, repäise se pois ja heitä luotasi; parempi on sinun silmäpuolena mennä elämään sisälle, kuin että sinut, molemmat silmät tallella, heitetään helvetin tuleen.

Matt. 18:7-9

Sillä jokainen ihminen on tulella suolattava, ja jokainen uhri on suolalla suolattava.

Suola on hyvä; mutta jos suola käy suolattomaksi, millä te sen maustatte? Olkoon teillä suola itsessänne, ja pitäkää keskenänne rauha.

Mark. 9:49,50

Katsokaa, ettette halveksu yhtäkään näistä pienistä; sillä minä sanon teille, että heidän enkelinsä taivaissa näkevät aina minun Isäni kasvot, joka on taivaissa.

Mitä arvelette? Jos jollakin ihmisellä on sata lammasta ja yksi niistä eksyy, eikö hän jätä niitä yhdeksääkymmentä yhdeksää vuorille ja mene etsimään eksynyttä?

Ja jos hän sen löytää, totisesti minä sanon teille: hän iloitsee enemmän siitä kuin niistä yhdeksästäkymmenestä yhdeksästä, jotka eivät olleet eksyneet.

Niin ei myöskään teidän taivaallisen Isänne tahto ole, että yksikään näistä pienistä joutuisi kadotukseen."

Matt. 18:10-14

Älkää häntä kieltäkö

Johannes sanoi hänelle: "Opettaja, me näimme erään, joka ei seuraa meitä, sinun nimessäsi ajavan ulos riivaajia; ja me kielsimme häntä, koska hän ei seurannut meitä".

Mutta Jeesus sanoi: "Älkää häntä kieltäkö; sillä ei kukaan, joka tekee voimallisen teon minun nimeeni, voi kohta sen jälkeen puhua minusta pahaa.

Sillä joka ei ole meitä vastaan, se on meidän puolellamme.

Sillä joka antaa teille juodaksenne maljallisen vettä siinä nimessä, että te olette Kristuksen omia, totisesti minä sanon teille: se ei jää palkkaansa vaille.

Mark. 9:38-41

Seitsemänkymmentä
kertaa seitsemän

Mutta jos veljesi rikkoo sinua vastaan, niin mene ja nuhtele häntä kahdenkesken; jos hän sinua kuulee, niin olet voittanut veljesi.

Mutta jos hän ei sinua kuule, niin ota vielä yksi tai kaksi kanssasi, 'että jokainen asia vahvistettaisiin kahden tai kolmen todistajan sanalla'.

Mutta jos hän ei kuule heitä, niin ilmoita seura-kunnalle. Mutta jos hän ei seurakuntaakaan kuule, niin olkoon hän sinulle, niinkuin olisi pakana ja publikaani.

Totisesti minä sanon teille: kaikki, minkä te sidotte maan päällä, on oleva sidottu taivaassa, ja kaikki, minkä te päästätte maan päällä, on oleva päästetty taivaassa.

Vielä minä sanon teille: jos kaksi teistä maan päällä keskenään sopii mistä asiasta tahansa, että he sitä anovat, niin he saavat sen minun Isältäni, joka on taivaissa.

Sillä missä kaksi tahi kolme on kokoontunut minun nimeeni, siinä minä olen heidän keskellänsä."

Silloin Pietari meni hänen tykönsä ja sanoi hänelle: "Herra, kuinka monta kertaa minun on annettava anteeksi veljelleni, joka rikkoo minua vastaan? Ihanko seitsemän kertaa?"

Jeesus vastasi hänelle: "Minä sanon sinulle: ei seitsemän kertaa, vaan seitsemänkymmentä kertaa seitsemän.

Matt. 18:15-22

Sinä paha palvelija

Sentähden taivasten valtakunta on verrattava kuninkaaseen, joka vaati palvelijoiltansa tiliä.

Ja kun hän rupesi tilintekoon, tuotiin hänen eteensä eräs, joka oli hänelle velkaa kymmenentu-hatta leiviskää.

Mutta kun tällä ei ollut, millä maksaa, niin hänen herransa määräsi myytäväksi hänet ja hänen vaimonsa ja lapsensa ja kaikki, mitä hänellä oli, ja velan maksettavaksi.

Silloin palvelija lankesi maahan ja rukoili häntä sanoen: 'Ole pitkämielinen minua kohtaan, niin minä maksan sinulle kaikki'.

Niin herran kävi sääliksi sitä palvelijaa, ja hän päästi hänet ja antoi hänelle velan anteeksi.

Mutta mentyään ulos se palvelija tapasi erään kanssapalvelijoistaan, joka oli hänelle velkaa sata denaria; ja hän tarttui häneen, kuristi häntä kurkusta ja sanoi: 'Maksa, minkä olet velkaa'.

Niin hänen kanssapalvelijansa lankesi maahan ja pyysi häntä sanoen: 'Ole pitkämielinen minua kohtaan, niin minä maksan sinulle'.

Mutta hän ei tahtonut, vaan meni ja heitti hänet vankeuteen, kunnes hän maksaisi velkansa.

Kun nyt hänen kanssapalvelijansa näkivät, mitä tapahtui, tulivat he kovin murheellisiksi ja menivät ja ilmoittivat herrallensa kaiken, mitä oli tapahtunut.

Silloin hänen herransa kutsui hänet eteensä ja sanoi hänelle: 'Sinä paha palvelija! Minä annoin sinulle anteeksi kaiken sen velan, koska sitä minulta pyysit; eikö sinunkin olisi pitänyt armahtaa kanssa-palvelijaasi, niinkuin minäkin sinua armahdin?'

Ja hänen herransa vihastui ja antoi hänet van-ginvartijan käsiin, kunnes hän maksaisi kaiken, minkä oli hänelle velkaa.

Näin myös minun taivaallinen Isäni tekee teille, ellette anna kukin veljellenne sydämestänne anteeksi."

Matt. 18:23-35

Hänen ylösottamisensa aika oli täyttymässä

Ja kun hänen ylösottamisensa aika oli täyttymässä, käänsi hän kasvonsa Jerusalemia kohti, vaeltaaksensa sinne.

Ja hän lähetti edellänsä sanansaattajia; ja he lähtivät matkalle ja menivät erääseen samarialaisten kylään valmistaakseen hänelle majaa.

Mutta siellä ei otettu häntä vastaan, koska hän oli vaeltamassa kohti Jerusalemia.

Kun hänen opetuslapsensa Jaakob ja Johannes sen näkivät, sanoivat he: "Herra, tahdotko, niin sanomme, että tuli taivaasta tulkoon alas ja hävittäköön heidät?"

Mutta hän kääntyi ja nuhteli heitä.

Ja he vaelsivat toiseen kylään.

Luuk. 9:51-56

Iloitkaa minun kanssani

Ja kaikki publikaanit ja syntiset tulivat hänen tykönsä kuulemaan häntä.

Mutta fariseukset ja kirjanoppineet nurisivat ja sanoivat: "Tämä ottaa vastaan syntisiä ja syö heidän kanssaan".

Niin hän puhui heille tämän vertauksen sanoen:

"Jos jollakin teistä on sata lammasta ja hän kadottaa yhden niistä, eikö hän jätä niitä yhdeksääkymmentä yhdeksää erämaahan ja mene etsimään kadonnutta, kunnes hän sen löytää?

Ja löydettyään hän panee sen hartioillensa iloiten.

Ja kun hän tulee kotiin, kutsuu hän kokoon ystävänsä ja naapurinsa ja sanoo heille: 'Iloitkaa minun kanssani, sillä minä löysin lampaani, joka oli kadonnut'.

Minä sanon teille: samoin on ilo taivaassa suurempi yhdestä syntisestä, joka tekee parannuksen, kuin yhdeksästäkymmenestä yhdeksästä vanhurskaasta, jotka eivät parannusta tarvitse.

Tahi jos jollakin naisella on kymmenen hopearahaa ja hän kadottaa yhden niistä, eikö hän sytytä lamppua ja lakaise huonetta ja etsi visusti, kunnes hän sen löytää?

Ja löydettyään hän kutsuu kokoon ystävättärensä ja naapurinaiset ja sanoo: 'Iloitkaa minun kanssani, sillä minä löysin rahan, jonka olin kadottanut'.

Niin myös, sanon minä teille, on ilo Jumalan enkeleillä yhdestä syntisestä, joka tekee parannuksen."

Luuk. 15:1-10

Eräällä miehellä oli kaksi poikaa

Vielä hän sanoi: "Eräällä miehellä oli kaksi poikaa.

Ja nuorempi heistä sanoi isälleen: 'Isä, anna minulle se osa tavaroista, mikä minulle on tuleva'. Niin hän jakoi heille omaisuutensa.

Eikä kulunut montakaan päivää, niin nuorempi poika kokosi kaiken omansa ja matkusti pois kaukaiseen maahan; ja siellä hän hävitti tavaransa eläen irstaasti.

Mutta kun hän oli kaikki tuhlannut, tuli kova nälkä koko siihen maahan, ja hän alkoi kärsiä puutetta.

Ja hän meni ja yhtyi erääseen sen maan kansalaiseen, ja tämä lähetti hänet tiluksilleen kaitsemaan sikoja.

Ja hän halusi täyttää vatsansa niillä palkohedelmillä, joita siat söivät, mutta niitäkään ei kukaan hänelle antanut.

Niin hän meni itseensä ja sanoi: 'Kuinka monella minun isäni palkkalaisella on yltäkyllin leipää, mutta minä kuolen täällä nälkään!

Minä nousen ja menen isäni tykö ja sanon hänelle: Isä, minä olen tehnyt syntiä taivasta vastaan ja sinun edessäsi enkä enää ansaitse, että minua sinun pojaksesi kutsutaan; tee minut yhdeksi palkkalaisistasi.'

Ja hän nousi ja meni isänsä tykö. Mutta kun hän vielä oli kaukana, näki hänen isänsä hänet ja armahti häntä, juoksi häntä vastaan ja lankesi hänen kaulaansa ja suuteli häntä hellästi.

Mutta poika sanoi hänelle: 'Isä, minä olen tehnyt syntiä taivasta vastaan ja sinun edessäsi enkä enää ansaitse, että minua sinun pojaksesi kutsutaan'.

Silloin isä sanoi palvelijoilleen: 'Tuokaa pian parhaat vaatteet ja pukekaa hänet niihin, ja pankaa sormus hänen sormeensa ja kengät hänen jalkaansa; ja noutakaa syötetty vasikka ja teurastakaa. Ja syökäämme ja pitäkäämme iloa, sillä tämä minun poikani oli kuollut ja virkosi eloon, hän oli kadonnut ja on jälleen löytynyt.' Ja he rupesivat iloa pitämään.

Mutta hänen vanhempi poikansa oli pellolla. Ja kun hän tuli ja lähestyi kotia, kuuli hän laulun ja karkelon.

Ja hän kutsui luoksensa yhden palvelijoista ja tiedusteli, mitä se oli.

Tämä sanoi hänelle: 'Sinun veljesi on tullut, ja isäsi teurastutti syötetyn vasikan, kun sai hänet terveenä takaisin'.

Niin hän vihastui eikä tahtonut mennä sisälle; mutta hänen isänsä tuli ulos ja puhutteli häntä leppeästi.

Mutta hän vastasi ja sanoi isälleen: 'Katso, niin monta vuotta minä olen sinua palvellut enkä ole milloinkaan sinun käskyäsi laiminlyönyt, ja kuitenkaan et ole minulle koskaan antanut vohlaakaan, pitääkseni iloa ystävieni kanssa.

Mutta kun tämä sinun poikasi tuli, joka on tuhlannut sinun omaisuutesi porttojen kanssa, niin hänelle sinä teurastit syötetyn vasikan.'

Niin hän sanoi hänelle: 'Poikani, sinä olet aina minun tykönäni, ja kaikki, mikä on minun omaani, on sinun.

Mutta pitihän nyt riemuita ja iloita, sillä tämä sinun veljesi oli kuollut ja virkosi eloon, hän oli kadonnut ja on jälleen löytynyt.'"

Luuk. 15:11-32

Missä ne ovat, sinun syyttäjäsi

Mutta Jeesus meni Öljymäelle. Ja varhain aamulla hän taas saapui pyhäkköön, ja kaikki kansa tuli hänen luoksensa; ja hän istuutui ja opetti heitä.

Silloin kirjanoppineet ja fariseukset toivat hänen luoksensa aviorikoksesta kiinniotetun naisen, asettivat hänet keskelle ja sanoivat Jeesukselle: "Opettaja, tämä nainen on tavattu itse teosta, aviorikosta tekemästä.

Ja Mooses on laissa antanut meille käskyn, että tuommoiset on kivitettävä. Mitäs sinä sanot?"

Mutta sen he sanoivat kiusaten häntä, päästäkseen häntä syyttämään. Silloin Jeesus kumartui alas ja kirjoitti sormellaan maahan.

Mutta kun he yhä edelleen kysyivät häneltä, ojensi hän itsensä ja sanoi heille: "Joka teistä on synnitön, se heittäköön häntä ensimmäisenä kivellä".

Ja taas hän kumartui alas ja kirjoitti maahan.

Kun he tämän kuulivat ja heidän omatuntonsa todisti heidät syyllisiksi, menivät he pois, toinen toisensa perästä, vanhimmista alkaen viimeisiin asti; ja siihen jäi ainoastaan Jeesus sekä nainen, joka seisoi hänen edessään.

Ja kun Jeesus ojensi itsensä eikä nähnyt ketään muuta kuin naisen, sanoi hän hänelle: "Nainen, missä ne ovat, sinun syyttäjäsi? Eikö kukaan ole sinua tuominnut?"

Hän vastasi: "Herra, ei kukaan". Niin Jeesus sanoi hänelle: "En minäkään sinua tuomitse; mene, äläkä tästedes enää syntiä tee".

Joh. 8:1-11

Jos te tuntisitte minut, niin te tuntisitte myös minun isäni

Niin Jeesus taas puhui heille sanoen: "Minä olen maailman valkeus; joka minua seuraa, se ei pimeydessä vaella, vaan hänellä on oleva elämän valkeus".

Niin fariseukset sanoivat hänelle: "Sinä todistat itsestäsi; sinun todistuksesi ei ole pätevä".

Jeesus vastasi ja sanoi heille: "Vaikka minä todistankin itsestäni, on todistukseni pätevä, sillä minä tiedän, mistä minä olen tullut ja mihin minä menen; mutta te ette tiedä, mistä minä tulen, ettekä, mihin minä menen.

Te tuomitsette lihan mukaan; minä en tuomitse ketään.

Ja vaikka minä tuomitsisinkin, niin minun tuomioni olisi oikea, sillä minä en ole yksinäni, vaan minä ja hän, joka on minut lähettänyt.

Onhan teidän laissannekin kirjoitettuna, että kahden ihmisen todistus on pätevä.

Minä olen se, joka todistan itsestäni, ja minusta todistaa myös Isä, joka on minut lähettänyt."

Niin he sanoivat hänelle: "Missä sinun isäsi on?" Jeesus vastasi: "Te ette tunne minua ettekä minun Isääni; jos te tuntisitte minut, niin te tuntisitte myös minun Isäni".

Nämä sanat Jeesus puhui uhriarkun ääressä, opettaessaan pyhäkössä; eikä kukaan ottanut häntä kiinni, sillä hänen hetkensä ei ollut vielä tullut.

Joh. 8:12-20

Totuus on tekevä teidät vapaiksi

Niin Jeesus taas sanoi heille: "Minä menen pois, ja te etsitte minua, ja te kuolette syntiinne.

Mihin minä menen, sinne te ette voi tulla."

Niin juutalaiset sanoivat: "Ei kai hän aikone tappaa itseänsä, koska sanoo: 'Mihin minä menen, sinne te ette voi tulla'?"

Ja hän sanoi heille: "Te olette alhaalta, minä olen ylhäältä; te olette tästä maailmasta, minä en ole tästä maailmasta.

Sentähden minä sanoin teille, että te kuolette synteihinne; sillä ellette usko minua siksi, joka minä olen, niin te kuolette synteihinne."

Niin he sanoivat hänelle: "Kuka sinä olet?" Jeesus sanoi heille: "Juuri se, mitä minä puhunkin teille.

Paljon on minulla teistä puhuttavaa ja teissä tuomittavaa; mutta hän, joka on minut lähettänyt, on totinen, ja minkä minä olen kuullut häneltä, sen minä puhun maailman kuulla."

Mutta he eivät ymmärtäneet, että hän puhui heille Isästä.

Niin Jeesus sanoi heille: "Kun olette ylentäneet Ihmisen Pojan, silloin te ymmärrätte, että minä olen se, joka minä olen, ja etten minä itsestäni tee mitään, vaan puhun tätä sen mukaan, kuin minun Isäni on minulle opettanut.

Ja hän, joka on minut lähettänyt, on minun kanssani; hän ei ole jättänyt minua yksinäni, koska minä aina teen sitä, mikä hänelle on otollista."

Kun hän näin puhui, uskoivat monet häneen. Niin Jeesus sanoi niille juutalaisille, jotka uskoivat häneen: "Jos te pysytte minun sanassani, niin te totisesti olette minun opetuslapsiani; ja te tulette tuntemaan totuuden, ja totuus on tekevä teidät vapaiksi".

He vastasivat hänelle: "Me olemme Aabrahamin jälkeläisiä emmekä ole koskaan olleet kenenkään orjia. Kuinka sinä sitten sanot: 'Te tulette vapaiksi'?"

Jeesus vastasi heille: "Totisesti, totisesti minä sanon teille: jokainen, joka tekee syntiä, on synnin orja.

Mutta orja ei pysy talossa iäti; Poika pysyy iäti.

Jos siis Poika tekee teidät vapaiksi, niin te tulette todellisesti vapaiksi.

Minä tiedän, että te olette Aabrahamin jälkeläisiä; mutta te tavoittelette minua tappaaksenne, koska minun sanani ei saa tilaa teissä.

Minä puhun, mitä minä olen nähnyt Isäni tykönä; niin tekin teette, mitä olette kuulleet omalta isältänne."

He vastasivat ja sanoivat hänelle: "Aabraham on meidän isämme". Jeesus sanoi heille: "Jos olisitte Aabrahamin lapsia, niin te tekisitte Aabrahamin tekoja.

Mutta nyt te tavoittelette minua tappaaksenne, miestä, joka on puhunut teille totuuden, jonka hän on kuullut Jumalalta. Niin ei Aabraham tehnyt.

Te teette isänne tekoja." He sanoivat hänelle: "Me emme ole aviorikoksesta syntyneitä; meillä on yksi Isä, Jumala".

Jeesus sanoi heille: "Jos Jumala olisi teidän Isänne, niin te rakastaisitte minua, sillä minä olen Jumalasta lähtenyt ja tullut; en minä ole itsestäni tullut, vaan hän on minut lähettänyt.

Minkätähden te ette ymmärrä minun puhettani? Sentähden, että te ette kärsi kuulla minun sanaani.

Te olette isästä perkeleestä, ja isänne himoja te tahdotte noudattaa. Hän on ollut murhaaja alusta asti, ja totuudessa hän ei pysy, koska hänessä ei totuutta ole. Kun hän puhuu valhetta, niin hän puhuu omaansa, sillä hän on valhettelija ja sen isä.

Mutta minua te ette usko, sentähden että minä sanon totuuden.

Kuka teistä voi näyttää minut syypääksi syntiin? Jos minä totuutta puhun, miksi ette minua usko?

Joka on Jumalasta, se kuulee Jumalan sanat. Sentähden te ette kuule, koska ette ole Jumalasta."

Niin juutalaiset vastasivat ja sanoivat hänelle: "Emmekö ole oikeassa, kun sanomme, että sinä olet samarialainen ja että sinussa on riivaaja?"

Jeesus vastasi: "Minussa ei ole riivaajaa, vaan minä kunnioitan Isääni, ja te häpäisette minua.

Mutta minä en etsi omaa kunniaani; yksi on, joka etsii ja tuomitsee.

Totisesti, totisesti minä sanon teille: jos joku pitää minun sanani, hän ei ikinä näe kuolemaa."

Juutalaiset sanoivat hänelle: "Nyt me ymmärrämme, että sinussa on riivaaja. Aabraham on kuollut ja profeetat, ja sinä sanot: 'Jos joku pitää minun sanani, hän ei ikinä maista kuolemaa'.

Oletko sinä suurempi kuin isämme Aabraham, joka on kuollut? Ja profeetat ovat kuolleet; keneksi sinä itsesi teet?"

Jeesus vastasi: "Jos minä itse itselleni otan kunnian, niin minun kunniani ei ole mitään. Minun Isäni on se, joka minulle kunnian antaa, hän, josta te sanotte: 'Hän on meidän Jumalamme', ettekä tunne häntä; mutta minä tunnen hänet. Ja jos sanoisin, etten tunne häntä, niin minä olisin valhettelija niinkuin tekin; mutta minä tunnen hänet ja pidän hänen sanansa.

Aabraham, teidän isänne, riemuitsi siitä, että hän oli näkevä minun päiväni; ja hän näki sen ja iloitsi."

Niin juutalaiset sanoivat hänelle: "Et ole vielä viidenkymmenen vuoden vanha, ja olet nähnyt Aabrahamin!"

Jeesus sanoi heille: "Totisesti, totisesti minä sanon teille: ennenkuin Aabraham syntyi, olen minä ollut".

Silloin he poimivat kiviä heittääksensä häntä niillä; mutta Jeesus lymysi ja lähti pyhäköstä.

Joh. 8:21-59

Jos te olisitte sokeat,
ei teillä olisi syntiä

Ja ohi kulkiessaan hän näki miehen, joka syntymästään saakka oli ollut sokea.

Ja hänen opetuslapsensa kysyivät häneltä sanoen: "Rabbi, kuka teki syntiä, tämäkö vai hänen vanhempansa, että hänen piti sokeana syntymän?"

Jeesus vastasi: "Ei tämä tehnyt syntiä eivätkä hänen vanhempansa, vaan Jumalan tekojen piti tuleman hänessä julki.

Niin kauan kuin päivä on, tulee meidän tehdä hänen tekojansa, joka on minut lähettänyt; tulee yö, jolloin ei kukaan voi työtä tehdä.

Niin kauan kuin minä maailmassa olen, olen minä maailman valkeus."

Tämän sanottuaan hän sylki maahan ja teki syljestä tahtaan ja siveli tahtaan hänen silmilleen ja sanoi hänelle: "Mene ja peseydy Siiloan lammi-kossa" - se on käännettynä: lähetetty. - Niin hän meni ja peseytyi ja palasi näkevänä.

Silloin naapurit ja ne, jotka ennen olivat näh-neet hänet kerjääjänä, sanoivat: "Eikö tämä ole se, joka istui ja kerjäsi?"

Toiset sanoivat: "Hän se on", toiset sanoivat: "Ei ole, vaan hän on hänen näköisensä". Hän itse sanoi: "Minä se olen".

Niin he sanoivat hänelle: "Miten sinun silmäsi ovat auenneet?"

Hän vastasi: "Se mies, jota kutsutaan Jeesuk-seksi, teki tahtaan ja voiteli minun silmäni ja sanoi minulle: 'Mene ja peseydy Siiloan lammikossa'; niin minä menin ja peseydyin ja sain näköni".

He sanoivat hänelle: "Missä hän on?" Hän vastasi: "En tiedä".

Niin he veivät hänet, joka ennen oli ollut sokea, fariseusten luo.

Ja se päivä, jona Jeesus teki tahtaan ja avasi hänen silmänsä, oli sapatti.

Niin myöskin fariseukset kysyivät häneltä, miten hän oli saanut näkönsä. Ja hän sanoi heille: "Hän siveli tahtaan minun silmilleni, ja minä peseydyin, ja nyt minä näen".

Niin muutamat fariseuksista sanoivat: "Se mies ei ole Jumalasta, koska hän ei pidä sapattia". Toiset sanoivat: "Kuinka voi syntinen ihminen tehdä senkaltaisia tunnustekoja?" Ja he olivat keskenänsä eri mieltä.

Niin he taas sanoivat sokealle: "Mitä sinä sanot hänestä, koskapa hän avasi sinun silmäsi?" Ja hän sanoi: "Hän on profeetta".

Mutta juutalaiset eivät uskoneet hänestä, että hän oli ollut sokea ja saanut näkönsä, ennenkuin kutsuivat sen näkönsä saaneen vanhemmat ja kysyivät heiltä sanoen: "Onko tämä teidän poikanne, jonka sanotte sokeana syntyneen? Kuinka hän sitten nyt näkee?"

Hänen vanhempansa vastasivat ja sanoivat: "Me tiedämme, että tämä on meidän poikamme ja että hän on sokeana syntynyt; mutta kuinka hän nyt näkee, emme tiedä; emme myöskään tiedä, kuka on avannut hänen silmänsä. Kysykää häneltä; hänellä on kyllin ikää, puhukoon itse puolestansa."

Näin hänen vanhempansa sanoivat, koska pelkäsivät juutalaisia. Sillä juutalaiset olivat jo sopineet keskenään, että se, joka tunnusti hänet Kristukseksi, oli erotettava synagoogasta.

Sentähden hänen vanhempansa sanoivat: "Hänellä on kyllin ikää, kysykää häneltä".

Niin he kutsuivat toistamiseen miehen, joka oli ollut sokea, ja sanoivat hänelle: "Anna kunnia Jumalalle; me tiedämme, että se mies on syntinen".

Hän vastasi: "Onko hän syntinen, sitä en tiedä; sen vain tiedän, että minä, joka olin sokea, nyt näen".

Niin he sanoivat hänelle: "Mitä hän sinulle teki? Miten hän avasi sinun silmäsi?"

Hän vastasi heille: "Johan minä teille sanoin, ettekä te kuulleet. Miksi taas tahdotte sitä kuulla? Tahdotteko tekin ruveta hänen opetuslapsiksensa?"

Niin he herjasivat häntä ja sanoivat: "Sinä olet hänen opetuslapsensa, mutta me olemme Mooseksen opetuslapsia.

Me tiedämme Jumalan puhuneen Moosekselle, mutta mistä tämä on, sitä emme tiedä."

Mies vastasi ja sanoi heille: "Sehän tässä on ihmeellistä, että te ette tiedä, mistä hän on, ja kuitenkin hän on avannut minun silmäni.

Me tiedämme, ettei Jumala kuule syntisiä; vaan joka on jumalaapelkääväinen ja tekee hänen tahtonsa, sitä hän kuulee.

Ei ole maailman alusta kuultu, että kukaan on avannut sokeana syntyneen silmät.

Jos hän ei olisi Jumalasta, ei hän voisi mitään tehdä."

He vastasivat ja sanoivat hänelle: "Sinä olet kokonaan synneissä syntynyt, ja sinä tahdot opettaa meitä!" Ja he ajoivat hänet ulos.

Ja Jeesus sai kuulla heidän ajaneen hänet ulos; ja hänet tavatessaan hän sanoi hänelle: "Uskotko sinä Jumalan Poikaan?"

Hän vastasi ja sanoi: "Herra, kuka hän on, että minä häneen uskoisin?"

Jeesus sanoi hänelle: "Sinä olet hänet nähnyt, ja hän on se, joka sinun kanssasi puhuu".

Niin hän sanoi: "Herra, minä uskon"; ja hän kumartaen rukoili häntä.

Ja Jeesus sanoi: "Tuomioksi minä olen tullut tähän maailmaan, että ne, jotka eivät näe, näkisivät, ja ne, jotka näkevät, tulisivat sokeiksi".

Ja muutamat fariseukset, jotka olivat siinä häntä lähellä, kuulivat tämän ja sanoivat hänelle: "Olemmeko mekin sokeat?"

Jeesus sanoi heille: "Jos te olisitte sokeat, ei teillä olisi syntiä; mutta nyt te sanotte: 'Me näemme'; sentähden teidän syntinne pysyy".

Joh. 9:1-41

Minä olen ovi

Totisesti, totisesti minä sanon teille: joka ei mene ovesta lammastarhaan, vaan nousee sinne muualta, se on varas ja ryöväri.

Mutta joka menee ovesta sisälle, se on lammasten paimen.

Hänelle ovenvartija avaa, ja lampaat kuulevat hänen ääntänsä; ja hän kutsuu omat lampaansa nimeltä ja vie heidät ulos.

Ja laskettuaan kaikki omansa ulos hän kulkee niiden edellä, ja lampaat seuraavat häntä, sillä ne tuntevat hänen äänensä.

Mutta vierasta ne eivät seuraa, vaan pakenevat häntä, koska eivät tunne vierasten ääntä."

Tämän kuvauksen Jeesus puhui heille; mutta he eivät ymmärtäneet, mitä hänen puheensa tarkoitti.

Niin Jeesus vielä sanoi heille: "Totisesti, totisesti minä sanon teille: minä olen lammasten ovi.

Kaikki, jotka ovat tulleet ennen minua, ovat varkaita ja ryöväreitä; mutta lampaat eivät ole heitä kuulleet.

Minä olen ovi; jos joku minun kauttani menee sisälle, niin hän pelastuu, ja hän on käyvä sisälle ja käyvä ulos ja löytävä laitumen.

Varas ei tule muuta kuin varastamaan ja tappamaan ja tuhoamaan. Minä olen tullut, että heillä olisi elämä ja olisi yltäkylläisyys.

Minä olen se hyvä paimen. Hyvä paimen antaa henkensä lammasten edestä.

Mutta palkkalainen, joka ei ole paimen ja

jonka omia lampaat eivät ole, kun hän näkee suden tulevan, niin hän jättää lampaat ja pakenee; ja susi ryöstää ja hajottaa ne.

Hän pakenee, sillä hän on palkattu eikä välitä lampaista.

Minä olen se hyvä paimen, ja minä tunnen omani, ja minun omani tuntevat minut, niinkuin Isä tuntee minut ja minä tunnen Isän; ja minä annan henkeni lammasten edestä.

Minulla on myös muita lampaita, jotka eivät ole tästä lammastarhasta; myös niitä tulee minun johdattaa, ja ne saavat kuulla minun ääneni, ja on oleva yksi lauma ja yksi paimen.

Sentähden Isä minua rakastaa, koska minä annan henkeni, että minä sen jälleen ottaisin.

Ei kukaan sitä minulta ota, vaan minä annan sen itsestäni. Minulla on valta antaa se, ja minulla on valta ottaa se jälleen; sen käskyn minä olen saanut Isältäni."

Joh. 10:1-18

Minä ja Isä olemme yhtä

Niin syntyi taas erimielisyys juutalaisten kesken näiden sanain tähden.

Ja useat heistä sanoivat: "Hänessä on riivaaja, ja hän on järjiltään; mitä te häntä kuuntelette?"

Toiset sanoivat: "Nämä eivät ole riivatun sanoja; eihän riivaaja voi avata sokeain silmiä?"

Sitten oli temppelin vihkimisen muistojuhla Jerusalemissa, ja oli talvi.

Ja Jeesus käyskeli pyhäkössä, Salomon pylväskäytävässä.

Niin juutalaiset ympäröivät hänet ja sanoivat hänelle: "Kuinka kauan sinä pidät meidän mieltämme kiihdyksissä? Jos sinä olet Kristus, niin sano se meille suoraan."

Jeesus vastasi heille: "Minä olen sanonut sen teille, ja te ette usko. Ne teot, joita minä teen Isäni nimessä, ne todistavat minusta.

Mutta te ette usko, sillä te ette ole minun lampaitani.

Minun lampaani kuulevat minun ääntäni, ja minä tunnen ne, ja ne seuraavat minua.

Ja minä annan heille iankaikkisen elämän, ja he eivät ikinä huku, eikä kukaan ryöstä heitä minun kädestäni.

Minun Isäni, joka on heidät minulle antanut, on suurempi kaikkia, eikä kukaan voi ryöstää heitä minun Isäni kädestä.

Minä ja Isä olemme yhtä."

Niin juutalaiset ottivat taas kiviä maasta kivittääksensä hänet.

Jeesus vastasi heille: "Minä olen näyttänyt teille monta hyvää tekoa, jotka ovat Isästä; mikä niistä on se, jonka tähden te tahdotte minut kivittää?"

Juutalaiset vastasivat hänelle: "Hyvän teon tähden me emme sinua kivitä, vaan jumalanpilkan tähden, ja koska sinä, joka olet ihminen, teet itsesi Jumalaksi".

Jeesus vastasi heille: "Eikö teidän laissanne ole kirjoitettuna: 'Minä sanoin: te olette jumalia'?

Jos hän sanoo jumaliksi niitä, joille Jumalan sana tuli - ja Raamattu ei voi raueta tyhjiin - niin kuinka te sanotte sille, jonka Isä on pyhittänyt ja lähettänyt maailmaan: 'Sinä pilkkaat Jumalaa', sentähden että minä sanoin: 'Minä olen Jumalan Poika'?

Jos minä en tee Isäni tekoja, älkää uskoko minua.

Mutta jos minä niitä teen, niin, vaikka ette uskoisikaan minua, uskokaa minun tekojani, että tulisitte tuntemaan ja ymmärtäisitte Isän olevan minussa ja minun olevan Isässä."

Niin he taas tahtoivat ottaa hänet kiinni, mutta hän lähti pois heidän käsistänsä.

Ja hän meni taas Jordanin tuolle puolelle siihen paikkaan, missä Johannes ensin kastoi, ja viipyi siellä.

Ja monet tulivat hänen tykönsä ja sanoivat: "Johannes ei tehnyt yhtäkään tunnustekoa; mutta kaikki, mitä Johannes sanoi tästä, on totta".

Ja monet siellä uskoivat häneen.

Joh. 10:19-42

Tee tili huoneenhallituksestasi

Ja hän puhui myös opetuslapsilleen: "Oli rikas mies, jolla oli huoneenhaltija, ja hänelle kanneltiin, että tämä hävitti hänen omaisuuttansa.

Ja hän kutsui hänet eteensä ja sanoi hänelle: 'Mitä minä kuulenkaan sinusta? Tee tili huoneenhallituksestasi; sillä sinä et saa enää minun huonettani hallita.'

Niin huoneenhaltija sanoi mielessään: 'Mitä minä teen, kun isäntäni ottaa minulta pois huoneenhallituksen? Kaivaa minä en jaksa, kerjuuta häpeän.

Minä tiedän, mitä teen, että ottaisivat minut taloihinsa, kun minut pannaan pois huoneenhallituksesta.'

Ja hän kutsui luoksensa jokaisen herransa velallisista ja sanoi ensimmäiselle: 'Paljonko sinä olet velkaa minun herralleni?'

Tämä sanoi: 'Sata astiaa öljyä'. Niin hän sanoi hänelle: 'Tässä on velkakirjasi, istu ja kirjoita pian viisikymmentä'.

Sitten hän sanoi toiselle: 'Entä sinä, paljonko sinä olet velkaa?' Tämä sanoi: 'Sata tynnyriä nisuja'. Hän sanoi hänelle: 'Tässä on velkakirjasi, kirjoita kahdeksankymmentä'.

Ja herra kehui väärää huoneenhaltijaa siitä, että hän oli menetellyt ovelasti. Sillä tämän maailman lapset ovat omaa sukukuntaansa kohtaan ovelampia kuin valkeuden lapset.

Ja minä sanon teille: tehkää itsellenne ystäviä väärällä mammonalla, että he, kun se loppuu, ottaisivat teidät iäisiin majoihin.

Joka vähimmässä on uskollinen, on paljossakin uskollinen, ja joka vähimmässä on väärä, on paljossakin väärä.

Jos siis ette ole olleet uskolliset väärässä mammonassa, kuka teille uskoo sitä, mikä oikeata on?

Ja jos ette ole olleet uskolliset siinä, mikä on toisen omaa, kuka teille antaa sitä, mikä teidän omaanne on?

Ei kukaan palvelija voi palvella kahta herraa; sillä hän on joko tätä vihaava ja toista rakastava, taikka tähän liittyvä ja toista halveksiva. Ette voi palvella Jumalaa ja mammonaa."

Tämän kaiken kuulivat fariseukset, jotka olivat rahanahneita, ja he ivasivat häntä.

Ja hän sanoi heille: "Te juuri olette ne, jotka teette itsenne vanhurskaiksi ihmisten edessä, mutta Jumala tuntee teidän sydämenne; sillä mikä ihmisten kesken on korkeata, se on Jumalan edessä kauhistus.

Luuk. 16:1-15

Laki ja profeetat

Laki ja profeetat olivat Johannekseen asti; siitä lähtien julistetaan Jumalan valtakuntaa, ja jokainen tunkeutuu sinne väkisin.

Mutta ennemmin taivas ja maa katoavat, kuin yksikään lain piirto häviää.

Jokainen, joka hylkää vaimonsa ja nai toisen, tekee huorin; ja joka nai miehensä hylkäämän, tekee huorin.

Luuk. 16:16-18

Jos joku kuolleista menisi heidän tykönsä

Oli rikas mies, joka pukeutui purppuraan ja hienoihin pellavavaatteisiin ja eli joka päivä ilossa loisteliaasti.

Mutta eräs köyhä, nimeltä Lasarus, makasi hänen ovensa edessä täynnä paiseita ja halusi ravita itseään niillä muruilla, jotka putosivat rikkaan pöydältä. Ja koiratkin tulivat ja nuolivat hänen paiseitansa.

Niin tapahtui, että köyhä kuoli, ja enkelit veivät hänet Aabrahamin helmaan. Ja rikaskin kuoli, ja hänet haudattiin.

Ja kun hän nosti silmänsä tuonelassa, vaivoissa ollessaan, näki hän kaukana Aabrahamin ja Lasaruksen hänen helmassaan.

Ja hän huusi sanoen: 'Isä Aabraham, armahda minua ja lähetä Lasarus kastamaan sormensa pää veteen ja jäähdyttämään minun kieltäni, sillä minulla on kova tuska tässä liekissä!'

Mutta Aabraham sanoi: 'Poikani, muista, että sinä eläessäsi sait hyväsi, ja Lasarus samoin sai pahaa; mutta nyt hän täällä saa lohdutusta, sinä taas kärsit tuskaa.

Ja kaiken tämän lisäksi on meidän välillemme ja teidän vahvistettu suuri juopa, että ne, jotka tahtovat mennä täältä teidän luoksenne, eivät voisi, eivätkä ne, jotka siellä ovat, pääsisi yli meidän luoksemme.'

Hän sanoi: 'Niin minä siis rukoilen sinua, isä, että lähetät hänet isäni taloon - sillä minulla on viisi veljeä - todistamaan heille, etteivät hekin joutuisi tähän vaivan paikkaan'.

Mutta Aabraham sanoi: 'Heillä on Mooses ja profeetat; kuulkoot niitä'.

Niin hän sanoi: 'Ei, isä Aabraham; vaan jos joku kuolleista menisi heidän tykönsä, niin he tekisivät parannuksen'.

Mutta Aabraham sanoi hänelle: 'Jos he eivät kuule Moosesta ja profeettoja, niin eivät he usko, vaikka joku kuolleistakin nousisi ylös'."

Luuk. 16:19-31

Ne kaksi tulevat yhdeksi lihaksi

Ja kun Jeesus oli lopettanut nämä puheet, lähti hän Galileasta ja kulki Jordanin tuota puolta Juudean alueelle.

Ja suuri kansan paljous seurasi häntä, ja hän paransi heitä siellä.

Ja fariseuksia tuli hänen luoksensa, ja he kiusasivat häntä sanoen: "Onko miehen lupa hyljätä vaimonsa mistä syystä tahansa?"

Hän vastasi ja sanoi: "Ettekö ole lukeneet, että Luoja jo alussa 'loi heidät mieheksi ja naiseksi' ja sanoi: 'Sentähden mies luopukoon isästänsä ja äidistänsä ja liittyköön vaimoonsa, ja ne kaksi tulevat yhdeksi lihaksi'?

Niin eivät he enää ole kaksi, vaan yksi liha. Minkä siis Jumala on yhdistänyt, sitä älköön ihminen erottako."

He sanoivat hänelle: "Miksi sitten Mooses käski antaa erokirjan ja hyljätä hänet?"

Hän sanoi heille: "Teidän sydämenne kovuuden tähden Mooses salli teidän hyljätä vaimonne, mutta alusta ei niin ollut.

Mutta minä sanon teille: joka hylkää vaimonsa muun kuin huoruuden tähden ja nai toisen, se tekee huorin; ja joka nai hyljätyn, se tekee huorin."

Opetuslapset sanoivat hänelle: "Jos miehen on näin laita vaimoonsa nähden, niin ei ole hyvä naida".

Mutta hän sanoi heille: "Ei tämä sana kaikkiin sovellu, vaan ainoastaan niihin, joille se on suotu.

Sillä on niitä, jotka syntymästään, äitinsä kohdusta saakka, ovat avioon kelpaamattomia, ja on niitä, jotka ihmiset ovat tehneet avioon kelpaamattomiksi, ja niitä, jotka taivasten valtakunnan tähden ovat tehneet itsensä avioon kelpaamattomiksi. Joka voi sen itseensä sovittaa, se sovittakoon."

Matt. 19:1-12

Ja heidän mentyään huoneeseen opetuslapset taas kysyivät häneltä tätä asiaa.

Ja hän sanoi heille: "Joka hylkää vaimonsa ja nai toisen, se tekee huorin häntä vastaan. Ja jos vaimo hylkää miehensä ja menee naimisiin toisen kanssa, niin hän tekee huorin."

Mark. 10:10-12

Sallikaa lasten tulla minun tyköni

Silloin tuotiin hänen tykönsä lapsia, että hän panisi kätensä heidän päälleen ja rukoilisi; mutta opetuslapset nuhtelivat tuojia.

Matt. 19:13

Mutta Jeesus kutsui lapset tykönsä ja sanoi: "Sallikaa lasten tulla minun tyköni älkääkä estäkö heitä, sillä senkaltaisten on Jumalan valtakunta.

Totisesti minä sanon teille: joka ei ota vastaan Jumalan valtakuntaa niinkuin lapsi, se ei pääse sinne sisälle."

Luuk. 18:16,17

Ja hän otti heitä syliinsä, pani kätensä heidän päällensä ja siunasi heitä.

Mark. 10:16

Kuka sitten voi pelastua?

Ja katso, eräs mies tuli ja sanoi hänelle: "Opettaja, mitä hyvää minun pitää tekemän, että minä saisin iankaikkisen elämän?"

Niin hän sanoi hänelle: "Miksi kysyt minulta, mikä on hyvää? On ainoastaan yksi, joka on hyvä. Mutta jos tahdot päästä elämään sisälle, niin pidä käskyt."

Hän sanoi hänelle: "Mitkä?" Jeesus sanoi: "Nämä: 'Älä tapa', 'Älä tee huorin', 'Älä varasta', 'Älä sano väärää todistusta', 'Kunnioita isääsi ja äitiäsi', ja: 'Rakasta lähimmäistäsi niinkuin itseäsi'".

Nuorukainen sanoi hänelle: "Kaikkia niitä minä olen noudattanut; mitä minulta vielä puuttuu?"

Jeesus sanoi hänelle: "Jos tahdot olla täydellinen, niin mene, myy, mitä sinulla on, ja anna köyhille, niin sinulla on oleva aarre taivaissa; ja tule ja seuraa minua".

Matt. 19:16-21

Mutta tämän kuullessaan hän tuli kovin murheelliseksi, sillä hän oli sangen rikas.

Kun Jeesus näki hänen olevan murheissaan, sanoi hän: "Kuinka vaikea onkaan niiden, joilla on tavaraa, päästä Jumalan valtakuntaan!

Helpompi on kamelin käydä neulansilmän läpi kuin rikkaan päästä Jumalan valtakuntaan."

Luuk. 18:23-25

Kun opetuslapset sen kuulivat, hämmästyivät he kovin ja sanoivat: "Kuka sitten voi pelastua?"

Niin Jeesus katsoi heihin ja sanoi heille: "Ihmisille se on mahdotonta, mutta Jumalalle on kaikki mahdollista".

Silloin Pietari vastasi ja sanoi hänelle: "Katso, me olemme luopuneet kaikesta ja seuranneet sinua; mitä me siitä saamme?"

Niin Jeesus sanoi heille: "Totisesti minä sanon

teille: siinä uudestisyntymisessä, jolloin Ihmisen
Poika istuu kirkkautensa valtaistuimella, saatte tekin,
jotka olette minua seuranneet, istua kahdellatoista
valtaistuimella ja tuomita Israelin kahtatoista suku-
kuntaa.

Ja jokainen, joka on luopunut taloista tai veljistä
tai sisarista tai isästä tai äidistä tai lapsista tai pel-
loista minun nimeni tähden, on saava monin ver-
roin takaisin ja perivä iankaikkisen elämän.

Mutta monet ensimmäiset tulevat viimeisiksi, ja
monet viimeiset ensimmäisiksi."

Matt. 19:25-30

Me olemme
ansiottomia palvelijoita

Jos jollakin teistä on palvelija kyntämässä tai
paimentamassa, sanooko hän tälle tämän tullessa
pellolta: 'Käy heti aterialle'?

Eikö hän pikemminkin sano hänelle: 'Valmista
minulle ateria, vyöttäydy ja palvele minua, sillä aikaa
kuin minä syön ja juon; ja sitten syö ja juo sinä'?

Ei kaiketi hän kiitä palvelijaa siitä, että tämä
teki, mitä oli käsketty?

Niin myös te, kun olette tehneet kaiken, mitä
teidän on käsketty tehdä, sanokaa: 'Me olemme
ansiottomia palvelijoita; olemme tehneet vain sen,
minkä olimme velvolliset tekemään'."

Luuk. 17:7-10

Eivätkö kaikki kymmenen
puhdistuneet?

Ja kun hän oli matkalla Jerusalemiin, kulki hän
Samarian ja Galilean välistä rajaa.

Ja hänen mennessään erääseen kylään kohtasi

häntä kymmenen pitalista miestä, jotka jäivät seisomaan loitommaksi; ja he korottivat äänensä ja sanoivat: "Jeesus, mestari, armahda meitä!"

Ja heidät nähdessään hän sanoi heille: "Menkää ja näyttäkää itsenne papeille". Ja tapahtui heidän mennessään, että he puhdistuivat.

Mutta yksi heistä, kun näki olevansa parannettu, palasi takaisin ja ylisti Jumalaa suurella äänellä ja lankesi kasvoilleen hänen jalkojensa juureen ja kiitti häntä; ja se mies oli samarialainen.

Niin Jeesus vastasi ja sanoi: "Eivätkö kaikki kymmenen puhdistuneet? Missä ne yhdeksän ovat?

Eikö ollut muita, jotka olisivat palanneet Jumalaa ylistämään, kuin tämä muukalainen?"

Ja hän sanoi hänelle: "Nouse ja mene; sinun uskosi on sinut pelastanut".

Luuk. 17:11-19

Jumalan valtakunta on sisällisesti teissä

Ja kun fariseukset kysyivät häneltä, milloin Jumalan valtakunta oli tuleva, vastasi hän heille ja eikä voida sanoa: 'Katso, täällä se on', tahi: 'Tuolla'; sillä katso, Jumalan valtakunta on sisällisesti teissä".

Luuk. 17:20,21

Ihmisen Pojan päivä

Ja hän sanoi opetuslapsillensa: "Tulee aika, jolloin te halajaisitte nähdä edes yhtä Ihmisen Pojan päivää, mutta ette saa nähdä.

Ja teille sanotaan: 'Katso, tuolla hän on!' 'Katso, täällä!' Älkää menkö sinne älkääkä juosko perässä.

Sillä niinkuin salaman leimaus loistaa taivaan äärestä taivaan ääreen, niin on Ihmisen Poika päivänänsä oleva.

Mutta sitä ennen pitää hänen kärsimän paljon ja joutuman tämän sukupolven hyljittäväksi.

Ja niinkuin kävi Nooan päivinä, niin käy myöskin Ihmisen Pojan päivinä: he söivät, joivat, naivat ja menivät miehelle, aina siihen päivään asti, jona Nooa meni arkkiin; ja vedenpaisumus tuli ja hukutti heidät kaikki.

Niin myös, samoin kuin kävi Lootin päivinä: he söivät, joivat, ostivat, myivät, istuttivat ja rakensivat, mutta sinä päivänä, jona Loot lähti Sodomasta, satoi tulta ja tulikiveä taivaasta, ja se hukutti heidät kaikki, samoin käy sinä päivänä, jona Ihmisen Poika ilmestyy.

Sinä päivänä älköön se, joka katolla on ja jolla on tavaransa huoneessa, astuko alas niitä noutamaan; ja älköön myös se, joka pellolla on, palatko takaisin.

Muistakaa Lootin vaimoa!

Joka tahtoo tallettaa elämänsä itselleen, hän kadottaa sen; mutta joka sen kadottaa, pelastaa sen.

Minä sanon teille: sinä yönä on kaksi miestä yhdellä vuoteella; toinen korjataan talteen, ja toinen jätetään.

Kaksi naista jauhaa yhdessä; toinen korjataan talteen, mutta toinen jätetään."

Ja he vastasivat ja sanoivat hänelle: "Missä, Herra?" Niin hän sanoi heille: "Missä raato on, sinne myös kotkat kokoontuvat".

Luuk. 17:22-37

Löytäneekö hän uskoa maan päältä?

Ja hän puhui heille vertauksen siitä, että heidän tuli aina rukoilla eikä väsyä.

Hän sanoi: "Eräässä kaupungissa oli tuomari, joka ei peljännyt Jumalaa eikä hävennyt ihmisiä. Ja siinä kaupungissa oli leskivaimo, joka vähän väliä tuli hänen luoksensa ja sanoi: 'Auta minut oikeuteeni riitapuoltani vastaan'.

Mutta pitkään aikaan hän ei tahtonut. Vaan sitten hän sanoi mielessään: 'Vaikka en pelkää Jumalaa enkä häpeä ihmisiä, niin kuitenkin, koska tämä leski tuottaa minulle vaivaa, minä autan hänet oikeuteensa, ettei hän lopulta tulisi ja kävisi minun silmilleni'."

Niin Herra sanoi: "Kuulkaa, mitä tuo väärä tuomari sanoo!

Eikö sitten Jumala toimittaisi oikeutta valituillensa, jotka häntä yötä päivää avuksi huutavat, ja viivyttäisikö hän heiltä apuansa?

Minä sanon teille: hän toimittaa heille oikeuden pian. Kuitenkin, kun Ihmisen Poika tulee, löytäneekö hän uskoa maan päältä?"

Luuk. 18:1-8

Ole minulle syntiselle armollinen

Niin hän puhui vielä muutamille, jotka luottivat itseensä, luullen olevansa vanhurskaita, ja ylenkatsoivat muita, tämän vertauksen: "Kaksi miestä meni ylös pyhäkköön rukoilemaan, toinen fariseus ja toinen publikaani.

Fariseus seisoi ja rukoili itsekseen näin: 'Jumala, minä kiitän sinua, etten minä ole niinkuin muut ihmiset, riistäjät, väärämieliset, huorintekijät, enkä myöskään niinkuin tuo publikaani.

Minä paastoan kahdesti viikossa; minä annan kymmenykset kaikista tuloistani.'

Mutta publikaani seisoi taampana eikä edes tahtonut nostaa silmiään taivasta kohti, vaan löi rintaansa ja sanoi: 'Jumala, ole minulle syntiselle armollinen'.

Minä sanon teille: tämä meni kotiinsa vanhurskaampana kuin se toinen; sillä jokainen, joka itsensä ylentää, alennetaan, mutta joka itsensä alentaa, se ylennetään."

Luuk. 18:9-14

Menkää tekin minun viinitarhaani

Sillä taivasten valtakunta on perheenisännän kaltainen, joka varhain aamulla lähti ulos palkkaamaan työmiehiä viinitarhaansa.

Ja kun hän oli sopinut työmiesten kanssa denarista päivältä, lähetti hän heidät viinitarhaansa.

Ja hän lähti ulos kolmannen hetken vaiheilla ja näki toisia seisomassa torilla joutilaina; ja hän sanoi heille: 'Menkää tekin minun viinitarhaani, ja mikä kohtuus on, sen minä annan teille'.

Niin he menivät. Taas hän lähti ulos kuudennen ja yhdeksännen hetken vaiheilla ja teki samoin.

Ja kun hän lähti ulos yhdennentoista hetken vaiheilla, tapasi hän vielä toisia siellä seisomassa; ja hän sanoi heille: 'Miksi seisotte täällä kaiken päivää joutilaina?'

He sanoivat hänelle: 'Kun ei kukaan ole meitä palkannut'. Hän sanoi heille: 'Menkää tekin minun viinitarhaani'.

Mutta kun ilta tuli, sanoi viinitarhan herra tilansa hoitajalle: 'Kutsu työmiehet ja maksa heille palkka, viimeisistä alkaen ensimmäisiin asti'.

Kun nyt tulivat ne, jotka olivat saapuneet yhdennentoista hetken vaiheilla, saivat he kukin denarin.

Ja kun ensimmäiset tulivat, luulivat he saavansa enemmän; mutta hekin saivat kukin denarin.

Kun he sen saivat, napisivat he perheen isäntää

vastaan ja sanoivat: 'Nämä viimeiset ovat tehneet työtä vain yhden hetken, ja sinä teit heidät meidän vertaisiksemme, jotka olemme kantaneet päivän kuorman ja helteen'.

Niin hän vastasi eräälle heistä ja sanoi: 'Ystäväni, en minä tee sinulle vääryyttä; etkö sopinut minun kanssani denarista?

Ota omasi ja mene. Mutta minä tahdon tälle viimeiselle antaa saman verran kuin sinullekin.

Enkö saa tehdä omallani, mitä tahdon? Vai onko silmäsi nurja sentähden, että minä olen hyvä?'

Näin viimeiset tulevat ensimmäisiksi ja ensimmäiset viimeisiksi."

Matt. 20:1-16

En minä tunne teitä enkä tiedä, mistä te olette

Ja hän vaelsi kaupungista kaupunkiin ja kylästä kylään ja opetti, kulkien Jerusalemia kohti.

Ja joku kysyi häneltä: "Herra, onko niitä vähän, jotka pelastuvat? Niin hän sanoi heille: "Kilvoitelkaa päästäksenne sisälle ahtaasta ovesta, sillä monet, sanon minä teille, koettavat päästä sisälle, mutta eivät voi.

Sen jälkeen kuin perheenisäntä on noussut ja sulkenut oven ja te rupeatte seisomaan ulkona ja kolkuttamaan ovea sanoen: 'Herra, avaa meille', vastaa hän ja sanoo teille: 'En minä tunne teitä enkä tiedä, mistä te olette'.

Silloin te rupeatte sanomaan: 'Mehän söimme ja joimme sinun seurassasi, ja meidän kaduillamme sinä opetit'.

Mutta hän on lausuva: 'Minä sanon teille: en tiedä, mistä te olette. Menkää pois minun tyköäni, kaikki te vääryyden tekijät.'

Siellä on oleva itku ja hammasten kiristys, kun näette Aabrahamin ja Iisakin ja Jaakobin ja kaikkien profeettain olevan Jumalan valtakunnassa, mutta huomaatte itsenne heitetyiksi ulos.

Ja tulijoita saapuu idästä ja lännestä ja pohjoisesta ja etelästä, ja he aterioitsevat Jumalan valtakunnassa.

Ja katso, on viimeisiä, jotka tulevat ensimmäisiksi, ja on ensimmäisiä, jotka tulevat viimeisiksi."

Luuk.13:22-30

Herodes tahtoo tappaa sinut

Samalla hetkellä tuli hänen luoksensa muutamia fariseuksia, ja he sanoivat hänelle: "Lähde ja mene täältä pois, sillä Herodes tahtoo tappaa sinut".

Niin hän sanoi heille: "Menkää ja sanokaa sille ketulle: 'Katso, minä ajan ulos riivaajia ja parannan sairaita tänään ja huomenna, ja kolmantena päivänä minä pääsen määräni päähän'.

Kuitenkin minun pitää vaeltaman tänään ja huomenna ja ylihuomenna, sillä ei sovi, että profeetta saa surmansa muualla kuin Jerusalemissa."

Luuk. 13:31-33

Kolmantena päivänä hän nousee ylös

Ja hän otti tykönsä ne kaksitoista ja sanoi heille: "Katso, me menemme ylös Jerusalemiin, ja kaikki on täysin toteutuva, mitä profeettain kautta on kirjoitettu Ihmisen Pojasta.

Sillä hänet annetaan pakanain käsiin, ja häntä pilkataan ja häväistään ja syljetään; ja ruoskittuaan he tappavat hänet, ja kolmantena päivänä hän nousee ylös."

Mutta he eivät ymmärtäneet tästä mitään, ja tämä puhe oli heiltä niin salattu, etteivät he käsittäneet, mitä sanottiin.

Luuk. 18:31-34

Minun maljani te tosin juotte

Silloin Sebedeuksen poikain äiti tuli poikineen hänen tykönsä ja kumarsi häntä, aikoen anoa häneltä jotakin.

Niin hän sanoi vaimolle: "Mitä tahdot?" Tämä sanoi hänelle: "Sano, että nämä minun kaksi poikaani saavat istua, toinen sinun oikealla ja toinen vasemmalla puolellasi, sinun valtakunnassasi".

Mutta Jeesus vastasi ja sanoi: "Te ette tiedä, mitä anotte. Voitteko juoda sen maljan, jonka minä olen juova?" He sanoivat hänelle: "Voimme".

Hän sanoi heille: "Minun maljani te tosin juotte, mutta minun oikealla ja vasemmalla puolellani istuminen ei ole minun annettavissani, vaan se annetaan niille, joille minun Isäni on sen valmistanut".

Matt. 20:20-23

Kun ne kymmenen sen kuulivat, alkoivat he närkästyä Jaakobiin ja Johannekseen.

Mark. 10:41

Joka teidän keskuudessanne tahtoo suureksi tulla

Mutta Jeesus kutsui heidät tykönsä ja sanoi: "Te tiedätte, että kansojen ruhtinaat herroina niitä hallitsevat, ja että mahtavat käyttävät valtaansa niitä kohtaan.

Matt. 20:25

Mutta näin ei ole teidän kesken, vaan joka teidän keskuudessanne tahtoo suureksi tulla, se olkoon teidän palvelijanne; ja joka teidän keskuudessanne tahtoo olla ensimmäinen, se olkoon kaikkien orja.

Sillä ei Ihmisen Poikakaan tullut palveltavaksi, vaan palvelemaan ja antamaan henkensä lunnaiksi monen edestä."

Mark. 10:43-45

Tänään on pelastus tullut tälle huoneelle

Ja hän tuli Jerikon kaupunkiin ja kulki sen läpi. Ja katso, siellä oli mies, nimeltä Sakkeus; ja hän oli publikaanien päämies ja oli rikas.

Ja hän koetti saada nähdä Jeesusta, kuka hän oli, mutta ei voinut kansalta, kun oli varreltansa vähäinen.

Niin hän juoksi edelle ja nousi metsäviikunapuuhun nähdäkseen hänet, sillä Jeesus oli kulkeva siitä ohitse.

Ja tultuaan sille paikalle Jeesus katsahti ylös ja sanoi hänelle: "Sakkeus, tule nopeasti alas, sillä tänään minun pitää oleman sinun huoneessasi".

Ja hän tuli nopeasti alas ja otti hänet iloiten vastaan.

Ja sen nähdessään kaikki nurisivat sanoen: "Syntisen miehen luokse hän meni majailemaan".

Mutta Sakkeus astui esiin ja sanoi Herralle: "Katso, Herra, puolet omaisuudestani minä annan köyhille, ja jos joltakulta olen jotakin petoksella ottanut, niin annan nelinkertaisesti takaisin".

Niin Jeesus sanoi hänestä: "Tänään on pelastus tullut tälle huoneelle, koska hänkin on Aabrahamin poika; sillä Ihmisen Poika on tullut etsimään ja pelastamaan sitä, mikä kadonnut on".

Luuk. 19:1-10

Jeesuksen tuli heitä sääli

Ja heidän lähtiessään Jerikosta seurasi häntä suuri kansan paljous.

Ja katso, kaksi sokeaa istui tien vieressä; ja kun he kuulivat, että Jeesus kulki ohitse, huusivat he sanoen: "Herra, Daavidin poika, armahda meitä".

Niin kansa nuhteli heitä saadakseen heidät vaikenemaan; mutta he huusivat sitä enemmän sanoen: "Herra, Daavidin poika, armahda meitä".

Silloin Jeesus seisahtui ja kutsui heidät tykönsä ja sanoi: "Mitä tahdotte, että minä teille tekisin?"

He sanoivat hänelle: "Herra, että meidän silmämme aukenisivat".

Niin Jeesuksen tuli heitä sääli, ja hän kosketti heidän silmiänsä, ja kohta he saivat näkönsä ja seurasivat häntä.

Matt. 20:29-34

Lasarus tule ulos

Ja eräs mies, Lasarus, Betaniasta, Marian ja hänen sisarensa Martan kylästä, oli sairaana.

Ja tämä Maria oli se, joka hajuvoiteella voiteli Herran ja pyyhki hiuksillaan hänen jalkansa; ja Lasarus, joka sairasti, oli hänen veljensä.

Niin sisaret lähettivät Jeesukselle tämän sanan: "Herra, katso, se, joka on sinulle rakas, sairastaa".

Mutta sen kuultuaan Jeesus sanoi: "Ei tämä tauti ole kuolemaksi, vaan Jumalan kunniaksi, että Jumalan Poika sen kautta kirkastuisi".

Ja Jeesus rakasti Marttaa ja hänen sisartaan ja Lasarusta.

Kun hän siis kuuli hänen sairastavan, viipyi hän siinä paikassa, missä hän oli, vielä kaksi päivää; mutta niiden kuluttua hän sanoi opetuslapsilleen: "Menkäämme taas Juudeaan".

Opetuslapset sanoivat hänelle: "Rabbi, äsken juutalaiset yrittivät kivittää sinut, ja taas sinä menet sinne!"

Jeesus vastasi: "Eikö päivässä ole kaksitoista hetkeä? Joka vaeltaa päivällä, se ei loukkaa itseänsä, sillä hän näkee tämän maailman valon.

Mutta joka vaeltaa yöllä, se loukkaa itsensä, sillä ei hänessä ole valoa."

Näin hän puhui, ja sitten hän sanoi heille: "Ystävämme Lasarus nukkuu, mutta minä menen herättämään hänet unesta".

Niin opetuslapset sanoivat hänelle: "Herra, jos hän nukkuu, niin hän tulee terveeksi".

Mutta Jeesus puhui hänen kuolemastaan; he taas luulivat hänen puhuneen unessa-nukkumisesta.

Silloin Jeesus sanoi heille suoraan: "Lasarus on kuollut, ja minä iloitsen teidän tähtenne siitä, etten ollut siellä, jotta te uskoisitte; mutta menkäämme hänen tykönsä".

Niin Tuomas, jota sanottiin Didymukseksi, sanoi toisille opetuslapsille: "Menkäämme mekin sinne, kuollaksemme hänen kanssansa".

Niin Jeesus tuli ja sai tietää, että hän jo neljä päivää oli ollut haudassa.

Ja Betania oli lähellä Jerusalemia, noin viidentoista vakomitan päässä.

Ja useita juutalaisia oli tullut Martan ja Marian luokse lohduttamaan heitä heidän veljensä kuolemasta.

Kun Martta kuuli, että Jeesus oli tulossa, meni hän häntä vastaan; mutta Maria istui kotona.

Ja Martta sanoi Jeesukselle: "Herra, jos sinä olisit ollut täällä, niin minun veljeni ei olisi kuollut.

Mutta nytkin minä tiedän, että Jumala antaa sinulle kaiken, mitä sinä Jumalalta anot."

Jeesus sanoi hänelle: "Sinun veljesi on nouseva ylös".

Martta sanoi hänelle: "Minä tiedän hänen nousevan ylösnousemuksessa, viimeisenä päivänä".

Jeesus sanoi hänelle: "Minä olen ylösnousemus ja elämä; joka uskoo minuun, se elää, vaikka olisi kuollut.

Eikä yksikään, joka elää ja uskoo minuun, ikinä kuole. Uskotko sen?"

Hän sanoi hänelle: "Uskon, Herra; minä uskon, että sinä olet Kristus, Jumalan Poika, se, joka oli tuleva maailmaan".

Ja tämän sanottuaan hän meni ja kutsui salaa sisarensa Marian sanoen: "Opettaja on täällä ja kutsuu sinua".

Kun Maria sen kuuli, nousi hän nopeasti ja meni hänen luoksensa.

Mutta Jeesus ei ollut vielä saapunut kylään, vaan oli yhä siinä paikassa, missä Martta oli hänet kohdannut.

Kun nyt juutalaiset, jotka olivat Marian kanssa huoneessa häntä lohduttamassa, näkivät hänen nopeasti nousevan ja lähtevän ulos, seurasivat he häntä, luullen hänen menevän haudalle, itkemään siellä.

Kun siis Maria saapui sinne, missä Jeesus oli, ja näki hänet, lankesi hän hänen jalkojensa eteen ja sanoi hänelle: "Herra, jos sinä olisit ollut täällä, ei minun veljeni olisi kuollut".

Kun Jeesus näki hänen itkevän ja hänen kanssaan tulleiden juutalaisten itkevän, joutui hän hengessään syvän liikutuksen valtaan ja vapisi; ja hän sanoi: "Mihin te panitte hänet?" He sanoivat hänelle: "Herra, tule ja katso".

Ja Jeesus itki.

Niin juutalaiset sanoivat: "Katso, kuinka rakas hän oli hänelle!"

Mutta muutamat heistä sanoivat: "Eikö hän, joka avasi sokean silmät, olisi voinut tehdä sitäkin, ettei tämä olisi kuollut?"

Niin Jeesus joutui taas liikutuksen valtaan ja meni haudalle; ja se oli luola, ja sen suulla oli kivi.

Jeesus sanoi: "Ottakaa kivi pois". Martta, kuolleen sisar, sanoi hänelle: "Herra, hän haisee jo, sillä hän on ollut haudassa neljättä päivää".

Jeesus sanoi hänelle: "Enkö minä sanonut sinulle, että jos uskoisit, niin sinä näkisit Jumalan kirkkauden?"

Niin he ottivat kiven pois. Ja Jeesus loi silmänsä ylös ja sanoi: "Isä, minä kiitän sinua, että olet minua kuullut.

Minä kyllä tiesin, että sinä minua aina kuulet; mutta kansan tähden, joka seisoo tässä ympärillä, minä tämän sanon, että he uskoisivat sinun lähettäneen minut."

Ja sen sanottuansa hän huusi suurella äänellä: "Lasarus, tule ulos!"

Ja kuollut tuli ulos, jalat ja kädet siteisiin kääritynä, ja hänen kasvojensa ympärille oli kääritty hikiliina. Jeesus sanoi heille: "Päästäkää hänet ja antakaa hänen mennä".

Niin useat juutalaisista, jotka olivat tulleet Marian luokse ja nähneet, mitä Jeesus teki, uskoivat häneen.

Mutta muutamat heistä menivät fariseusten luo ja puhuivat heille, mitä Jeesus oli tehnyt.

Niin ylipapit ja fariseukset kokosivat neuvoston ja sanoivat: "Mitä me teemme, sillä tuo mies tekee paljon tunnustekoja?

Jos annamme hänen näin olla, niin kaikki uskovat häneen, ja roomalaiset tulevat ja ottavat meiltä sekä maan että kansan."

Mutta eräs heistä, Kaifas, joka sinä vuonna oli ylimmäinen pappi, sanoi heille: "Te ette tiedä mitään ettekä ajattele, että teille on parempi, että yksi ihminen kuolee kansan edestä, kuin että koko kansa hukkuu".

Mutta sitä hän ei sanonut itsestään, vaan koska hän oli sinä vuonna ylimmäinen pappi, hän ennusti, että Jeesus oli kuoleva kansan edestä, eikä ainoastaan tämän kansan edestä, vaan myös kootakseen yhdeksi hajalla olevat Jumalan lapset.

Siitä päivästä lähtien oli heillä siis tehtynä päätös tappaa hänet.

Sentähden Jeesus ei enää vaeltanut julkisesti juutalaisten keskellä, vaan lähti sieltä lähellä erämaata olevaan paikkaan, Efraim nimiseen kaupunkiin; ja siellä hän oleskeli opetuslapsineen.

Mutta juutalaisten pääsiäinen oli lähellä, ja monet menivät maaseudulta ylös Jerusalemiin ennen pääsiäisjuhlaa, puhdistamaan itsensä.

Ja he etsivät Jeesusta ja sanoivat toisilleen seisoessaan pyhäkössä: "Mitä arvelette? Eikö hän tullekaan juhlille?"

Mutta ylipapit ja fariseukset olivat antaneet käskyjä, että jos joku tietäisi, missä hän oli, hänen oli annettava se ilmi, jotta he ottaisivat hänet kiinni.

Joh. 11:1-57

Maria otti naulan oikeata, kallisarvoista nardusvoidetta

Kuusi päivää ennen pääsiäistä Jeesus saapui Betaniaan, jossa Lasarus asui, hän, jonka Jeesus oli herättänyt kuolleista.

Siellä valmistettiin hänelle ateria, ja Martta palveli, mutta Lasarus oli yksi niistä, jotka olivat aterialla hänen kanssaan.

Niin Maria otti naulan oikeata, kallisarvoista nardusvoidetta ja voiteli Jeesuksen jalat ja pyyhki ne hiuksillaan; ja huone tuli täyteen voiteen tuoksua.

Silloin sanoi yksi hänen opetuslapsistaan, Juudas Iskariot, joka oli hänet kavaltava: "Miksi ei tätä voidetta myyty kolmeensataan denariin ja niitä annettu köyhille?"

Mutta tätä hän ei sanonut sentähden, että olisi pitänyt huolta köyhistä, vaan sentähden, että hän oli varas ja että hän rahakukkaron hoitajana otti itselleen, mitä siihen oli pantu.

Niin Jeesus sanoi: "Anna hänen olla, että hän saisi toimittaa tämän minun hautaamispäiväni varalle.

Joh. 12:1-7

Totisesti minä sanon teille: missä ikinä kaikessa maailmassa evankeliumia saarnataan, siellä sekin, minkä tämä teki, on mainittava hänen muistoksensa.

Mark. 14:9

Sillä köyhät teillä aina on keskuudessanne, mutta minua teillä ei ole aina."

Silloin suuri joukko juutalaisia sai tietää, että hän oli siellä; ja he menivät sinne, ei ainoastaan Jeesuksen tähden, vaan myöskin nähdäkseen Lasaruksen, jonka hän oli herättänyt kuolleista.

Mutta ylipapit päättivät tappaa Lasaruksenkin, koska monet juutalaiset hänen tähtensä menivät sinne ja uskoivat Jeesukseen.

Joh. 12:8-11

JEESUKSEN TOIMINTA JERUSALEMISSA

Hoosianna Daavidin pojalle!

Ja kun he lähestyivät Jerusalemia ja saapuivat Beetfageen, Öljymäelle, silloin Jeesus lähetti kaksi opetuslasta ja sanoi heille: "Menkää kylään, joka on edessänne, niin te kohta löydätte aasintamman sidottuna ja varsan sen kanssa; päästäkää ne ja tuokaa minulle.

Ja jos joku teille jotakin sanoo, niin vastatkaa:

'Herra tarvitsee niitä'; ja kohta hän lähettää ne."

Mutta tämä tapahtui, että kävisi toteen, mikä on puhuttu profeetan kautta, joka sanoo: *"Sanokaa tytär Siionille: 'Katso, sinun kuninkaasi tulee sinulle hiljaisena ja ratsastaen aasilla, ikeenalaisen aasin varsalla'."*

Niin opetuslapset menivät ja tekivät, niinkuin Jeesus oli heitä käskenyt, ja toivat aasintamman varsoineen ja panivat niiden selkään vaatteensa, ja hän istuutui niiden päälle.

Ja suurin osa kansasta levitti vaatteensa tielle, ja toiset karsivat oksia puista ja hajottivat tielle.

Ja kansanjoukot, jotka kulkivat hänen edellään ja jotka seurasivat, huusivat sanoen: "Hoosianna Daavidin pojalle! Siunattu olkoon hän, joka tulee Herran nimeen. Hoosianna korkeuksissa!"

Ja kun hän tuli Jerusalemiin, joutui koko kaupunki liikkeelle ja sanoi: "Kuka tämä on?"

Niin kansa sanoi: "Tämä on se profeetta, Jeesus, Galilean Nasaretista".

Matt. 21:1-11

Niin kansa, joka oli ollut hänen kanssansa, kun hän kutsui Lasaruksen haudasta ja herätti hänet kuolleista, todisti hänestä.

Sentähden kansa menikin häntä vastaan, koska he kuulivat, että hän oli tehnyt sen tunnusteon.

Niin fariseukset sanoivat keskenään: "Te näette, ettette saa mitään aikaan; katso, koko maailma juoksee hänen perässään".

Joh. 12:17-19

Jos nämä olisivat vaiti, niin kivet huutaisivat

Ja muutamat fariseukset kansanjoukosta sanoivat hänelle: "Opettaja, nuhtele opetuslapsiasi".

Mutta hän vastasi ja sanoi: "Minä sanon teille: jos nämä olisivat vaiti, niin kivet huutaisivat".

Ja kun hän tuli lähemmäksi ja näki kaupungin, itki hän sitä ja sanoi: "Jospa tietäisit sinäkin tänä päivänä, mikä rauhaasi sopii! Mutta nyt se on sinun silmiltäsi salattu.

Sillä sinulle tulevat ne päivät, jolloin sinun vihollisesi sinut vallilla saartavat ja piirittävät sinut ja ahdistavat sinua joka puolelta; ja he kukistavat sinut maan tasalle ja surmaavat lapsesi, jotka sinussa ovat, eivätkä jätä sinuun kiveä kiven päälle, sentähden ettet etsikkoaikaasi tuntenut."

Luuk. 19:39-44

Te olette tehneet siitä ryövärien luolan

Ja Jeesus meni pyhäkköön; ja hän ajoi ulos kaikki, jotka myivät ja ostivat pyhäkössä, ja kaatoi kumoon rahanvaihtajain pöydät ja kyyhkysten myyjäin istuimet.

Ja hän sanoi heille: "Kirjoitettu on: *'Minun huoneeni pitää kutsuttaman rukoushuoneeksi', mutta te teette siitä ryövärien luolan.*"

Matt. 21:12,13

Eikä hän sallinut kenenkään kantaa mitään astiaa pyhäkön kautta.

Ja hän opetti ja sanoi heille: "Eikö ole kirjoitettu: 'Minun huoneeni on kutsuttava kaikkien kansojen rukoushuoneeksi'? Mutta te olette tehneet siitä ryövärien luolan."

Mark. 11:16,17

Ja hänen tykönsä pyhäkössä tuli sokeita ja rampoja, ja hän paransi heidät.

Mutta kun ylipapit ja kirjanoppineet näkivät ne ihmeet, joita hän teki, ja lapset, jotka huusivat pyhäkössä ja sanoivat: "Hoosianna Daavidin pojalle",

niin he närkästyivät ja sanoivat hänelle: "Kuuletko,
mitä nämä sanovat?" Niin Jeesus sanoi heille:
"Kuulen; ettekö ole koskaan lukeneet: 'Lasten ja
imeväisten suusta sinä olet valmistanut itsellesi
kiitoksen'?"

Ja hän jätti heidät ja meni ulos kaupungista
Betaniaan ja oli siellä yötä.

Matt.21:14-17

Jos teillä olisi uskoa, ettekä epäilisi

Kun hän varhain aamulla palasi kaupunkiin, oli
hänen nälkä.

Ja nähdessään tien vieressä viikunapuun hän
meni sen luo, mutta ei löytänyt siitä muuta kuin
pelkkiä lehtiä; ja hän sanoi sille: "Älköön sinusta
ikinä enää hedelmää kasvako". Ja kohta viikunapuu
kuivettui.

Kun opetuslapset tämän näkivät, ihmettelivät
he ja sanoivat: "Kuinka viikunapuu niin äkisti kui-
vettui?"

Jeesus vastasi ja sanoi heille: "Totisesti minä
sanon teille: jos teillä olisi uskoa ettekä epäilisi, niin
ette ainoastaan voisi tehdä sitä, mikä viikunapuussa
tapahtui, vaan vieläpä, jos sanoisitte tälle vuorelle:
'Kohoa ja heittäydy mereen', niin se tapahtuisi.

Ja kaiken, mitä te anotte rukouksessa, uskoen,
te saatte."

Matt. 21:18-22

Millä vallalla sinä näitä teet

Ja kun hän oli mennyt pyhäkköön, tulivat hänen
opettaessaan ylipapit ja kansan vanhimmat hänen
luoksensa ja sanoivat: "Millä vallalla sinä näitä teet?
Ja kuka sinulle on antanut tämän vallan?"

Jeesus vastasi ja sanoi heille: "Minä myös teen teille yhden kysymyksen; jos te minulle siihen vastaatte, niin minäkin sanon teille, millä vallalla minä näitä teen.

Mistä Johanneksen kaste oli? Taivaastako vai ihmisistä?" Niin he neuvottelivat keskenänsä sanoen: "Jos sanomme: 'Taivaasta', niin hän sanoo meille: 'Miksi ette siis uskoneet häntä?'

Mutta jos sanomme: 'Ihmisistä', niin meidän täytyy peljätä kansaa, sillä kaikki pitävät Johannesta profeettana."

Ja he vastasivat Jeesukselle ja sanoivat: "Emme tiedä". Niin hänkin sanoi heille: "Niinpä en minäkään sano teille, millä vallalla minä näitä teen."

Matt. 21:23-27

Kaikki mitä te rukoilette ja anotte

Ja kun he varhain aamulla kulkivat ohi, näkivät he viikunapuun kuivettuneen juuria myöten.

Silloin Pietari muisti Jeesuksen sanat ja sanoi hänelle: "Rabbi, katso, viikunapuu, jonka sinä kirosit, on kuivettunut".

Jeesus vastasi ja sanoi heille: "Pitäkää usko Jumalaan.

Totisesti minä sanon teille: jos joku sanoisi tälle vuorelle: 'Kohoa ja heittäydy mereen', eikä epäilisi sydämessään, vaan uskoisi sen tapahtuvan, minkä hän sanoo, niin se hänelle tapahtuisi.

Sentähden minä sanon teille: kaikki, mitä te rukoilette ja anotte, uskokaa saaneenne, niin se on teille tuleva.

Ja kun te seisotte ja rukoilette, niin antakaa anteeksi, jos kenellä teistä on jotakin toistansa vastaan, että myös teidän Isänne, joka on taivaissa, antaisi teille anteeksi teidän rikkomuksenne."

Mark. 11:20-25

Miehellä oli kaksi poikaa

Mutta miten teistä on? Miehellä oli kaksi
poikaa; ja hän meni ensimmäisen luo ja sanoi:
'Poikani, mene tänään tekemään työtä minun
viinitarhaani'.

Tämä vastasi ja sanoi: 'En tahdo'; mutta jäljes-
täpäin hän katui ja meni.

Niin hän meni toisen luo ja sanoi samoin.
Tämä taas vastasi ja sanoi: 'Minä menen, herra',
mutta ei mennytkään.

Kumpi näistä kahdesta teki isänsä tahdon?"
He sanoivat: "Ensimmäinen". Jeesus sanoi heille:
"Totisesti minä sanon teille: publikaanit ja portot
menevät ennen teitä Jumalan valtakuntaan.

Sillä Johannes tuli teidän tykönne vanhurskau-
den tietä, ja te ette uskoneet häntä, mutta publikaa-
nit ja portot uskoivat häntä; ja vaikka te sen näitte,
ette jäljestäpäinkään katuneet, niin että olisitte häntä
uskoneet.

Matt. 21:28-32

Se kivi, jonka rakentajat hylkäsivät, on tullut kulmakiveksi

Kuulkaa toinen vertaus: Oli perheenisäntä, joka
istutti viinitarhan ja teki aidan sen ympärille
ja kaivoi siihen viinikuurnan ja rakensi tornin; ja
hän vuokrasi sen viinitarhureille ja matkusti muille
maille.

Ja kun hedelmäin aika lähestyi, lähetti hän pal-
velijoitansa viinitarhurien luokse perimään hänelle
tulevat hedelmät.

Mutta viinitarhurit ottivat kiinni hänen palveli-
jansa; minkä he pieksivät, minkä tappoivat, minkä
kivittivät.

Vielä hän lähetti toisia palvelijoita, useampia kuin ensimmäiset; ja näille he tekivät samoin.

Mutta viimein hän lähetti heidän luokseen poikansa sanoen: 'Minun poikaani he kavahtavat'.

Mutta kun viinitarhurit näkivät pojan, sanoivat he keskenänsä: 'Tämä on perillinen; tulkaa, tappakaamme hänet, niin me saamme hänen perintönsä'.

Ja he ottivat hänet kiinni ja heittivät ulos viinitarhasta ja tappoivat.

Kun viinitarhan herra tulee, mitä hän tekee noille viinitarhureille?"

He sanoivat hänelle: "Nuo pahat hän pahoin tuhoaa ja vuokraa viinitarhan toisille viinitarhureille, jotka antavat hänelle hedelmät ajallansa".

Jeesus sanoi heille: "Ettekö ole koskaan lukeneet kirjoituksista: 'Se kivi, jonka rakentajat hylkäsivät, on tullut kulmakiveksi; Herralta tämä on tullut ja on ihmeellinen meidän silmissämme'?

Sentähden minä sanon teille: Jumalan valtakunta otetaan teiltä pois ja annetaan kansalle, joka tekee sen hedelmiä.

Ja joka tähän kiveen kaatuu, se ruhjoutuu, mutta jonka päälle se kaatuu, sen se murskaa."

Kun ylipapit ja fariseukset kuulivat nämä hänen vertauksensa, ymmärsivät he, että hän puhui heistä.

Ja he olisivat tahtoneet ottaa hänet kiinni, mutta pelkäsivät kansaa, koska se piti häntä profeettana.

Matt. 21:33-46

Monet ovat kutsutut

Ja Jeesus rupesi taas puhumaan heille vertauksilla ja sanoi: "Taivasten valtakunta on verrattava kuninkaaseen, joka laittoi häät pojallensa.

Ja hän lähetti palvelijansa kutsumaan häihin kutsuvieraita, mutta nämä eivät tahtoneet tulla.

Vielä hän lähetti toisia palvelijoita lausuen:
'Sanokaa kutsutuille: Katso, minä olen valmistanut
ateriani, minun härkäni ja syöttilääni ovat teurastetut, ja kaikki on valmiina; tulkaa häihin'.

Mutta he eivät siitä välittäneet, vaan menivät
pois, mikä pellolleen, mikä kaupoilleen; ja toiset
ottivat kiinni hänen palvelijansa, pitelivät pahoin ja
tappoivat.

Mutta kuningas vihastui ja lähetti sotajoukkonsa ja tuhosi nuo murhamiehet ja poltti heidän
kaupunkinsa.

Sitten hän sanoi palvelijoillensa: 'Häät ovat valmistetut, mutta kutsutut eivät olleet arvollisia.

Menkää siis teiden risteyksiin ja kutsukaa
häihin, keitä tapaatte.'

Ja palvelijat menivät ulos teille ja kokosivat
kaikki, keitä vain tapasivat, sekä pahat että hyvät, ja
häähuone tuli täyteen pöytävieraita.

Mutta kun kuningas meni katsomaan pöytävieraita, näki hän siellä miehen, joka ei ollut puettu
häävaatteisiin.

Ja hän sanoi hänelle: 'Ystävä, kuinka sinä olet
tullut tänne sisälle, vaikka sinulla ei ole häävaatteita?' Mutta hän jäi sanattomaksi.

Silloin kuningas sanoi palvelijoille: 'Sitokaa
hänen jalkansa ja kätensä ja heittäkää hänet ulos
pimeyteen'. Siellä on oleva itku ja hammasten kiristys.

Sillä monet ovat kutsutut, mutta harvat valitut."

Matt. 22:1-14

Antakaa siis keisarille, mikä keisarin on

Silloin fariseukset menivät ja neuvottelivat, kuinka
saisivat hänet sanoissa solmituksi.

Ja he lähettivät hänen luoksensa opetuslapsensa herodilaisten kanssa sanomaan: "Opettaja, me tiedämme, että sinä olet totinen ja opetat Jumalan tietä totuudessa, kenestäkään välittämättä, sillä sinä et katso henkilöön.

Sano siis meille: miten arvelet? Onko luvallista antaa keisarille veroa vai ei?"

Matt. 22:15-17

Mutta hän tiesi heidän ulkokultaisuutensa ja sanoi heille: "Miksi kiusaatte minua? Tuokaa denari minun nähdäkseni."

Niin he toivat. Ja hän sanoi heille: "Kenen kuva ja päällekirjoitus tämä on?" He vastasivat hänelle: "Keisarin".

Jeesus sanoi heille: "Antakaa keisarille, mikä keisarin on, ja Jumalalle, mikä Jumalan on". Ja he ihmettelivät häntä suuresti.

Mark. 12:15-17

Ei hän ole kuolleitten Jumala

Sinä päivänä tuli hänen luoksensa saddukeuksia, jotka sanovat, ettei ylösnousemusta ole, ja he kysyivät häneltä sanoen: "Opettaja, Mooses on sanonut: 'Jos joku kuolee lapsetonna, niin hänen veljensä naikoon hänen vaimonsa ja herättäköön siemenen veljelleen'.

Keskuudessamme oli seitsemän veljestä. Ensimmäinen otti vaimon ja kuoli; ja koska hänellä ei ollut jälkeläistä, jätti hän vaimonsa veljelleen.

Niin myös toinen ja kolmas, ja samoin kaikki seitsemän.

Viimeiseksi kaikista kuoli vaimo.

Kenen vaimo noista seitsemästä hän siis ylösnousemuksessa on oleva? Sillä kaikkien vaimona hän on ollut."

Matt. 22:23-28

Niin Jeesus sanoi heille: "Tämän maailmanajan lapset naivat ja menevät miehelle.

Mutta ne, jotka on arvollisiksi nähty pääsemään toiseen maailmaan ja ylösnousemukseen kuolleista, eivät nai eivätkä mene miehelle.

Sillä he eivät enää voi kuolla, kun ovat enkelien kaltaisia; ja he ovat Jumalan lapsia, koska ovat ylösnousemuksen lapsia.

Mutta että kuolleet nousevat ylös, sen Mooseskin on osoittanut kertomuksessa orjantappurapensaasta, kun hän sanoo Herraa Aabrahamin Jumalaksi ja Iisakin Jumalaksi ja Jaakobin Jumalaksi.

Mutta hän ei ole kuolleitten Jumala, vaan elävien; sillä kaikki hänelle elävät."

Niin muutamat kirjanoppineista vastasivat ja sanoivat: "Opettaja, oikein sinä sanoit".

Ja he eivät enää rohjenneet kysyä häneltä mitään.

Luuk. 20:34-40

Mikä on ensimmäinen kaikista käskyistä?

Silloin tuli hänen luoksensa eräs kirjanoppinut, joka oli kuullut heidän keskustelunsa ja huomannut hänen hyvin vastanneen heille, ja kysyi häneltä: "Mikä on ensimmäinen kaikista käskyistä?"

Jeesus vastasi: "Ensimmäinen on tämä: 'Kuule, Israel: Herra, meidän Jumalamme, Herra on yksi ainoa; ja rakasta Herraa, sinun Jumalaasi, kaikesta sydämestäsi ja kaikesta sielustasi ja kaikesta mielestäsi ja kaikesta voimastasi'.

Toinen on tämä: 'Rakasta lähimmäistäsi niinkuin itseäsi'. Ei ole mitään käskyä, suurempaa kuin nämä."

Niin kirjanoppinut sanoi hänelle: "Oikein

sanoit, opettaja, totuuden mukaan, että yksi hän on, ja ettei ketään muuta ole, paitsi hän.

Ja rakastaa häntä kaikesta sydämestään ja kaikesta ymmärryksestään ja kaikesta voimastaan, ja rakastaa lähimmäistään niinkuin itseänsä, se on enemmän kuin kaikki polttouhrit ja muut uhrit."

Kun Jeesus näki, että hän vastasi ymmärtäväisesti, sanoi hän hänelle: "Sinä et ole kaukana Jumalan valtakunnasta". Eikä kukaan enää rohjennut häneltä kysyä.

Mark.12:28-34

Mitä arvelet Kristuksesta?

Ja fariseusten ollessa koolla Jeesus kysyi heiltä sanoen: "Mitä arvelette Kristuksesta? Kenen poika hän on?" He sanoivat hänelle: "Daavidin".

Hän sanoi heille: "Kuinka sitten Daavid Hengessä kutsuu häntä Herraksi, sanoen: 'Herra sanoi minun Herralleni: Istu minun oikealle puolelleni, kunnes minä panen sinun vihollisesi sinun jalkojesi alle'.

Jos siis Daavid kutsuu häntä Herraksi, kuinka hän on hänen poikansa?"

Ja kukaan ei voinut vastata hänelle sanaakaan; eikä siitä päivästä lähtien yksikään enää rohjennut kysyä häneltä mitään.

Matt. 22:41-46

PUHE KIRJANOPPINEITA VASTAAN

Yksi on teidän mestarinne, Kristus

Silloin Jeesus puhui kansalle ja opetuslapsilleen sanoen: "Mooseksen istuimella istuvat kirjanoppineet ja fariseukset.

Sentähden, kaikki, mitä he sanovat teille, se tehkää ja pitäkää; mutta heidän tekojensa mukaan älkää tehkö, sillä he sanovat, mutta eivät tee.

He sitovat kokoon raskaita ja vaikeasti kannettavia taakkoja ja panevat ne ihmisten hartioille, mutta itse he eivät tahdo niitä sormellaankaan liikuttaa.

Ja kaikki tekonsa he tekevät sitä varten, että ihmiset heitä katselisivat. He tekevät raamatunlausekotelonsa leveiksi ja vaippansa tupsut suuriksi ja rakastavat ensimmäistä sijaa pidoissa ja etumaisia istuimia synagoogissa, ja tahtovat mielellään, että heitä tervehditään toreilla, ja että ihmiset kutsuvat heitä nimellä 'rabbi'.

Mutta te älkää antako kutsua itseänne rabbiksi, sillä yksi on teidän opettajanne, ja te olette kaikki veljiä.

Ja isäksenne älkää kutsuko ketään maan päällä, sillä yksi on teidän Isänne, hän, joka on taivaissa.

Älkääkä antako kutsua itseänne mestareiksi, sillä yksi on teidän mestarinne, Kristus.

Vaan joka teistä on suurin, se olkoon teidän palvelijanne.

Mutta joka itsensä ylentää, se alennetaan; ja joka itsensä alentaa, se ylennetään.

Matt. 23:1-12

Te tyhmät ja sokeat!

Mutta voi teitä, kirjanoppineet ja fariseukset, te ulkokullatut, kun suljette taivasten valtakunnan ihmisiltä! Sillä itse te ette mene sisälle, ettekä salli meneväisten sisälle mennä.

Voi teitä, kirjanoppineet ja fariseukset, te ulkokullatut, kun te kierrätte meret ja mantereet tehdäksenne yhden käännynnäisen; ja kun joku on siksi tullut, niin teette hänestä helvetin lapsen, kahta vertaa pahemman, kuin te itse olette!

Voi teitä, te sokeat taluttajat, jotka sanotte: 'Jos joku vannoo temppelin kautta, niin se ei ole mitään; mutta jos joku vannoo temppelin kullan kautta, niin hän on valaansa sidottu'!

Te tyhmät ja sokeat! Kumpi on suurempi, kultako vai temppeli, joka kullan pyhittää?

Ja: 'Jos joku vannoo alttarin kautta, niin se ei ole mitään; mutta jos joku vannoo sen päällä olevan uhrilahjan kautta, niin hän on valaansa sidottu'.

Te sokeat! Kumpi on suurempi, uhrilahjako vai alttari, joka uhrilahjan pyhittää?

Sentähden, joka vannoo alttarin kautta, vannoo sen kautta ja kaiken kautta, mitä sen päällä on.

Ja joka vannoo temppelin kautta, vannoo sen kautta ja hänen kauttansa, joka siinä asuu.

Ja joka vannoo taivaan kautta, vannoo Jumalan valtaistuimen kautta ja hänen kauttansa, joka sillä istuu.

Voi teitä, kirjanoppineet ja fariseukset, te ulkokullatut, kun te annatte kymmenykset mintuista ja tilleistä ja kuminoista, mutta jätätte sikseen sen, mikä laissa on tärkeintä: oikeuden ja laupeuden ja uskollisuuden! Näitä tulisi noudattaa, eikä noitakaan sikseen jättää.

Te sokeat taluttajat, jotka siivilöitte hyttysen, mutta nielette kamelin!

Voi teitä, kirjanoppineet ja fariseukset, te ulkokullatut, kun te puhdistatte maljan ja vadin ulkopuolen, mutta sisältä ne ovat täynnä ryöstöä ja hillittömyyttä!

Sinä sokea fariseus, puhdista ensin maljan sisus, että sen ulkopuolikin tulisi puhtaaksi!

Voi teitä, kirjanoppineet ja fariseukset, te ulkokullatut, kun te olette valkeiksi kalkittujen hautojen kaltaisia: ulkoa ne kyllä näyttävät kauniilta, mutta ovat sisältä täynnä kuolleitten luita ja kaikkea saastaa!

Samoin tekin ulkoa kyllä näytätte ihmisten silmissä hurskailta, mutta sisältä te olette täynnä ulkokultaisuutta ja laittomuutta.

Voi teitä, kirjanoppineet ja fariseukset, te ulkokullatut, kun te rakennatte profeettain hautoja ja kaunistatte vanhurskasten hautakammioita, ja sanotte: 'Jos me olisimme eläneet isäimme päivinä, emme olisi olleet osallisia heidän kanssaan profeettain vereen'!

Niin te siis todistatte itsestänne, että olette niiden lapsia, jotka tappoivat profeetat.

Täyttäkää siis te isäinne mitta.

Te käärmeet, te kyykäärmeitten sikiöt, kuinka te pääsisitte helvetin tuomiota pakoon?

Sentähden, katso, minä lähetän teidän tykönne profeettoja ja viisaita ja kirjanoppineita. Muutamat heistä te tapatte ja ristiinnaulitsette, ja toisia heistä te ruoskitte synagoogissanne ja vainoatte kaupungista kaupunkiin; että teidän päällenne tulisi kaikki se vanhurskas veri, joka maan päällä on vuodatettu vanhurskaan Aabelin verestä Sakariaan, Barakiaan pojan, vereen asti, jonka te tapoitte temppelin ja alttarin välillä.

Totisesti minä sanon teille: tämä kaikki on tuleva tämän sukupolven päälle."

Matt. 23:13-36

Kavahtakaa kirjanoppineita

Ja kaiken kansan kuullen hän sanoi opetuslapsillensa: "Kavahtakaa kirjanoppineita, jotka mielellään käyskelevät pitkissä vaipoissa ja haluavat tervehdyksiä toreilla ja etumaisia istuimia synagoogissa ja ensimmäisiä sijoja pidoissa, noita, jotka syövät leskien huoneet ja näön vuoksi pitävät pitkiä rukouksia; he saavat sitä kovemman tuomion".

Luuk. 20:45-47

Jerusalem, Jerusalem

Jerusalem, Jerusalem, sinä, joka tapat profeetat ja kivität ne, jotka ovat sinun tykösi lähetetyt, kuinka usein minä olenkaan tahtonut koota sinun lapsesi, niinkuin kana kokoaa poikansa siipiensä alle! Mutta te ette ole tahtoneet.

Katso, 'teidän huoneenne on jäävä hyljätyksi'.

Sillä minä sanon teille: tästedes te ette näe minua, ennenkuin sanotte: 'Siunattu olkoon hän, joka tulee Herran nimeen'."

Matt. 23:37-39

Kaksi ropoa

Ja hän istui vastapäätä uhriarkkua ja katseli, kuinka kansa pani rahaa uhriarkkuun. Ja monet rikkaat panivat paljon.

Niin tuli köyhä leski ja pani kaksi ropoa, yhteensä muutamia pennejä.

Ja hän kutsui opetuslapsensa tykönsä ja sanoi heille: "Totisesti minä sanon teille: tämä köyhä leski pani enemmän kuin kaikki muut, jotka panivat uhriarkkuun.

Sillä he kaikki panivat liiastaan, mutta tämä pani puutteestaan kaiken, mitä hänellä oli, koko elämisensä."

Mark. 12:41-44

JEESUS PUHUU VIIMEISISTÄ AJOISTA

Katsokaa, ettei kukaan teitä eksytä

Ja kun hän meni ulos pyhäköstä, sanoi eräs hänen opetuslapsistaan hänelle: "Opettaja, katso, millaiset kivet ja millaiset rakennukset!"

Jeesus vastasi hänelle: "Sinä näet nämä suuret rakennukset. Niistä ei ole jäävä kiveä kiven päälle maahan jaottamatta."

Mark. 13:1,2

Ja kun hän istui Öljymäellä, tulivat opetuslapset erikseen hänen tykönsä ja sanoivat: "Sano meille: milloin se tapahtuu, ja mikä on sinun tulemuksesi ja maailman lopun merkki?"

Silloin Jeesus vastasi ja sanoi heille: "Katsokaa, ettei kukaan teitä eksytä.

Sillä monta tulee minun nimessäni sanoen: 'Minä olen Kristus', ja he eksyttävät monta.

Ja te saatte kuulla sotien melskettä ja sanomia sodista; katsokaa, ettette peljästy. Sillä näin täytyy tapahtua, mutta tämä ei ole vielä loppu.

Sillä kansa nousee kansaa vastaan ja valtakunta valtakuntaa vastaan, ja nälänhätää ja maanjäristyksiä tulee monin paikoin.

Mutta kaikki tämä on synnytystuskien alkua.

Silloin teidät annetaan vaivaan, ja teitä tapetaan, ja te joudutte kaikkien kansojen vihattaviksi minun nimeni tähden.

Matt. 24:3-9

Sitten hän sanoi heille: "Kansa nousee kansaa vastaan ja valtakunta valtakuntaa vastaan, ja tulee suuria maanjäristyksiä, tulee ruttoa ja nälänhätää monin paikoin, ja taivaalla on oleva peljättäviä näkyjä ja suuria merkkejä.

Mutta ennen tätä kaikkea he käyvät teihin käsiksi ja vainoavat teitä ja vetävät teidät synagoogiin ja heittävät vankiloihin ja vievät teidät kuninkaitten ja maaherrain eteen minun nimeni tähden. Ja näin te joudutte todistamaan.

Pankaa siis sydämellenne, ettette edeltäpäin huolehdi, miten te vastaatte puolestanne.

Sillä minä annan teille suun ja viisauden, jota vastaan eivät ketkään teidän vastustajanne kykene asettumaan tai väittämään.

Omat vanhemmatkin ja veljet ja sukulaiset ja ystävät antavat teidät alttiiksi; ja muutamia teistä tapetaan, ja te joudutte kaikkien vihattaviksi minun nimeni tähden.

Mutta ei hiuskarvaakaan teidän päästänne katoa.

Kestäväisyydellänne te voitatte omaksenne elämän.

Luuk. 21:10-19

Ja silloin monet lankeavat pois, ja he antavat toisensa alttiiksi ja vihaavat toinen toistaan.

Ja monta väärää profeettaa nousee, ja he eksyttävät monta.

Ja sentähden, että laittomuus pääsee valtaan, kylmenee useimpien rakkaus.

Mutta joka vahvana pysyy loppuun asti, se pelastuu.

Ja tämä valtakunnan evankeliumi pitää saarnattaman kaikessa maailmassa, todistukseksi kaikille kansoille; ja sitten tulee loppu.

Matt. 24:10-14

Ja silloin he näkevät Ihmisen Pojan tulevan

Mutta kun te näette Jerusalemin sotajoukkojen ympäröimänä, silloin tietäkää, että sen hävitys on lähellä.

Silloin ne, jotka Juudeassa ovat, paetkoot vuorille, ja jotka ovat kaupungissa, lähtekööt sieltä pois, ja jotka maalla ovat, älkööt sinne menkö.

Sillä ne ovat koston päiviä, että kaikki täyttyisi, mikä kirjoitettu on.

Voi raskaita ja imettäväisiä niinä päivinä! Sillä suuri hätä on oleva maan päällä ja viha tätä kansaa vastaan; ja he kaatuvat miekan terään, heidät viedään vangeiksi kaikkien kansojen sekaan, ja Jerusalem on oleva pakanain tallattavana, kunnes pakanain ajat täyttyvät.

Ja on oleva merkit auringossa ja kuussa ja tähdissä, ja ahdistus kansoilla maan päällä ja epätoivo, kun meri ja aallot pauhaavat.

Ja ihmiset menehtyvät peljätessään ja odottaessaan sitä, mikä maanpiiriä kohtaa; sillä taivaitten voimat järkkyvät.

Ja silloin he näkevät Ihmisen Pojan tulevan pilvessä suurella voimalla ja kirkkaudella.

Mutta kun nämä alkavat tapahtua, niin rohkaiskaa itsenne ja nostakaa päänne, sillä teidän vapautuksenne on lähellä."

Luuk. 21:20-28

Pitäkää vaari itsestänne

Ja hän puhui heille vertauksen: "Katsokaa viikunapuuta ja kaikkia puita.

Kun ne jo puhkeavat lehteen, niin siitä te näette ja itsestänne ymmärrätte, että kesä jo on lähellä.

Samoin te myös, kun näette tämän tapahtuvan, tietäkää, että Jumalan valtakunta on lähellä.

Totisesti minä sanon teille: tämä sukupolvi ei katoa, ennenkuin kaikki tapahtuu.

Taivas ja maa katoavat, mutta minun sanani eivät katoa.

Mutta pitäkää vaari itsestänne, ettei teidän sydämiänne raskauta päihtymys ja juoppous eikä elatuksen murheet, niin että se päivä yllättää teidät äkkiarvaamatta niinkuin paula; sillä se on saavuttava kaikki, jotka koko maan päällä asuvat.

Valvokaa siis joka aika ja rukoilkaa, että saisitte voimaa paetaksenne tätä kaikkea, mikä tuleva on, ja seisoaksenne Ihmisen Pojan edessä."

Ja hän opetti päivät pyhäkössä, mutta öiksi hän

lähti pois ja vietti ne vuorella, jota kutsutaan Öljy-
mäeksi.

Ja kaikki kansa tuli varhain aamuisin hänen
tykönsä pyhäkköön kuulemaan häntä.

Luuk. 21:29-38

Katso, täällä on Kristus

Kun te siis näette hävityksen kauhistuksen, josta
on puhuttu profeetta Danielin kautta, seisovan
pyhässä paikassa - joka tämän lukee, se tarkatkoon
- silloin ne, jotka Juudeassa ovat, paetkoot vuorille;
joka on katolla, älköön astuko alas noutamaan, mitä
hänen huoneessansa on, ja joka on pellolla, älköön
palatko takaisin noutamaan vaippaansa.

Voi raskaita ja imettäväisiä niinä päivinä!

Mutta rukoilkaa, ettei teidän pakonne tapahtuisi
talvella eikä sapattina.

Sillä silloin on oleva suuri ahdistus, jonka kal-
taista ei ole ollut maailman alusta hamaan tähän asti
eikä milloinkaan tule.

Ja ellei niitä päiviä olisi lyhennetty, ei mikään
liha pelastuisi; mutta valittujen tähden ne päivät
lyhennetään.

Jos silloin joku sanoo teille: 'Katso, täällä on
Kristus', tahi: 'Tuolla', niin älkää uskoko. Sillä vääriä
kristuksia ja vääriä profeettoja nousee, ja he tekevät
suuria tunnustekoja ja ihmeitä, niin että eksyttävät,
jos mahdollista, valitutkin. Katso, minä olen sen
teille edeltä sanonut.

Sentähden, jos teille sanotaan: 'Katso, hän on
erämaassa', niin älkää menkö sinne, tahi: 'Katso,
hän on kammiossa', niin älkää uskoko.

Sillä niinkuin salama leimahtaa idästä ja näkyy
hamaan länteen, niin on oleva Ihmisen Pojan tule-
mus.

Missä raato on, sinne kotkat kokoontuvat.

Mutta kohta niiden päivien ahdistuksen jälkeen aurinko pimenee, eikä kuu anna valoansa, ja tähdet putoavat taivaalta, ja taivaitten voimat järkkyvät.

Ja silloin Ihmisen Pojan merkki näkyy taivaalla, ja silloin kaikki maan sukukunnat parkuvat; ja he näkevät Ihmisen Pojan tulevan taivaan pilvien päällä suurella voimalla ja kirkkaudella.

Ja hän lähettää enkelinsä suuren pasunan pauhatessa, ja he kokoavat hänen valittunsa neljältä ilmalta, taivasten ääristä hamaan toisiin ääriin.

Matt. 24:15-31

Sinä hetkenä, jona ette luule, Ihmisen Poika tulee

Mutta oppikaa viikunapuusta vertaus: kun sen oksa jo on tuore ja lehdet puhkeavat, niin te tiedätte, että kesä on lähellä.

Samoin te myös, kun näette tämän kaiken, tietäkää, että se on lähellä, oven edessä.

Totisesti minä sanon teille: tämä sukupolvi ei katoa, ennenkuin kaikki nämä tapahtuvat.

Taivas ja maa katoavat, mutta minun sanani eivät koskaan katoa.

Mutta siitä päivästä ja hetkestä ei tiedä kukaan, eivät taivasten enkelit, eikä myöskään Poika, vaan Isä yksin.

Sillä niinkuin oli Nooan päivinä, niin on Ihmisen Pojan tulemus oleva.

Sillä niinkuin ihmiset olivat niinä päivinä ennen vedenpaisumusta: söivät ja joivat, naivat ja naittivat, aina siihen päivään asti, jona Nooa meni arkkiin, eivätkä tienneet, ennenkuin vedenpaisumus tuli ja vei heidät kaikki; niin on myös Ihmisen Pojan tulemus oleva.

Silloin on kaksi miestä pellolla; toinen korjataan talteen, ja toinen jätetään.

Kaksi naista on jauhamassa käsikivillä; toinen korjataan talteen, ja toinen jätetään.

Valvokaa siis, sillä ette tiedä, minä päivänä teidän Herranne tulee.

Mutta se tietäkää: jos perheenisäntä tietäisi, millä yövartiolla varas tulee, totta hän valvoisi, eikä sallisi taloonsa murtauduttavan.

Sentähden olkaa tekin valmiit, sillä sinä hetkenä, jona ette luule, Ihmisen Poika tulee.

Kuka siis on se uskollinen ja ymmärtäväinen palvelija, jonka hänen herransa on asettanut pitämään huolta palvelusväestään, antamaan heille ruokaa ajallansa?

Autuas se palvelija, jonka hänen herransa tullessaan havaitsee näin tekevän!

Totisesti minä sanon teille: hän asettaa hänet kaiken omaisuutensa hoitajaksi.

Mutta jos paha palvelija sanoo sydämessään: 'Minun herrani viipyy', ja rupeaa lyömään kanssapalvelijoitaan ja syö ja juo juopuneiden kanssa, niin sen palvelijan herra tulee päivänä, jona hän ei odota, ja hetkenä, jota hän ei arvaa, ja hakkaa hänet kappaleiksi ja määrää hänelle saman osan kuin ulkokullatuille. Siellä on oleva itku ja hammasten kiristys."

Matt. 24:32-51

Olkaa varuillanne, valvokaa ja rukoilkaa, sillä ette tiedä, milloin se aika tulee.

On niinkuin muille maille matkustaneen miehen: kun hän jätti talonsa ja antoi palvelijoilleen vallan, kullekin oman tehtävänsä, käski hän myös ovenvartijan valvoa.

Valvokaa siis, sillä ette tiedä, milloin talon herra tulee, iltamyöhälläkö vai yösydännä vai kukonlaulun aikaan vai varhain aamulla, ettei hän, äkkiarvaamatta tullessaan, tapaisi teitä nukkumasta.

Mutta minkä minä teille sanon, sen minä sanon kaikille: valvokaa."

Mark. 13:33-37

Valvokaa siis, sillä ette tiedä päivää ettekä hetkeä

Silloin on taivasten valtakunta oleva kymmenen neitsyen kaltainen, jotka ottivat lamppunsa ja lähtivät ylkää vastaan.

Mutta viisi heistä oli tyhmää ja viisi ymmärtäväistä.

Tyhmät ottivat lamppunsa, mutta eivät ottaneet öljyä mukaansa.

Mutta ymmärtäväiset ottivat öljyä astioihinsa ynnä lamppunsa.

Yljän viipyessä tuli heille kaikille uni, ja he nukkuivat.

Mutta yösydännä kuului huuto: 'Katso, ylkä tulee! Menkää häntä vastaan.'

Silloin kaikki nämä neitsyet nousivat ja laittoivat lamppunsa kuntoon.

Ja tyhmät sanoivat ymmärtäväisille: 'Antakaa meille öljyänne, sillä meidän lamppumme sammuvat'.

Mutta ymmärtäväiset vastasivat ja sanoivat: 'Emme voi, se ei riitä meille ja teille. Menkää ennemmin myyjäin luo ostamaan itsellenne.'

Mutta heidän lähdettyään ostamaan ylkä tuli; ja ne, jotka olivat valmiit, menivät hänen kanssansa häihin, ja ovi suljettiin.

Ja myöhemmin toisetkin neitsyet tulivat ja sanoivat: 'Herra, Herra, avaa meille!'

Mutta hän vastasi ja sanoi: 'Totisesti minä sanon teille: minä en tunne teitä'.

Valvokaa siis, sillä ette tiedä päivää ettekä hetkeä.

Matt. 25:1-13

Yhdelle hän antoi viisi leiviskää

Sillä tapahtuu, niinkuin tapahtui, kun mies matkusti muille maille: hän kutsui palvelijansa ja uskoi heille omaisuutensa; yhdelle hän antoi viisi leiviskää, toiselle kaksi ja kolmannelle yhden, kullekin hänen kykynsä mukaan, ja lähti muille maille.

Se, joka oli saanut viisi leiviskää, meni kohta ja asioitsi niillä ja voitti toiset viisi leiviskää.

Samoin kaksi leiviskää saanut voitti toiset kaksi.

Mutta yhden leiviskän saanut meni pois ja kaivoi kuopan maahan ja kätki siihen herransa rahan.

Pitkän ajan kuluttua näiden palvelijain herra palasi ja ryhtyi tilintekoon heidän kanssansa.

Silloin tuli se, joka oli saanut viisi leiviskää, ja toi toiset viisi leiviskää ja sanoi: 'Herra, viisi leivis-kää sinä minulle uskoit, katso, toiset viisi leiviskää minä olen voittanut'.

Hänen herransa sanoi hänelle: 'Hyvä on, sinä hyvä ja uskollinen palvelija. Vähässä sinä olet ollut uskollinen, minä panen sinut paljon haltijaksi. Mene herrasi iloon.'

Myös se, joka oli saanut kaksi leiviskää, tuli ja sanoi: 'Herra, kaksi leiviskää sinä minulle uskoit, katso, toiset kaksi leiviskää minä olen voittanut'.

Hänen herransa sanoi hänelle: 'Hyvä on, sinä hyvä ja uskollinen palvelija. Vähässä sinä olet ollut uskollinen, minä panen sinut paljon haltijaksi. Mene herrasi iloon.'

Sitten myös se, joka oli saanut yhden leiviskän, tuli ja sanoi: 'Herra, minä tiesin sinut kovaksi mie-heksi; sinä leikkaat sieltä, mihin et ole kylvänyt, ja kokoat sieltä, missä et ole eloa viskannut.

Ja peloissani minä menin ja kätkin sinun leivis-käsi maahan; katso, tässä on omasi.'

Mutta hänen herransa vastasi ja sanoi hänelle: 'Sinä paha ja laiska palvelija! Sinä tiesit minun leikkaavan sieltä, mihin en ole kylvänyt, ja kokoavan sieltä, missä en ole viskannut.

Sinun olisi siis pitänyt jättää minun rahani rahanvaihtajille, niin minä tultuani olisin saanut omani takaisin korkoineen.

Ottakaa sentähden leiviskä häneltä pois ja antakaa sille, jolla on kymmenen leiviskää.

Sillä jokaiselle, jolla on, annetaan, ja hänellä on oleva yltäkyllin; mutta jolla ei ole, siltä otetaan pois sekin, mikä hänellä on.

Ja heittäkää tuo kelvoton palvelija ulos pimeyteen; siellä on oleva itku ja hammasten kiristys.'

Matt. 25:14-30

Minun oli nälkä ja te annoitte minulle syödä

Mutta kun Ihmisen Poika tulee kirkkaudessaan ja kaikki enkelit hänen kanssaan, silloin hän istuu kirkkautensa valtaistuimelle.

Ja hänen eteensä kootaan kaikki kansat, ja hän erottaa toiset toisista, niinkuin paimen erottaa lampaat vuohista.

Ja hän asettaa lampaat oikealle puolelleen, mutta vuohet vasemmalle.

Silloin Kuningas sanoo oikealla puolellaan oleville: 'Tulkaa, minun Isäni siunatut, ja omistakaa se valtakunta, joka on ollut teille valmistettuna maailman perustamisesta asti.

Sillä minun oli nälkä, ja te annoitte minulle syödä; minun oli jano, ja te annoitte minulle juoda; minä olin outo, ja te otitte minut huoneeseenne; minä olin alaston, ja te vaatetitte minut; minä sairastin, ja te kävitte minua katsomassa; minä olin vankeudessa, ja te tulitte minun tyköni.'

Silloin vanhurskaat vastaavat hänelle sanoen: 'Herra, milloin me näimme sinut nälkäisenä ja ruokimme sinua, tai janoisena ja annoimme sinulle juoda?

Ja milloin me näimme sinut outona ja otimme sinut huoneeseemme, tai alastonna ja vaatetimme sinut?

Ja milloin me näimme sinun sairastavan tai olevan vankeudessa ja tulimme sinun tykösi?'

Niin Kuningas vastaa ja sanoo heille: 'Totisesti minä sanon teille: kaikki, mitä olette tehneet yhdelle näistä minun vähimmistä veljistäni, sen te olette tehneet minulle'.

Sitten hän myös sanoo vasemmalla puolellaan oleville: 'Menkää pois minun tyköäni, te kirotut, siihen iankaikkiseen tuleen, joka on valmistettu perkeleelle ja hänen enkeleillensä.

Sillä minun oli nälkä, ja te ette antaneet minulle syödä; minun oli jano, ja te ette antaneet minulle juoda; minä olin outo, ja te ette ottaneet minua huoneeseenne; minä olin alaston, ja te ette vaatettaneet minua; sairaana ja vankeudessa, ja te ette käyneet minua katsomassa.'

Silloin hekin vastaavat sanoen: 'Herra, milloin me näimme sinut nälkäisenä tai janoisena tai outona tai alastonna tai sairaana tai vankeudessa, emmekä sinua palvelleet?'

Silloin hän vastaa heille ja sanoo: 'Totisesti minä sanon teille: kaiken, minkä olette jättäneet tekemättä yhdelle näistä vähimmistä, sen te olette jättäneet tekemättä minulle'.

Ja nämä menevät pois iankaikkiseen rangaistukseen, mutta vanhurskaat iankaikkiseen elämään."

Matt. 25:31-46

Isä kirkasta nimesi

Ja oli muutamia kreikkalaisia niiden joukosta, jotka tulivat ylös juhlaan rukoilemaan.

Nämä menivät Filippuksen luo, joka oli Galilean Beetsaidasta, ja pyysivät häntä sanoen: "Herra, me haluamme nähdä Jeesuksen".

Filippus meni ja sanoi sen Andreaalle; Andreas ja Filippus menivät ja sanoivat Jeesukselle.

Mutta Jeesus vastasi heille sanoen: "Hetki on tullut, että Ihmisen Poika kirkastetaan.

Totisesti, totisesti minä sanon teille: jos ei nisun jyvä putoa maahan ja kuole, niin se jää yksin; mutta jos se kuolee, niin se tuottaa paljon hedelmää.

Joka elämäänsä rakastaa, kadottaa sen; mutta joka vihaa elämäänsä tässä maailmassa, hän on säilyttävä sen iankaikkiseen elämään.

Jos joku minua palvelee, seuratkoon hän minua; ja missä minä olen, siellä on myös minun palvelijani oleva. Ja jos joku minua palvelee, niin Isä on kunnioittava häntä.

Nyt minun sieluni on järkytetty; ja mitä pitäisi minun sanoman? Isä, pelasta minut tästä hetkestä. Kuitenkin: sitä varten minä olen tähän hetkeen tullut.

Isä, kirkasta nimesi!" Niin taivaasta tuli ääni: "Minä olen sen kirkastanut, ja olen sen vielä kirkastava".

Niin kansa, joka seisoi ja kuuli sen, sanoi ukkosen jylisseen. Toiset sanoivat: "Häntä puhutteli enkeli".

Jeesus vastasi ja sanoi: "Ei tämä ääni tullut minun tähteni, vaan teidän tähtenne.

Nyt käy tuomio tämän maailman ylitse; nyt tämän maailman ruhtinas pitää heitettämän ulos.

Ja kun minut ylennetään maasta, niin minä vedän kaikki tyköni."

Mutta sen hän sanoi antaen tietää, minkäkaltaisella kuolemalla hän oli kuoleva.

Kansa vastasi hänelle: "Me olemme laista kuulleet, että Kristus pysyy iankaikkisesti; kuinka sinä sitten sanot, että Ihmisen Poika pitää ylennettämän? Kuka on se Ihmisen Poika?"

Niin Jeesus sanoi heille: "Vielä vähän aikaa valkeus on teidän keskuudessanne. Vaeltakaa, niin kauan kuin teillä valkeus on, ettei pimeys saisi teitä valtaansa. Joka pimeässä vaeltaa, se ei tiedä, mihin hän menee.

Niin kauan kuin teillä valkeus on, uskokaa valkeuteen, että te valkeuden lapsiksi tulisitte." Tämän Jeesus puhui ja meni pois ja kätkeytyi heiltä.

Joh. 12:20-36

Hänen käskynsä
on iankaikkinen elämä

Ja vaikka hän oli tehnyt niin monta tunnustekoa heidän nähtensä, eivät he uskoneet häneen, että kävisi toteen profeetta Esaiaan sana, jonka hän on sanonut: *"Herra, kuka uskoo meidän saarnamme, ja kenelle Herran käsivarsi ilmoitetaan?"*

Sentähden he eivät voineet uskoa, koska Esaias on vielä sanonut: *"Hän on sokaissut heidän silmänsä ja paaduttanut heidän sydämensä, että he eivät näkisi silmillään eivätkä ymmärtäisi sydämellään eivätkä kääntyisi ja etten minä heitä parantaisi"*.

Tämän Esaias sanoi, kun hän näki hänen kirkkautensa ja puhui hänestä.

Kuitenkin useat hallitusmiehistäkin uskoivat häneen, mutta fariseusten tähden he eivät sitä tunnustaneet, etteivät joutuisi synagoogasta erotetuiksi.

Sillä he rakastivat ihmiskunniaa enemmän kuin Jumalan kunniaa.

Mutta Jeesus huusi ja sanoi: "Joka uskoo minuun, se ei usko minuun, vaan häneen, joka on minut lähettänyt.

Ja joka näkee minut, näkee hänet, joka on minut lähettänyt.

Minä olen tullut valkeudeksi maailmaan, ettei yksikään, joka minuun uskoo, jäisi pimeyteen.

Ja jos joku kuulee minun sanani eikä niitä noudata, niin häntä en minä tuomitse; sillä en minä ole tullut maailmaa tuomitsemaan, vaan pelastamaan maailman.

Joka katsoo minut ylen eikä ota vastaan minun sanojani, hänellä on tuomitsijansa: se sana, jonka minä olen puhunut, se on tuomitseva hänet viimeisenä päivänä.

Sillä en minä itsestäni ole puhunut, vaan Isä, joka on minut lähettänyt, on itse antanut minulle käskyn, mitä minun pitää sanoman ja mitä puhuman.

Ja minä tiedän, että hänen käskynsä on iankaikkinen elämä. Sentähden, minkä minä puhun, sen minä puhun niin, kuin Isä on minulle sanonut."

Joh. 12:37-50

Ei juhlan aikana, ettei syntyisi meteliä

Ja kun Jeesus oli lopettanut kaikki nämä puheet, sanoi hän opetuslapsillensa: "Te tiedätte, että kahden päivän perästä on pääsiäinen; silloin Ihmisen Poika annetaan ristiinnaulittavaksi".

Silloin ylipapit ja kansan vanhimmat kokoontuivat Kaifas nimisen ylimmäisen papin palatsiin ja neuvottelivat, kuinka ottaisivat Jeesuksen kiinni kavaluudella ja tappaisivat hänet.

Mutta he sanoivat: "Ei juhlan aikana, ettei syntyisi meteliä kansassa".

Matt. 26:1-5

Kolmekymmentä hopearahaa

Silloin meni yksi niistä kahdestatoista, nimeltä Juudas Iskariot, ylipappien luo ja sanoi: "Mitä tahdotte antaa minulle, niin minä saatan hänet teidän käsiinne?" Ja he maksoivat hänelle kolmekymmentä hopearahaa.

Ja siitä hetkestä hän etsi sopivaa tilaisuutta kavaltaaksensa hänet.

Matt. 26:14-16

PÄÄSIÄISATERIA

He valmistivat pääsiäislampaan

Niin tuli se happamattoman leivän päivistä, jona pääsiäislammas oli teurastettava.

Ja hän lähetti Pietarin ja Johanneksen sanoen: "Menkää ja valmistakaa meille pääsiäislammas syödäksemme".

Niin he kysyivät häneltä: "Mihin tahdot, että valmistamme sen?"

Hän vastasi heille: "Katso, saapuessanne kaupunkiin tulee teitä vastaan mies kantaen vesiastiaa; seuratkaa häntä siihen taloon, johon hän menee, ja sanokaa talon isännälle: 'Opettaja sanoo sinulle: Missä on vierashuone, syödäkseni siinä pääsiäislampaan opetuslasteni kanssa?'

Niin hän näyttää teille suuren, aterioiville varustetun huoneen yläkerrassa; sinne valmistakaa."

Ja he menivät ja havaitsivat niin olevan, kuin Jeesus oli heille sanonut, ja valmistivat pääsiäislampaan.

Luuk. 22:7-13

Herra, sinäkö
peset minun jalkani?

Ja ehtoollisella oltaessa, kun perkele jo oli pannut
Juudas Iskariotin, Simonin pojan, sydämeen, että
hän kavaltaisi Jeesuksen, niin Jeesus, tietäen, että
Isä oli antanut kaikki hänen käsiinsä ja että hän oli
lähtenyt Jumalan tyköä ja oli menevä Jumalan tykö,
nousi ehtoolliselta ja riisui vaippansa, otti liinavaat-
teen ja vyötti sillä itsensä.

Sitten hän kaatoi vettä pesumaljaan ja rupesi
pesemään opetuslastensa jalkoja ja pyyhkimään niitä
liinavaatteella, jolla oli vyöttäytynyt.

Niin hän tuli Simon Pietarin kohdalle, ja tämä
sanoi hänelle: "Herra, sinäkö peset minun jalkani?"

Jeesus vastasi ja sanoi hänelle: "Mitä minä teen,
sitä et nyt käsitä, mutta vastedes sinä sen ymmär-
rät".

Pietari sanoi hänelle: "Et ikinä sinä saa pestä
minun jalkojani". Jeesus vastasi hänelle: "Ellen minä
sinua pese, ei sinulla ole osuutta minun kanssani".

Simon Pietari sanoi hänelle: "Herra, älä pese
ainoastaan minun jalkojani, vaan myös kädet ja
pää".

Jeesus sanoi hänelle: "Joka on kylpenyt, ei tar-
vitse muuta, kuin että jalat pestään, ja niin hän on
kokonaan puhdas; ja te olette puhtaat, ette kuiten-
kaan kaikki".

Sillä hän tiesi kavaltajansa; sentähden hän sanoi:
"Ette kaikki ole puhtaat".

Kun hän siis oli pessyt heidän jalkansa ja otta-
nut vaippansa ja taas asettunut aterialle, sanoi hän
heille: "Ymmärrättekö, mitä minä olen teille tehnyt?

Te puhuttelette minua opettajaksi ja Herraksi,
ja oikein te sanotte, sillä se minä olen.

Jos siis minä, teidän Herranne ja opettajanne,

olen pessyt teidän jalkanne, olette tekin velvolliset pesemään toistenne jalat.

Sillä minä annoin teille esikuvan, että myös te niin tekisitte, kuin minä olen teille tehnyt.

Totisesti, totisesti minä sanon teille: ei ole palvelija herraansa suurempi eikä lähettiläs lähettäjäänsä suurempi.

Jos te tämän tiedätte, niin olette autuaat, jos te sen teette.

Joh. 13:2-17

Uuden käskyn minä annan teille

En minä puhu teistä kaikista: minä tiedän, ketkä olen valinnut; mutta tämän kirjoituksen piti käymän toteen: 'Joka minun leipääni syö, on nostanut kantapäänsä minua vastaan'.

Jo nyt minä sanon sen teille, ennenkuin se tapahtuu, että te, kun se tapahtuu, uskoisitte, että minä olen se.

Totisesti, totisesti minä sanon teille: joka ottaa vastaan sen, jonka minä lähetän, se ottaa vastaan minut; mutta joka ottaa vastaan minut, se ottaa vastaan hänet, joka on minut lähettänyt.

Tämän sanottuaan Jeesus tuli järkytetyksi hengessään ja todisti ja sanoi: "Totisesti, totisesti minä sanon teille: yksi teistä on minut kavaltava".

Niin opetuslapset katsoivat toisiinsa epätietoisina, kenestä hän puhui.

Ja eräs hänen opetuslapsistaan, se, jota Jeesus rakasti, lepäsi aterioitaessa Jeesuksen syliä vasten.

Simon Pietari nyökäytti hänelle päätään ja sanoi hänelle: "Sano, kuka se on, josta hän puhuu".

Niin tämä, nojautuen Jeesuksen rintaa vasten, sanoi hänelle: "Herra, kuka se on?"

Jeesus vastasi: "Se on se, jolle minä kastan ja

annan tämän palan". Niin hän otti palan, kastoi sen ja antoi Juudaalle, Simon Iskariotin pojalle.

Ja silloin, sen palan jälkeen, meni häneen saatana. Niin Jeesus sanoi hänelle: "Minkä teet, se tee pian".

Mutta ei kukaan aterioivista ymmärtänyt, mitä varten hän sen hänelle sanoi. Sillä muutamat luulivat, koska rahakukkaro oli Juudaalla, Jeesuksen sanoneen hänelle: "Osta, mitä tarvitsemme juhlaksi", tai että hän antaisi jotakin köyhille.

Niin hän, otettuaan sen palan, meni kohta ulos; ja oli yö.

Kun hän oli mennyt ulos, sanoi Jeesus: "Nyt Ihmisen Poika on kirkastettu, ja Jumala on kirkastettu hänessä.

Jos Jumala on kirkastettu hänessä, niin kirkastaa myös Jumala hänet itsessään ja kirkastaa hänet pian.

Lapsukaiset, vielä vähän aikaa minä olen teidän kanssanne. Te tulette minua etsimään, ja niinkuin sanoin juutalaisille: 'Mihin minä menen, sinne te ette voi tulla', niin minä sanon nyt myös teille.

Uuden käskyn minä annan teille, että rakastatte toisianne, niinkuin minä olen teitä rakastanut - että tekin niin rakastatte toisianne.

Siitä kaikki tuntevat teidät minun opetuslapsikseni, jos teillä on keskinäinen rakkaus."

Simon Pietari sanoi hänelle: "Herra, mihin sinä menet?" Jeesus vastasi hänelle: "Mihin minä menen, sinne sinä et voi nyt minua seurata, mutta vastedes olet minua seuraava".

Joh. 13:18-36

Tehkää se minun muistokseni

Ja hän sanoi heille: "Minä olen halajamalla halannut syödä tämän pääsiäislampaan teidän kanssanne, ennenkuin minä kärsin; sillä minä sanon teille, etten minä sitä enää syö, ennenkuin sen täyttymys tapahtuu Jumalan valtakunnassa".

Ja hän otti maljan, kiitti ja sanoi: "Ottakaa tämä ja jakakaa keskenänne. Sillä minä sanon teille: tästedes minä en juo viinipuun antia, ennenkuin Jumalan valtakunta tulee."

Ja hän otti leivän, kiitti, mursi ja antoi heille ja sanoi: "Tämä on minun ruumiini, joka teidän edestänne annetaan. Tehkää se minun muistokseni."

Samoin myös maljan, aterian jälkeen, ja sanoi: "Tämä malja on uusi liitto minun veressäni, joka teidän edestänne vuodatetaan   *Luuk. 22:15-20*

sillä tämä on minun vereni, liiton veri, joka monen edestä vuodatetaan syntien anteeksiantamiseksi.

Ja minä sanon teille: tästedes minä en juo tätä viinipuun antia, ennenkuin sinä päivänä, jona juon sitä uutena teidän kanssanne Isäni valtakunnassa."

Matt. 26:28,29

Jos te minua rakastatte, niin te pidätte minun käskyni

Älköön teidän sydämenne olko murheellinen. Uskokaa Jumalaan, ja uskokaa minuun.

Minun Isäni kodissa on monta asuinsijaa. Jos ei niin olisi, sanoisinko minä teille, että minä menen valmistamaan teille sijaa?

Ja vaikka minä menen valmistamaan teille sijaa, tulen minä takaisin ja otan teidät tyköni, että tekin olisitte siellä, missä minä olen.

Ja mihin minä menen - tien sinne te tiedätte."

Tuomas sanoi hänelle: "Herra, me emme tiedä, mihin sinä menet; kuinka sitten tietäisimme tien?"

Jeesus sanoi hänelle: "Minä olen tie ja totuus ja elämä; ei kukaan tule Isän tykö muutoin kuin minun kauttani.

Jos te olisitte tunteneet minut, niin te tuntisitte myös minun Isäni; tästälähin te tunnette hänet, ja te olette nähneet hänet."

Filippus sanoi hänelle: "Herra, näytä meille Isä, niin me tyydymme".

Jeesus sanoi hänelle: "Niin kauan aikaa minä olen ollut teidän kanssanne, etkä sinä tunne minua, Filippus! Joka on nähnyt minut, on nähnyt Isän; kuinka sinä sitten sanot: 'Näytä meille Isä'?

Etkö usko, että minä olen Isässä, ja että Isä on minussa? Niitä sanoja, jotka minä teille puhun, minä en puhu itsestäni; ja Isä, joka minussa asuu, tekee teot, jotka ovat hänen.

Uskokaa minua, että minä olen Isässä, ja että Isä on minussa; mutta jos ette, niin uskokaa itse tekojen tähden.

Totisesti, totisesti minä sanon teille: joka uskoo minuun, myös hän on tekevä niitä tekoja, joita minä teen, ja suurempiakin, kuin ne ovat, hän on tekevä; sillä minä menen Isän tykö, ja mitä hyvänsä te anotte minun nimessäni, sen minä teen, että Isä kirkastettaisiin Pojassa.

Jos te anotte minulta jotakin minun nimessäni, niin minä sen teen.

Jos te minua rakastatte, niin te pidätte minun käskyni.

Ja minä olen rukoileva Isää, ja hän antaa teille toisen Puolustajan olemaan teidän kanssanne iankaikkisesti, totuuden Hengen, jota maailma ei voi ottaa vastaan, koska se ei näe häntä eikä tunne häntä; mutta te tunnette hänet, sillä hän pysyy teidän tykönänne ja on teissä oleva.

En minä jätä teitä orvoiksi; minä tulen teidän tykönne.

Vielä vähän aikaa, niin maailma ei enää minua näe, mutta te näette minut; koska minä elän, niin tekin saatte elää.

Sinä päivänä te ymmärrätte, että minä olen
Isässäni, ja että te olette minussa ja minä teissä.

Jolla on minun käskyni ja joka ne pitää, hän on
se, joka minua rakastaa; mutta joka minua rakastaa,
häntä minun Isäni rakastaa, ja minä rakastan häntä
ja ilmoitan itseni hänelle."

Juudas, ei se Iskariot, sanoi hänelle: "Herra,
mistä syystä sinä aiot ilmoittaa itsesi meille etkä
maailmalle?"

Jeesus vastasi ja sanoi hänelle: "Jos joku rakas-
taa minua, niin hän pitää minun sanani, ja minun
Isäni rakastaa häntä, ja me tulemme hänen tykönsä
ja jäämme hänen tykönsä asumaan.

Joka ei minua rakasta, se ei pidä minun sano-
jani; ja se sana, jonka te kuulette, ei ole minun, vaan
Isän, joka on minut lähettänyt.

Tämän minä olen teille puhunut ollessani
teidän tykönänne.

Mutta Puolustaja, Pyhä Henki, jonka Isä on
lähettävä minun nimessäni, hän opettaa teille kaikki
ja muistuttaa teitä kaikesta, minkä minä olen teille
sanonut.

Rauhan minä jätän teille: minun rauhani - sen
minä annan teille. En minä anna teille, niinkuin
maailma antaa. Älköön teidän sydämenne olko
murheellinen älköönkä peljätkö.

Te kuulitte minun sanovan teille: 'Minä menen
pois ja palajan jälleen teidän tykönne'. Jos te minua
rakastaisitte, niin te iloitsisitte siitä, että minä menen
Isän tykö, sillä Isä on minua suurempi.

Ja nyt minä olen sanonut sen teille, ennenkuin
se on tapahtunut, että te uskoisitte, kun se tapahtuu.

En minä enää puhu paljoa teidän kanssanne,
sillä maailman ruhtinas tulee, ja minussa hänellä ei
ole mitään.

Mutta että maailma ymmärtäisi minun rakastavan Isää ja tekevän, niinkuin Isä on minua käskenyt: nouskaa, lähtekäämme täältä."

Joh. 14:1-31

Ja veisattuaan kiitosvirren he lähtivät Öljymäelle.

Matt. 26:30

Kumpi on suurempi

Ja heidän välillään syntyi myös kiista siitä, kuka heistä oli katsottava suurimmaksi.

Niin hän sanoi heille: "Kansojen kuninkaat herroina niitä hallitsevat, ja niiden valtiaita sanotaan hyväntekijöiksi.

Mutta älkää te niin; vaan joka teidän keskuudessanne on suurin, se olkoon niinkuin nuorin, ja johtaja niinkuin se, joka palvelee.

Sillä kumpi on suurempi, sekö, joka aterioi, vai se, joka palvelee? Eikö se, joka aterioi? Mutta minä olen teidän keskellänne niinkuin se, joka palvelee.

Mutta te olette pysyneet minun kanssani minun kiusauksissani; ja minä säädän teille, niinkuin minun Isäni on minulle säätänyt, kuninkaallisen vallan, niin että te saatte syödä ja juoda minun pöydässäni minun valtakunnassani ja istua valtaistuimilla ja tuomita Israelin kahtatoista sukukuntaa.

Luuk. 22:24-30

Ennenkuin kukko laulaa

Silloin Jeesus sanoi heille: "Tänä yönä te kaikki loukkaannutte minuun; sillä kirjoitettu on: 'Minä lyön paimenta, ja lauman lampaat hajotetaan'.

Mutta ylösnoustuani minä menen teidän edellänne Galileaan."

Matt. 26:31,32

Simon, Simon, katso, saatana on tavoitellut teitä

valtaansa, seuloakseen teitä niinkuin nisuja; mutta minä olen rukoillut sinun puolestasi, ettei sinun uskosi raukeaisi tyhjään. Ja kun sinä kerran palajat, niin vahvista veljiäsi."

Luuk. 22:31,32

Niin Pietari vastasi ja sanoi hänelle: "Vaikka kaikki loukkaantuisivat sinuun, niin minä en koskaan loukkaannu".

Jeesus sanoi hänelle: "Totisesti minä sanon sinulle: tänä yönä, ennenkuin kukko laulaa, sinä kolmesti minut kiellät".

Pietari sanoi hänelle: "Vaikka minun pitäisi kuolla sinun kanssasi, en sittenkään minä sinua kiellä". Samoin sanoivat myös kaikki muut opetuslapset.

Matt. 26:33-35

Tässä on kaksi miekkaa

Ja hän sanoi heille: "Kun minä lähetin teidät ilman rahakukkaroa ja laukkua ja kenkiä, puuttuiko teiltä mitään?" He vastasivat: "Ei mitään".

Niin hän sanoi heille: "Mutta nyt, jolla on kukkaro, ottakoon sen mukaansa; niin myös laukun. Ja jolla ei ole, myyköön vaippansa ja ostakoon miekan.

Sillä minä sanon teille, että minussa pitää käymän toteen tämän, mikä kirjoitettu on: 'Ja hänet luettiin pahantekijäin joukkoon'. Sillä se, mikä minusta on sanottu, on täyttynyt."

Niin he sanoivat: "Herra, katso, tässä on kaksi miekkaa". Mutta hän vastasi heille: "Riittää".

Ja hän meni ulos ja lähti tapansa mukaan Öljymäelle, ja hänen opetuslapsensa seurasivat häntä.

Luuk. 22:35-39

Minä olen viinipuu, te olette oksat

M inä olen totinen viinipuu, ja minun Isäni on
viinitarhuri.

Jokaisen oksan minussa, joka ei kanna hedelmää, hän karsii pois; ja jokaisen, joka kantaa hedelmää, hän puhdistaa, että se kantaisi runsaamman hedelmän.

Te olette jo puhtaat sen sanan tähden, jonka minä olen teille puhunut.

Pysykää minussa, niin minä pysyn teissä. Niinkuin oksa ei voi kantaa hedelmää itsestään, ellei se pysy viinipuussa, niin ette tekään, ellette pysy minussa.

Minä olen viinipuu, te olette oksat. Joka pysyy minussa ja jossa minä pysyn, se kantaa paljon hedelmää; sillä ilman minua te ette voi mitään tehdä.

Jos joku ei pysy minussa, niin hänet heitetään pois niinkuin oksa, ja hän kuivettuu; ja ne kootaan yhteen ja heitetään tuleen, ja ne palavat.

Jos te pysytte minussa ja minun sanani pysyvät teissä, niin anokaa, mitä ikinä tahdotte, ja te saatte sen.

Siinä minun Isäni kirkastetaan, että te kannatte paljon hedelmää ja tulette minun opetuslapsikseni.

Niinkuin Isä on minua rakastanut, niin minäkin olen rakastanut teitä; pysykää minun rakkaudessani.

Jos te pidätte minun käskyni, niin te pysytte minun rakkaudessani, niinkuin minä olen pitänyt Isäni käskyt ja pysyn hänen rakkaudessaan.

Tämän minä olen teille puhunut, että minun iloni olisi teissä ja teidän ilonne tulisi täydelliseksi.

Tämä on minun käskyni, että te rakastatte toisianne, niinkuin minä olen teitä rakastanut.

Sen suurempaa rakkautta ei ole kenelläkään, kuin että hän antaa henkensä ystäväinsä edestä.

Te olette minun ystäväni, jos teette, mitä minä käsken teidän tehdä.

En minä enää sano teitä palvelijoiksi, sillä palvelija ei tiedä, mitä hänen herransa tekee; vaan ystäviksi minä sanon teitä, sillä minä olen ilmoittanut teille kaikki, mitä minä olen kuullut Isältäni.

Te ette valinneet minua, vaan minä valitsin teidät ja asetin teidät, että te menisitte ja kantaisitte hedelmää ja että teidän hedelmänne pysyisi: että mitä ikinä te anotte Isältä minun nimessäni, hän sen teille antaisi.

Sen käskyn minä teille annan, että rakastatte toisianne.

Joh. 15:1-17

Totuuden henki

Jos maailma teitä vihaa, niin tietäkää, että se on vihannut minua ennen kuin teitä.

Jos te maailmasta olisitte, niin maailma omaansa rakastaisi; mutta koska te ette ole maailmasta, vaan minä olen teidät maailmasta valinnut, sentähden maailma teitä vihaa.

Muistakaa se sana, jonka minä teille sanoin: 'Ei ole palvelija herraansa suurempi'. Jos he ovat minua vainonneet, niin he teitäkin vainoavat; jos he ovat ottaneet vaarin minun sanastani, niin he ottavat vaarin teidänkin sanastanne.

Mutta kaiken tämän he tekevät teille minun nimeni tähden, koska he eivät tunne häntä, joka on minut lähettänyt.

Jos minä en olisi tullut ja puhunut heille, ei heillä olisi syntiä; mutta nyt heillä ei ole, millä syntiänsä puolustaisivat.

Joka vihaa minua, se vihaa myös minun Isääni.

Jos minä en olisi tehnyt heidän keskuudessaan niitä tekoja, joita ei kukaan muu ole tehnyt, ei heillä olisi syntiä; mutta nyt he ovat nähneet ja ovat vihanneet sekä minua että minun Isääni.

Mutta se sana oli käyvä toteen, joka on kirjoitettuna heidän laissaan: 'He ovat vihanneet minua syyttä'.

Mutta kun Puolustaja tulee, jonka minä lähetän teille Isän tyköä, totuuden Henki, joka lähtee Isän tyköä, niin hän on todistava minusta.

Ja te myös todistatte, sillä te olette alusta asti olleet minun kanssani."

Joh. 15:18-27

"Tämän minä olen teille puhunut, ettette loukkaantuisi.

He erottavat teidät synagoogasta; ja tulee aika, jolloin jokainen, joka tappaa teitä, luulee tekevänsä uhripalveluksen Jumalalle.

Ja sen he tekevät teille, koska he eivät tunne Isää eivätkä minua.

Mutta tämän minä olen puhunut teille, että, kun se aika tulee, te muistaisitte minun sen teille sanoneen. Tätä minä en ole sanonut teille alusta, koska minä olin teidän kanssanne.

Mutta nyt minä menen hänen tykönsä, joka on minut lähettänyt, eikä kukaan teistä kysy minulta: 'Mihin sinä menet?'

Mutta koska minä olen tämän teille puhunut, täyttää murhe teidän sydämenne.

Kuitenkin minä sanon teille totuuden: teille on hyväksi, että minä menen pois. Sillä ellen minä mene pois, ei Puolustaja tule teidän tykönne; mutta jos minä menen, niin minä hänet teille lähetän.

Ja kun hän tulee, niin hän näyttää maailmalle todeksi synnin ja vanhurskauden ja tuomion: synnin, koska he eivät usko minuun; vanhurskauden, koska minä menen Isän tykö, ettekä te enää minua näe; ja tuomion, koska tämän maailman ruhtinas on tuomittu.

Minulla on vielä paljon sanottavaa teille, mutta te ette voi nyt sitä kantaa.

Mutta kun hän tulee, totuuden Henki, johdattaa hän teidät kaikkeen totuuteen. Sillä se, mitä hän puhuu, ei ole hänestä itsestään; vaan minkä hän kuulee, sen hän puhuu, ja tulevaiset hän teille julistaa.

Hän on minut kirkastava, sillä hän ottaa minun omastani ja julistaa teille.

Kaikki, mitä Isällä on, on minun; sentähden minä sanoin, että hän ottaa minun omastani ja julistaa teille.

Vähän aikaa, niin te ette enää minua näe, ja taas vähän aikaa, niin te näette minut."

Joh. 16:1-16

Anokaa, niin te saatte

Silloin muutamat hänen opetuslapsistansa sanoivat toisilleen: "Mitä se tarkoittaa, kun hän sanoo meille: 'Vähän aikaa, niin te ette minua näe, ja taas vähän aikaa, niin te näette minut', ja: 'Minä menen Isän tykö'?"

Niin he sanoivat: "Mitä se tarkoittaa, kun hän sanoo: 'Vähän aikaa'? Emme ymmärrä, mitä hän puhuu."

Jeesus huomasi heidän tahtovan kysyä häneltä ja sanoi heille: "Sitäkö te kyselette keskenänne, että minä sanoin: 'Vähän aikaa, niin te ette minua näe, ja taas vähän aikaa, niin te näette minut'?

Totisesti, totisesti minä sanon teille: te joudutte itkemään ja valittamaan, mutta maailma on iloitseva; te tulette murheellisiksi, mutta teidän murheenne on muuttuva iloksi.

Kun vaimo synnyttää, on hänellä murhe, koska hänen hetkensä on tullut; mutta kun hän on synnyttänyt lapsen, ei hän enää muista ahdistustaan sen ilon tähden, että ihminen on syntynyt maailmaan.

Niin on myös teillä nyt murhe; mutta minä olen

taas näkevä teidät, ja teidän sydämenne on iloitseva, eikä kukaan ota teiltä pois teidän iloanne.

Ja sinä päivänä te ette minulta mitään kysy. Totisesti, totisesti minä sanon teille: jos te anotte jotakin Isältä, on hän sen teille antava minun nimessäni.

Tähän asti te ette ole anoneet mitään minun nimessäni; anokaa, niin te saatte, että teidän ilonne olisi täydellinen.

Tämän minä olen puhunut teille kuvauksilla; mutta tulee aika, jolloin minä en puhu teille enää kuvauksilla, vaan avonaisesti julistan teille sanomaa Isästä.

Sinä päivänä te anotte minun nimessäni; enkä minä sano teille, että minä olen rukoileva Isää teidän edestänne; sillä Isä itse rakastaa teitä, sentähden että te olette minua rakastaneet ja uskoneet minun lähteneen Jumalan tyköä.

Minä olen lähtenyt Isästä ja tullut maailmaan; jälleen minä jätän maailman ja menen Isän tykö."

Hänen opetuslapsensa sanoivat: "Katso, nyt sinä puhut avonaisesti etkä käytä mitään kuvausta.

Nyt me tiedämme, että sinä tiedät kaikki, etkä tarvitse, että kukaan sinulta kysyy; sentähden me uskomme sinun Jumalan tyköä lähteneen."

Jeesus vastasi heille: "Nyt te uskotte.

Katso, tulee hetki ja on jo tullut, jona teidät hajotetaan kukin tahollensa ja te jätätte minut yksin; en minä kuitenkaan yksin ole, sillä Isä on minun kanssani.

Tämän minä olen teille puhunut, että teillä olisi minussa rauha. Maailmassa teillä on ahdistus; mutta olkaa turvallisella mielellä: minä olen voittanut maailman."

Joh. 16:17-33

Minä olen kirkastanut
sinut maan päällä

Tämän Jeesus puhui ja nosti silmänsä taivasta kohti ja sanoi: "Isä, hetki on tullut, kirkasta Poikasi, että Poikasi kirkastaisi sinut; koska sinä olet antanut hänen valtaansa kaiken lihan, että hän antaisi iankaikkisen elämän kaikille, jotka sinä olet hänelle antanut.

Mutta tämä on iankaikkinen elämä, että he tuntevat sinut, joka yksin olet totinen Jumala, ja hänet, jonka sinä olet lähettänyt, Jeesuksen Kristuksen.

Minä olen kirkastanut sinut maan päällä: minä olen täyttänyt sen työn, jonka sinä annoit minun tehtäväkseni.

Ja nyt, Isä, kirkasta sinä minut tykönäsi sillä kirkkaudella, joka minulla oli sinun tykönäsi, ennenkuin maailma olikaan.

Minä olen ilmoittanut sinun nimesi ihmisille, jotka sinä annoit minulle maailmasta. He olivat sinun, ja sinä annoit heidät minulle, ja he ovat ottaneet sinun sanastasi vaarin.

Nyt he tietävät, että kaikki, minkä olet minulle antanut, on sinulta.

Sillä ne sanat, jotka sinä minulle annoit, minä olen antanut heille; ja he ovat ottaneet ne vastaan ja tietävät totisesti minun lähteneen sinun tyköäsi ja uskovat, että sinä olet minut lähettänyt.

Minä rukoilen heidän edestänsä; en minä maailman edestä rukoile, vaan niiden edestä, jotka sinä olet minulle antanut, koska he ovat sinun - ja kaikki minun omani ovat sinun, ja sinun omasi ovat minun - ja minä olen kirkastettu heissä.

Ja minä en enää ole maailmassa, mutta he ovat maailmassa, ja minä tulen sinun tykösi. Pyhä Isä, varjele heidät nimessäsi, jonka sinä olet minulle antanut, että he olisivat yhtä niinkuin mekin.

Kun minä olin heidän kanssansa, varjelin minä heidät sinun nimessäsi, jonka sinä olet minulle antanut, ja suojelin heitä, eikä heistä joutunut kadotetuksi yksikään muu kuin se kadotuksen lapsi, että kirjoitus kävisi toteen.

Mutta nyt minä tulen sinun tykösi ja puhun tätä maailmassa, että heillä olisi minun iloni täydellisenä heissä itsessään.

Minä olen antanut heille sinun sanasi, ja maailma vihaa heitä, koska he eivät ole maailmasta, niinkuin en minäkään maailmasta ole.

En minä rukoile, että ottaisit heidät pois maailmasta, vaan että sinä varjelisit heidät pahasta.

He eivät ole maailmasta, niinkuin en minäkään maailmasta ole.

Pyhitä heidät totuudessa; sinun sanasi on totuus.

Niinkuin sinä olet lähettänyt minut maailmaan, niin olen minäkin lähettänyt heidät maailmaan; ja minä pyhitän itseni heidän tähtensä, että myös he olisivat pyhitetyt totuudessa.

Mutta en minä rukoile ainoastaan näiden edestä, vaan myös niiden edestä, jotka heidän sanansa kautta uskovat minuun, että he kaikki olisivat yhtä, niinkuin sinä, Isä, olet minussa ja minä sinussa, että hekin meissä olisivat, niin että maailma uskoisi, että sinä olet minut lähettänyt.

Ja sen kirkkauden, jonka sinä minulle annoit, minä olen antanut heille, että he olisivat yhtä, niinkuin me olemme yhtä - minä heissä, ja sinä minussa - että he olisivat täydellisesti yhtä, niin että maailma ymmärtäisi, että sinä olet minut lähettänyt ja rakastanut heitä, niinkuin sinä olet minua rakastanut.

Isä, minä tahdon, että missä minä olen, siellä nekin, jotka sinä olet minulle antanut, olisivat minun kanssani, että he näkisivät minun kirkkauteni, jonka sinä olet minulle antanut, koska olet rakastanut minua jo ennen maailman perustamista.

Vanhurskas Isä, maailma ei ole sinua tuntenut, mutta minä tunnen sinut, ja nämä ovat tulleet tuntemaan, että sinä olet minut lähettänyt.

Ja minä olen tehnyt sinun nimesi heille tunnetuksi ja teen vastakin, että se rakkaus, jolla sinä olet minua rakastanut, olisi heissä ja minä olisin heissä."

Joh. 17:1-26

Isä, jos sinä tahdot, niin ota pois minulta tämä malja

Sitten Jeesus tuli heidän kanssaan Getsemane nimiselle maatilalle; ja hän sanoi opetuslapsillensa: "Istukaa tässä, sillä aikaa kuin minä menen ja rukoilen tuolla".

Ja hän otti mukaansa Pietarin ja ne kaksi Sebedeuksen poikaa; ja hän alkoi murehtia ja tulla tuskaan.

Silloin hän sanoi heille: "Minun sieluni on syvästi murheellinen, kuolemaan asti; olkaa tässä ja valvokaa minun kanssani".

Matt. 26:36-38

Ja hän vetäytyi heistä noin kivenheiton päähän, laskeutui polvilleen ja rukoili sanoen: "Isä, jos sinä tahdot, niin ota pois minulta tämä malja; älköön kuitenkaan tapahtuko minun tahtoni, vaan sinun".

Niin hänelle ilmestyi taivaasta enkeli, joka vahvisti häntä.

Ja kun hän oli suuressa tuskassa, rukoili hän yhä hartaammin. Ja hänen hikensä oli niinkuin veripisarat, jotka putosivat maahan.

Ja kun hän nousi rukoilemasta ja meni opetuslastensa tykö, tapasi hän heidät murheen tähden nukkumasta.

Niin hän sanoi heille: "Miksi te nukutte? Nouskaa ja rukoilkaa, ettette joutuisi kiusaukseen."

Luuk. 22:41-46

Valvokaa ja rukoilkaa, ettette joutuisi kiusaukseen; henki tosin on altis, mutta liha on heikko."

Taas hän meni pois toisen kerran ja rukoili sanoen: "Isäni, jos tämä malja ei voi mennä minun ohitseni, minun sitä juomattani, niin tapahtukoon sinun tahtosi".

Ja tullessaan hän taas tapasi heidät nukkumasta, sillä heidän silmänsä olivat käyneet raukeiksi.

Ja hän jätti heidät, meni taas ja rukoili kolmannen kerran ja sanoi samat sanat uudestaan.

Sitten hän tuli opetuslasten tykö ja sanoi heille: "Te nukutte vielä ja lepäätte! Katso, hetki on lähellä, ja Ihmisen Poika annetaan syntisten käsiin.

Nouskaa, lähtekäämme; katso, se on lähellä, joka minut kavaltaa."

Matt. 26:41-46

Herra, iskemmekö miekalla?

Ja katso, hänen vielä puhuessaan tuli Juudas, yksi niistä kahdestatoista, ja hänen kanssaan lukuisa joukko ylipappien ja kansan vanhinten luota miekat ja seipäät käsissä.

Ja se, joka hänet kavalsi, oli antanut heille merkin sanoen: "Se, jolle minä suuta annan, hän se on; ottakaa hänet kiinni".

Ja kohta hän meni Jeesuksen luo ja sanoi: "Terve, rabbi!" ja antoi hänelle suuta.

Niin Jeesus sanoi hänelle: "Ystäväni, mitä varten sinä tänne tulit?" Silloin he tulivat Jeesuksen luo, kävivät häneen käsiksi ja ottivat hänet kiinni.

Matt. 26:47-50

Kun nyt ne, jotka olivat hänen ympärillään, näkivät, mitä oli tulossa, sanoivat he: "Herra, iskemmekö miekalla?"

Ja eräs heistä iski ylimmäisen papin palvelijaa ja sivalsi häneltä pois oikean korvan.

Mutta Jeesus vastasi sanoen: "Sallikaa vielä tämäkin". Ja hän koski hänen korvaansa ja paransi hänet.

Luuk. 22:49-51

Silloin Jeesus sanoi hänelle: "Pistä miekkasi tuppeen; sillä kaikki, jotka miekkaan tarttuvat, ne miekkaan hukkuvat.

Vai luuletko, etten voisi rukoilla Isääni, niin että hän lähettäisi heti minulle enemmän kuin kaksitoista legionaa enkeleitä?

Mutta kuinka silloin kävisivät toteen kirjoitukset, jotka sanovat, että näin pitää tapahtuman?"

Matt. 26:52-54

Niin Jeesus sanoi Pietarille: "Pistä miekkasi tuppeen. Enkö minä joisi sitä maljaa, jonka Isä on minulle antanut?"

Joh. 18:11

Niin Jeesus sanoi ylipapeille ja pyhäkön vartioston päälliköille ja vanhimmille, jotka olivat tulleet häntä vastaan: "Niinkuin ryöväriä vastaan te olette lähteneet miekat ja seipäät käsissä.

Minä olen joka päivä ollut teidän kanssanne pyhäkössä, ettekä ole ojentaneet käsiänne minua vastaan. Mutta tämä on teidän hetkenne ja pimeyden valta."

Luuk. 22:52,53

Niin he kaikki jättivät hänet ja pakenivat.

Ja häntä seurasi eräs nuorukainen, jolla oli ympärillään liinavaate paljaalle iholle heitettynä; ja he ottivat hänet kiinni.

Mutta hän jätti liinavaatteen ja pakeni alastonna.

Mark. 14:50-52

Minä olen julkisesti puhunut maailmalle

Niin sotilasjoukko ja päällikkö ja juutalaisten palvelijat ottivat Jeesuksen kiinni ja sitoivat hänet ja veivät ensin Hannaan luo, sillä hän oli Kaifaan appi, ja Kaifas oli sinä vuonna ylimmäisenä pappina.

Ja Kaifas oli se, joka neuvottelussa oli juutalaisille sanonut: "On hyödyllistä, että yksi ihminen kuolee kansan edestä."

Joh. 18:12-14

Niin ylimmäinen pappi kysyi Jeesukselta hänen opetuslapsistaan ja opistaan.

Jeesus vastasi hänelle: "Minä olen julkisesti puhunut maailmalle; minä olen aina opettanut synagoogissa ja pyhäkössä, joihin kaikki juutalaiset kokoontuvat, enkä ole salassa puhunut mitään.

Miksi minulta kysyt? Kysy niiltä, jotka ovat kuulleet, mitä minä olen heille puhunut; katso, he tietävät, mitä minä olen sanonut."

Mutta kun Jeesus oli tämän sanonut, antoi eräs palvelija, joka seisoi vieressä, hänelle korvapuustin sanoen: "Niinkö sinä vastaat ylimmäiselle papille?"

Jeesus vastasi hänelle: "Jos minä pahasti puhuin, niin näytä toteen, että se on pahaa; mutta jos minä puhuin oikein, miksi minua lyöt?"

Niin Hannas lähetti hänet sidottuna ylimmäisen papin Kaifaan luo.

Joh. 18:19-24

Mitä me enää todistajia tarvitsemme?

Mutta Jeesuksen kiinniottajat veivät hänet ylimmäisen papin, Kaifaan, eteen, jonne kirjanoppineet ja vanhimmat olivat kokoontuneet.

Ja Pietari seurasi häntä taampana ylimmäisen papin esipihaan asti; ja hän meni sinne ja istui palvelijain joukkoon nähdäksensä, kuinka lopulta kävisi.

Mutta ylipapit ja koko neuvosto etsivät väärää todistusta Jeesusta vastaan tappaaksensa hänet, mutta eivät löytäneet, vaikka monta väärää todistajaa oli tullut esille. Mutta vihdoin tuli kaksi, ja he sanoivat: "Tämä on sanonut: 'Minä voin hajottaa maahan Jumalan temppelin ja kolmessa päivässä sen rakentaa'."

Silloin ylimmäinen pappi nousi ja sanoi hänelle: "Etkö vastaa mitään siihen, mitä nämä todistavat sinua vastaan?"

Mutta Jeesus oli vaiti. Niin ylimmäinen pappi sanoi hänelle: "Minä vannotan sinua elävän Jumalan kautta, että sanot meille, oletko sinä Kristus, Jumalan Poika".

Jeesus sanoi hänelle: "Sinäpä sen sanoit. Mutta minä sanon teille: tästedes te saatte nähdä Ihmisen Pojan istuvan Voiman oikealla puolella ja tulevan taivaan pilvien päällä."

Matt. 26:57-64

Niin ylimmäinen pappi repäisi vaatteensa ja sanoi: "Mitä me enää todistajia tarvitsemme?

Te kuulitte hänen pilkkaamisensa. Mitä arvelette?" Niin he kaikki tuomitsivat hänet vikapääksi kuolemaan.

Ja muutamat rupesivat sylkemään häntä ja peittivät hänen kasvonsa ja löivät häntä nyrkillä ja sanoivat hänelle: "Profetoi!" Oikeudenpalvelijatkin löivät häntä poskelle.

Mark. 14:63-65

En tunne sitä miestä

Mutta Pietari istui ulkopuolella esipihassa. Ja hänen luoksensa tuli muuan palvelijatar ja sanoi: "Sinäkin olit Jeesuksen, galilealaisen, seurassa".

Mutta hän kielsi kaikkien kuullen ja sanoi: "En ymmärrä, mitä sanot".

Ja kun hän oli mennyt ulos portille, näki hänet toinen nainen ja sanoi sielläoleville: "Tämäkin oli Jeesuksen, Nasaretilaisen, seurassa".

Ja taas hän kielsi valalla vannoen: "En tunne sitä miestä".

Vähän sen jälkeen tulivat ne, jotka siinä seisoivat, ja sanoivat Pietarille: "Totisesti, sinä myös olet yksi heistä, sillä kielimurteesikin ilmaisee sinut".

Silloin hän rupesi sadattelemaan ja vannomaan: "En tunne sitä miestä". Ja samassa lauloi kukko.

Niin Pietari muisti Jeesuksen sanat, jotka hän oli sanonut: "Ennenkuin kukko laulaa, sinä kolmesti minut kiellät". Ja hän meni ulos ja itki katkerasti.

Matt. 26:69-75

Minä tein synnin, kun kavalsin viattoman veren

Mutta aamun koittaessa kaikki ylipapit ja kansan vanhimmat pitivät neuvoa Jeesusta vastaan tappaaksensa hänet; ja he sitoivat hänet ja veivät pois ja antoivat hänet maaherran, Pilatuksen, käsiin.

Kun Juudas, hänen kavaltajansa, näki, että hänet oli tuomittu, silloin hän katui ja toi takaisin ne kolmekymmentä hopearahaa ylipapeille ja vanhimmille ja sanoi: "Minä tein synnin, kun kavalsin viattoman veren". Mutta he sanoivat: "Mitä se meihin koskee? Katso itse eteesi."

Ja hän viskasi hopearahat temppeliin, lähti sieltä, meni pois ja hirttäytyi.

Niin ylipapit ottivat hopearahat ja sanoivat: "Ei ole luvallista panna näitä temppelirahastoon, koska ne ovat veren hinta".

Ja neuvoteltuaan he ostivat niillä savenvalajan pellon muukalaisten hautausmaaksi.

Sentähden sitä peltoa vielä tänäkin päivänä kutsutaan Veripelloksi.

Silloin kävi toteen, mikä on puhuttu profeetta Jeremiaan kautta, joka sanoo: *"Ja he ottivat ne kolmekymmentä hopearahaa, hinnan siitä arvioidusta miehestä, jonka he olivat israelilaisten puolesta arvioineet, ja antoivat ne savenvalajan pellosta, niinkuin Herra oli minun kauttani käskenyt".*

Matt. 27:1-10

Jokainen, joka on totuudesta kuulee minun ääneni

Ja he nousivat, koko joukko, ja veivät hänet Pilatuksen eteen.

Ja he alkoivat syyttää häntä sanoen: "Tämän me olemme havainneet villitsevän kansaamme, kieltävän antamasta veroja keisarille ja sanovan itseään Kristukseksi, kuninkaaksi".

Niin Pilatus kysyi häneltä sanoen: "Oletko sinä juutalaisten kuningas?" Hän vastasi hänelle ja sanoi: "Sinäpä sen sanot".

Luuk. 23:1-3

Jeesus vastasi: "Minun kuninkuuteni ei ole tästä maailmasta; jos minun kuninkuuteni olisi tästä maailmasta, niin minun palvelijani olisivat taistelleet, ettei minua olisi annettu juutalaisten käsiin; mutta nyt minun kuninkuuteni ei ole täältä".

Niin Pilatus sanoi hänelle: "Sinä siis kuitenkin

olet kuningas?" Jeesus vastasi: "Sinäpä sen sanot, että minä olen kuningas. Sitä varten minä olen syntynyt ja sitä varten maailmaan tullut, että minä todistaisin totuuden puolesta. Jokainen, joka on totuudesta, kuulee minun ääneni."

Joh. 18:36,37

Pilatus sanoi ylipapeille ja kansalle: "En minä löydä mitään syytä tässä miehessä".

Mutta he ahdistivat yhä enemmän ja sanoivat: "Hän yllyttää kansaa opettaen kaikkialla Juudeassa, Galileasta alkaen tänne asti".

Mutta kun Pilatus sen kuuli, kysyi hän, oliko mies galilealainen.

Ja saatuaan tietää hänen olevan Herodeksen hallintoalueelta hän lähetti hänet Herodeksen eteen, joka hänkin niinä päivinä oli Jerusalemissa.

Kun Herodes näki Jeesuksen, ihastui hän suuresti; sillä hän oli jo kauan aikaa halunnut nähdä häntä, koska oli kuullut hänestä, ja hän toivoi saavansa nähdä häneltä jonkin ihmeen.

Ja hän teki Jeesukselle monia kysymyksiä; mutta tämä ei vastannut hänelle mitään.

Ja ylipapit ja kirjanoppineet seisoivat siinä ja syyttivät häntä kiivaasti.

Mutta Herodes joukkoineen kohteli häntä halveksivasti ja pilkkasi häntä; ja puetettuaan hänet loistavaan pukuun hän lähetti hänet takaisin Pilatuksen eteen.

Ja Herodes ja Pilatus tulivat sinä päivänä ystäviksi keskenään; he olivat näet ennen olleet toistensa vihamiehiä.

Niin Pilatus kutsui kokoon ylipapit ja hallitusmiehet ja kansan ja sanoi heille: "Te olette tuoneet minulle tämän miehen kansan yllyttäjänä; ja katso, minä olen teidän läsnäollessanne häntä tutkinut enkä ole havainnut tätä miestä syylliseksi mihinkään, mistä te häntä syytätte, eikä Herodeskaan, sillä hän lähetti hänet takaisin meille. Ja katso, hän ei ole tehnyt mitään, mikä ansaitsee kuoleman.

Luuk. 23:4-15

Silloin Pilatus sanoi hänelle: "Etkö kuule, kuinka paljon he todistavat sinua vastaan?"

Mutta hän ei vastannut yhteenkään hänen kysymykseensä, niin että maaherra suuresti ihmetteli.

Matt. 27:13,14

Niin Pilatus sanoi hänelle: "Etkö puhu minulle? Etkö tiedä, että minulla on valta sinut päästää ja minulla on valta sinut ristiinnaulita?"

Jeesus vastasi: "Sinulla ei olisi mitään valtaa minuun, ellei sitä olisi annettu sinulle ylhäältä. Sentähden on sen synti suurempi, joka jätti minut sinun käsiisi."

Tämän tähden Pilatus koetti päästää hänet irti. Mutta juutalaiset huusivat sanoen: "Jos päästät hänet, et ole keisarin ystävä; jokainen, joka tekee itsensä kuninkaaksi, asettuu keisaria vastaan".

Kun Pilatus kuuli nämä sanat, antoi hän viedä Jeesuksen ulos ja istui tuomarinistuimelle, paikalle, jonka nimi on Litostroton, hebreaksi Gabbata.

Ja oli pääsiäisen valmistuspäivä, noin kuudes hetki. Ja hän sanoi juutalaisille: "Katso, teidän kuninkaanne!"

Joh. 19:10-14

Ristiinnaulittakoon!

O li tapana, että maaherra juhlan aikana päästi kansalle yhden vangin irti, kenenkä he tahtoivat.

Ja heillä oli silloin kuuluisa vanki, jota sanottiin Barabbaaksi.

Kun he nyt olivat koolla, sanoi Pilatus heille: "Kummanko tahdotte, että minä teille päästän, Barabbaanko vai Jeesuksen, jota sanotaan Kristukseksi?"

Sillä hän tiesi, että he kateudesta olivat antaneet hänet hänen käsiinsä.

Mutta kun hän istui tuomarinistuimella, lähetti hänen vaimonsa hänelle sanan: "Älä puutu siihen vanhurskaaseen mieheen, sillä minä olen tänä yönä unessa paljon kärsinyt hänen tähtensä".

Mutta ylipapit ja vanhimmat yllyttivät kansaa anomaan Barabbasta, mutta surmauttamaan Jeesuksen.

Ja maaherra puhui heille ja sanoi: "Kummanko näistä kahdesta tahdotte, että minä teille päästän?" Niin he sanoivat: "Barabbaan".

Pilatus sanoi heille: "Mitä minun sitten on tehtävä Jeesukselle, jota sanotaan Kristukseksi?" He sanoivat kaikki: "Ristiinnaulittakoon!"

Niin maaherra sanoi: "Mitä pahaa hän sitten on tehnyt?" Mutta he huusivat vielä kovemmin sanoen: "Ristiinnaulittakoon!"

Ja kun Pilatus näki, ettei mikään auttanut, vaan että meteli yhä yltyi, otti hän vettä ja pesi kätensä kansan nähden ja sanoi: "Viaton olen minä tämän miehen vereen. Katsokaa itse eteenne."

Niin kaikki kansa vastasi ja sanoi: "Tulkoon hänen verensä meidän päällemme ja meidän lastemme päälle".

Silloin hän päästi heille Barabbaan, mutta Jeesuksen hän ruoskitti ja luovutti ristiinnaulittavaksi.

Matt. 27:15-26

Isä, anna heille anteeksi, sillä he eivät tiedä, mitä tekevät

Silloin maaherran sotamiehet veivät Jeesuksen mukanaan palatsiin ja keräsivät hänen ympärilleen koko sotilasjoukon.

Ja he riisuivat hänet ja panivat hänen päällensä

tulipunaisen vaipan ja väänsivät orjantappuroista
kruunun, panivat sen hänen päähänsä ja ruovon
hänen oikeaan käteensä, polvistuivat hänen eteensä
ja pilkkasivat häntä ja sanoivat: "Terve, juutalaisten
kuningas!"

Matt. 27:27-29

Pilatus meni taas ulos ja sanoi heille: "Katso,
minä tuon hänet ulos teille, tietääksenne, etten minä
löydä hänessä yhtäkään syytä".

Niin Jeesus tuli ulos, orjantappurakruunu pääs-
sään ja purppurainen vaippa yllään. Ja Pilatus sanoi
heille: "Katso ihmistä!"

Kun siis ylipapit ja palvelijat näkivät hänet,
huusivat he sanoen: "Ristiinnaulitse, ristiinnaulitse!"
Pilatus sanoi heille: "Ottakaa te hänet ja ristiinnau-
litkaa, sillä minä en löydä hänessä mitään syytä".

Joh. 19:4-6

Niin he huusivat: "Vie pois, vie pois, ristiin-
naulitse hänet!" Pilatus sanoi heille: "Onko minun
ristiinnaulittava teidän kuninkaanne?" Ylipapit vas-
tasivat: "Ei meillä ole kuningasta, vaan keisari".

Silloin hän luovutti hänet heille ja antoi ristiin-
naulittavaksi. Ja he ottivat Jeesuksen.

Joh. 19:15-16

Ja he sylkivät häntä, ottivat ruovon ja löivät
häntä päähän.

Ja kun he olivat häntä pilkanneet, riisuivat he
häneltä vaipan, pukivat hänet hänen omiin vaattei-
siinsa ja veivät hänet pois ristiinnaulittavaksi.

Matt. 27:30,31

Ja he pakottivat erään ohikulkevan miehen,
Simonin, kyreneläisen, joka tuli vainiolta, Aleksante-
rin ja Rufuksen isän, kantamaan hänen ristiänsä.

Ja he veivät hänet paikalle, jonka nimi on Gol-
gata, se on käännettynä: pääkallonpaikka.

Mark. 15:21,22

Ja häntä seurasi suuri joukko kansaa, myös
naisia, jotka valittivat ja itkivät häntä.

Niin Jeesus kääntyi heihin ja sanoi: "Jerusalemin tyttäret, älkää minua itkekö, vaan itkekää itseänne ja lapsianne.

Sillä katso, päivät tulevat, jolloin sanotaan: 'Autuaita ovat hedelmättömät ja ne kohdut, jotka eivät ole synnyttäneet, ja rinnat, jotka eivät ole imettäneet'.

Silloin ruvetaan sanomaan vuorille: 'Langetkaa meidän päällemme', ja kukkuloille: 'Peittäkää meidät'.

Sillä jos tämä tehdään tuoreelle puulle, mitä sitten kuivalle tapahtuu?"

Myös kaksi muuta, kaksi pahantekijää, vietiin hänen kanssaan surmattaviksi.

Ja kun saavuttiin paikalle, jota sanotaan Pääkallonpaikaksi, niin siellä he ristiinnaulitsivat hänet sekä pahantekijät, toisen oikealle ja toisen vasemmalle puolelle.

Mutta Jeesus sanoi: "Isä, anna heille anteeksi, sillä he eivät tiedä, mitä he tekevät".

Luuk. 23:27-34

Ja Pilatus kirjoitti myös päällekirjoituksen ja kiinnitti sen ristiin; ja se oli näin kirjoitettu: "Jeesus Nasaretilainen, juutalaisten kuningas".

Tämän päällekirjoituksen lukivat monet juutalaiset, sillä paikka, jossa Jeesus ristiinnaulittiin, oli lähellä kaupunkia; ja se oli kirjoitettu hebreaksi, latinaksi ja kreikaksi.

Niin juutalaisten ylipapit sanoivat Pilatukselle: "Älä kirjoita: 'Juutalaisten kuningas', vaan että hän on sanonut: 'Minä olen juutalaisten kuningas'."

Pilatus vastasi: "Minkä minä kirjoitin, sen minä kirjoitin".

Kun sotamiehet olivat ristiinnaulinneet Jeesuksen, ottivat he hänen vaatteensa ja jakoivat ne neljään osaan, kullekin sotamiehelle osansa, sekä ihokkaan. Mutta ihokas oli saumaton, kauttaaltaan ylhäältä asti kudottu.

Sentähden he sanoivat toisillensa: "Älkäämme leikatko sitä rikki, vaan heittäkäämme siitä arpaa, kenen se on oleva"; että tämä kirjoitus kävisi toteen: *"He jakoivat keskenänsä minun vaatteeni ja heittivät minun puvustani arpaa"*. Ja sotamiehet tekivät niin.

Joh. 19:19-24

Jeesus, muista minua, kun tulet valtakuntaasi

Silloin ristiinnaulittiin hänen kanssansa kaksi ryöväriä, toinen oikealle ja toinen vasemmalle puolelle.

Ja ne, jotka kulkivat ohitse, herjasivat häntä, nyökyttivät päätänsä ja sanoivat: "Sinä, joka hajotat maahan temppelin ja kolmessa päivässä sen rakennat, auta itseäsi, jos olet Jumalan Poika, ja astu alas ristiltä".

Samoin ylipapit ja kirjanoppineet ja vanhimmat pilkkasivat häntä ja sanoivat: "Muita hän on auttanut, itseään ei voi auttaa. Onhan hän Israelin kuningas; astukoon nyt alas ristiltä, niin me uskomme häneen.

Hän on luottanut Jumalaan; vapahtakoon nyt Jumala hänet, jos on häneen mielistynyt; sillä hän on sanonut: 'Minä olen Jumalan Poika'."

Matt. 27:38-43

Niin toinen pahantekijöistä, jotka siinä riippuivat, herjasi häntä: "Etkö sinä ole Kristus? Auta itseäsi ja meitä."

Mutta toinen vastasi ja nuhteli häntä sanoen: "Etkö sinä edes pelkää Jumalaa, sinä, joka olet saman rangaistuksen alainen?

Me tosin kärsimme oikeuden mukaan, sillä me saamme, mitä meidän tekomme ansaitsevat; mutta tämä ei ole mitään pahaa tehnyt."

Ja hän sanoi: "Jeesus, muista minua, kun tulet valtakuntaasi".

Niin Jeesus sanoi hänelle: "Totisesti minä sanon sinulle: tänä päivänä pitää sinun oleman minun kanssani paratiisissa."

Luuk. 23:39-43

Mutta Jeesuksen ristin ääressä seisoivat hänen äitinsä ja hänen äitinsä sisar ja Maria, Kloopaan vaimo, ja Maria Magdaleena.

Kun Jeesus näki äitinsä ja sen opetuslapsen, jota hän rakasti, seisovan siinä vieressä, sanoi hän äidillensä: "Vaimo, katso, poikasi!"

Sitten hän sanoi opetuslapselle: "Katso, äitisi!" Ja siitä hetkestä opetuslapsi otti hänet kotiinsa.

Joh. 19:25-27

Se on täytetty

Mutta kuudennesta hetkestä alkaen tuli pimeys yli kaiken maan, ja sitä kesti hamaan yhdeksänteen hetkeen.

Ja yhdeksännen hetken vaiheilla Jeesus huusi suurella äänellä sanoen: "Eeli, Eeli, lama sabaktani?" Se on: Jumalani, Jumalani, miksi minut hylkäsit?

Sen kuullessaan sanoivat muutamat niistä, jotka siinä seisoivat: "Hän huutaa Eliasta".

Matt. 27:45-47

Siinä oli astia, hapanviiniä täynnä; niin he täyttivät sillä hapanviinillä sienen ja panivat sen isoppikorren päähän ja ojensivat sen hänen suunsa eteen.

Kun nyt Jeesus oli ottanut hapanviinin, sanoi hän: "Se on täytetty", ja kallisti päänsä ja antoi henkensä.

Joh. 19:29,30

Temppelin esirippu repesi kahtia

Ja katso, temppelin esirippu repesi kahtia ylhäältä alas asti, ja maa järisi, ja kalliot halkesivat, ja haudat aukenivat, ja monta nukkuneiden pyhien ruumista nousi ylös.

Ja he lähtivät haudoistaan ja tulivat hänen ylösnousemisensa jälkeen pyhään kaupunkiin ja ilmestyivät monelle.

Mutta kun sadanpäämies ja ne, jotka hänen kanssaan vartioitsivat Jeesusta, näkivät maanjäristyksen ja mitä muuta tapahtui, peljästyivät he suuresti ja sanoivat: "Totisesti tämä oli Jumalan Poika".

Ja siellä oli monta naista, jotka olivat Galileasta seuranneet Jeesusta ja palvelleet häntä; he seisoivat taampana katselemassa.

Heidän joukossaan oli Maria Magdaleena ja Maria, Jaakobin ja Joosefin äiti, ja Sebedeuksen poikain äiti.

Matt. 27:51-56

Älköön häneltä luuta rikottako

Koska silloin oli valmistuspäivä, niin - etteivät ruumiit jäisi ristille sapatiksi, sillä se sapatinpäivä oli suuri - juutalaiset pyysivät Pilatukselta, että ristiinnaulittujen sääriluut rikottaisiin ja ruumiit otettaisiin alas.

Niin sotamiehet tulivat ja rikkoivat sääriluut ensin toiselta ja sitten toiselta hänen kanssaan ristiinnaulitulta.

Mutta kun he tulivat Jeesuksen luo ja näkivät hänet jo kuolleeksi, eivät he rikkoneet hänen luitaan, vaan yksi sotamiehistä puhkaisi keihäällä hänen kylkensä, ja heti vuoti siitä verta ja vettä.

Ja joka sen näki, on sen todistanut, ja hänen

todistuksensa on tosi, ja hän tietää totta puhuvansa, että tekin uskoisitte.

Sillä tämä tapahtui, että kirjoitus kävisi toteen: *"Älköön häneltä luuta rikottako"*.

Ja vielä sanoo toinen kirjoitus: *"He luovat katseensa häneen, jonka he ovat lävistäneet"*.

Mutta sen jälkeen Joosef, arimatialainen, joka oli Jeesuksen opetuslapsi, vaikka salaa, juutalaisten pelosta, pyysi Pilatukselta saada ottaa Jeesuksen ruumiin; ja Pilatus myöntyi siihen. Niin hän tuli ja otti Jeesuksen ruumiin.

Tuli myös Nikodeemus, joka ensi kerran oli yöllä tullut Jeesuksen tykö, ja toi mirhan ja aloen seosta noin sata naulaa.

Niin he ottivat Jeesuksen ruumiin ja käärivät sen hyvänhajuisten yrttien kanssa käärinliinoihin, niinkuin juutalaisilla on tapana haudata.

Ja sillä paikalla, missä hänet ristiinnaulittiin, oli puutarha, ja puutarhassa uusi hauta, johon ei vielä oltu ketään pantu.

Siihen he nyt panivat Jeesuksen, koska oli juutalaisten valmistuspäivä ja se hauta oli lähellä.

Joh. 19:31-42

Ja Joosef otti ruumiin, kääri sen puhtaaseen liinavaatteeseen ja pani sen uuteen hautakammioonsa, jonka oli hakkauttanut kallioon. Ja hän vieritti suuren kiven hautakammion ovelle ja lähti pois.

Matt. 27:59-60

Ja silloin oli valmistuspäivä, ja sapatti oli alkamaisillaan.

Ja naiset, jotka olivat tulleet hänen kanssaan Galileasta, seurasivat jäljessä ja katselivat hautaa ja kuinka hänen ruumiinsa sinne pantiin.

Ja palattuaan kotiinsa he valmistivat hyvänhajuisia yrttejä ja voiteita; mutta sapatin he viettivät hiljaisuudessa lain käskyn mukaan.

Luuk. 23:54-56

Vartioikaa niin hyvin kuin taidatte

Seuraavana päivänä, joka oli valmistuspäivän jälkeinen, ylipapit ja fariseukset kokoontuivat Pilatuksen luo ja sanoivat: "Herra, me muistamme sen villitsijän vielä eläessään sanoneen: 'Kolmen päivän kuluttua minä nousen ylös'.

Käske siis tarkasti vartioida hautaa kolmanteen päivään asti, etteivät hänen opetuslapsensa tulisi ja varastaisi häntä ja sanoisi kansalle: 'Hän nousi kuolleista', ja niin viimeinen villitys olisi pahempi kuin ensimmäinen."

Niin Pilatus sanoi heille: "Tuossa on vartijaväkeä, menkää, vartioikaa niin hyvin kuin taidatte".

Niin he menivät ja turvasivat haudan lukitsemalla kiven sinetillä ja asettamalla vartijat.

Matt. 27:62-66

JEESUKSEN YLÖSNOUSEMUS

Ei hän ole täällä, sillä hän on noussut ylös

Ja kun sapatti oli ohi, ostivat Maria Magdaleena ja Maria, Jaakobin äiti, ja Salome hyvänhajuisia yrttejä mennäkseen voitelemaan häntä.

Ja viikon ensimmäisenä päivänä he tulivat haudalle ani varhain, auringon noustessa.

Ja he sanoivat toisilleen: "Kuka meille vierittää kiven hautakammion ovelta?"

Mark. 16:1-3

Ja katso, tapahtui suuri maanjäristys, sillä Herran enkeli astui alas taivaasta, tuli ja vieritti kiven pois ja istui sille.

Hän oli näöltään niinkuin salama, ja hänen vaatteensa olivat valkeat kuin lumi.

Ja häntä peljästyen vartijat vapisivat ja kävivät ikäänkuin kuolleiksi.

Mutta enkeli puhutteli naisia ja sanoi heille: "Älkää te peljätkö; sillä minä tiedän teidän etsivän Jeesusta, joka oli ristiinnaulittu.

Ei hän ole täällä, sillä hän on noussut ylös, niinkuin hän sanoi. Tulkaa, katsokaa paikkaa, jossa hän on maannut.

Ja menkää kiiruusti ja sanokaa hänen opetuslapsillensa, että hän on noussut kuolleista. Ja katso, hän menee teidän edellänne Galileaan; siellä te saatte hänet nähdä. Katso, minä olen sen teille sanonut."

Ja he menivät kiiruusti haudalta peloissaan ja suuresti iloiten ja juoksivat viemään sanaa hänen opetuslapsillensa.

Mutta katso, Jeesus tuli heitä vastaan ja sanoi: "Terve teille!" Ja he menivät hänen tykönsä, syleilivät hänen jalkojaan ja kumartaen rukoilivat häntä.

Silloin Jeesus sanoi heille: "Älkää peljätkö; menkää ja viekää sana minun veljilleni, että he menisivät Galileaan: siellä he saavat minut nähdä".

Mutta heidän mennessään, katso, muutamat vartijaväestä tulivat kaupunkiin ja ilmoittivat ylipapeille kaikki, mitä oli tapahtunut.

Ja nämä kokoontuivat vanhinten kanssa ja pitivät neuvoa ja antoivat sotamiehille runsaat rahat ja sanoivat: "Sanokaa, että hänen opetuslapsensa tulivat yöllä ja veivät hänet varkain meidän nukkuessamme.

Ja jos tämä tulee maaherran korviin, niin me lepytämme hänet ja toimitamme niin, että saatte olla huoletta."

Niin he ottivat rahat ja tekivät, niinkuin heitä oli neuvottu. Ja tätä puhetta on levitetty juutalaisten kesken, ja sitä kerrotaan vielä tänäkin päivänä.

Matt. 28:2-15

Eikö sydämemme ollut meissä palava

Niin he muistivat hänen sanansa.

Ja he palasivat haudalta ja veivät sanan tästä kaikesta niille yhdelletoista ja kaikille muille.

Ja ne, jotka kertoivat tämän apostoleille, olivat Maria Magdaleena ja Johanna ja Maria, Jaakobin äiti, ja muut naiset heidän kanssansa.

Mutta näiden puheet näyttivät heistä turhilta, eivätkä he uskoneet heitä.

Mutta Pietari nousi ja juoksi haudalle; ja kun hän kurkisti sisään, näki hän siellä ainoastaan käärinliinat. Ja hän meni pois ihmetellen itsekseen sitä, mikä oli tapahtunut.

Ja katso, kaksi heistä kulki sinä päivänä Emmaus nimiseen kylään, joka on kuudenkymmenen vakomitan päässä Jerusalemista.

Ja he puhelivat keskenään kaikesta tästä, mikä oli tapahtunut.

Ja heidän keskustellessaan ja tutkistellessaan tapahtui, että Jeesus itse lähestyi heitä ja kulki heidän kanssansa.

Mutta heidän silmänsä olivat pimitetyt, niin etteivät he tunteneet häntä.

Ja hän sanoi heille: "Mistä te siinä kävellessänne puhutte keskenänne?" Niin he seisahtuivat murheellisina muodoltansa.

Ja toinen heistä, nimeltä Kleopas, vastasi ja sanoi hänelle: "Oletko sinä ainoa muukalainen Jerusalemissa, joka et tiedä, mitä siellä näinä päivinä on tapahtunut?"

Hän sanoi heille: "Mitä?" Niin he sanoivat hänelle: "Sitä, mikä tapahtui Jeesukselle, Nasaretilaiselle, joka oli profeetta, voimallinen teossa ja sanassa Jumalan ja kaiken kansan edessä, kuinka meidän ylipappimme ja hallitusmiehemme antoivat hänet tuomittavaksi kuolemaan ja ristiinnaulitsivat hänet.

Mutta me toivoimme hänen olevan sen, joka oli lunastava Israelin. Ja onhan kaiken tämän lisäksi nyt jo kolmas päivä siitä, kuin nämä tapahtuivat.

Ovatpa vielä muutamat naiset joukostamme saattaneet meidät hämmästyksiin. He kävivät aamulla varhain haudalla eivätkä löytäneet hänen ruumistaan, ja tulivat ja sanoivat myös nähneensä enkelinäyn, ja enkelit olivat sanoneet hänen elävän.

Ja muutamat niistä, jotka olivat meidän kanssamme, menivät haudalle ja havaitsivat niin olevan, kuin naiset olivat sanoneet; mutta häntä he eivät nähneet."

Niin hän sanoi heille: "Oi, te ymmärtämättömät ja hitaat sydämeltä uskomaan kaikkea sitä, minkä profeetat ovat puhuneet!

Eikö Kristuksen pitänyt tätä kärsimän ja sitten menemän kirkkauteensa?"

Ja hän alkoi Mooseksesta ja kaikista profeetoista ja selitti heille, mitä hänestä oli kaikissa kirjoituksissa sanottu.

Ja kun he lähestyivät kylää, johon olivat menossa, niin hän oli aikovinaan kulkea edemmäksi.

Mutta he vaativat häntä sanoen: "Jää meidän luoksemme, sillä ilta joutuu ja päivä on jo laskemassa". Ja hän meni sisään ja jäi heidän luoksensa.

Ja tapahtui, kun hän oli aterialla heidän kanssaan, että hän otti leivän, siunasi, mursi ja antoi heille.

Silloin heidän silmänsä aukenivat, ja he tunsivat hänet. Ja hän katosi heidän näkyvistään.

Ja he sanoivat toisillensa: "Eikö sydämemme ollut meissä palava, kun hän puhui meille tiellä ja selitti meille kirjoitukset?"

Ja he nousivat sillä hetkellä ja palasivat Jerusalemiin ja tapasivat ne yksitoista kokoontuneina ja ne, jotka olivat heidän kanssansa.

Ja nämä sanoivat: "Herra on totisesti noussut ylös ja on ilmestynyt Simonille".

Ja itse he kertoivat, mitä oli tapahtunut tiellä ja kuinka he olivat hänet tunteneet, kun hän mursi leivän.

Luuk. 24:8-35

Te olette tämän todistajat

Samana päivänä, viikon ensimmäisenä, myöhään illalla, kun opetuslapset olivat koolla lukittujen ovien takana, juutalaisten pelosta, tuli Jeesus ja seisoi heidän keskellään ja sanoi heille: "Rauha teille!"

Joh. 20:19

Niin heidät valtasi säikähdys ja pelko, ja he luulivat näkevänsä hengen.

Mutta hän sanoi heille: "Miksi olette hämmästyneet, ja miksi nousee sellaisia ajatuksia teidän sydämeenne?

Katsokaa minun käsiäni ja jalkojani ja nähkää, että minä itse tässä olen. Kosketelkaa minua ja katsokaa, sillä ei hengellä ole lihaa eikä luita, niinkuin te näette minulla olevan."

Ja tämän sanottuaan hän näytti heille kätensä ja jalkansa.

Mutta kun he eivät vielä uskoneet, ilon tähden, vaan ihmettelivät, sanoi hän heille: "Onko teillä täällä jotakin syötävää?"

Niin he antoivat hänelle palasen paistettua kalaa.

Ja hän otti ja söi heidän nähtensä.

Ja hän sanoi heille: "Tätä tarkoittivat minun sanani, kun minä puhuin teille ollessani vielä teidän kanssanne, että kaiken pitää käymän toteen, mikä minusta on kirjoitettu Mooseksen laissa ja profeetoissa ja psalmeissa".

Silloin hän avasi heidän ymmärryksensä käsittämään kirjoitukset.

Ja hän sanoi heille: "Niin on kirjoitettu, että Kristus oli kärsivä ja kolmantena päivänä nouseva kuolleista, ja että parannusta syntien anteeksisaamiseksi on saarnattava hänen nimessänsä kaikille kansoille, alkaen Jerusalemista.

Te olette tämän todistajat.

Ja katso, minä lähetän teille sen, jonka minun Isäni on luvannut; mutta te pysykää tässä kaupungissa, kunnes teidän päällenne puetaan voima korkeudesta."

Luuk. 24:37-49

Niin Jeesus sanoi heille jälleen: "Rauha teille! Niinkuin Isä on lähettänyt minut, niin lähetän minäkin teidät."

Ja tämän sanottuaan hän puhalsi heidän päällensä ja sanoi heille: "Ottakaa Pyhä Henki.

Joiden synnit te anteeksi annatte, niille ne ovat anteeksi annetut; joiden synnit te pidätätte, niille ne ovat pidätetyt."

Joh. 20:21-23

Sen tähden,
että minut näit, sinä uskot

Mutta Tuomas, jota sanottiin Didymukseksi, yksi niistä kahdestatoista, ei ollut heidän kanssansa, kun Jeesus tuli.

Niin muut opetuslapset sanoivat hänelle: "Me näimme Herran". Mutta hän sanoi heille: "Ellen näe hänen käsissään naulojen jälkiä ja pistä sormeani naulojen sijoihin ja pistä kättäni hänen kylkeensä, en minä usko".

Ja kahdeksan päivän perästä hänen opetuslapsensa taas olivat huoneessa, ja Tuomas oli heidän kanssansa. Niin Jeesus tuli, ovien ollessa lukittuina, ja seisoi heidän keskellään ja sanoi: "Rauha teille!"

Sitten hän sanoi Tuomaalle: "Ojenna sormesi

tänne ja katso minun käsiäni, ja ojenna kätesi ja pistä se minun kylkeeni, äläkä ole epäuskoinen, vaan uskovainen".

Tuomas vastasi ja sanoi hänelle: "Minun Herrani ja minun Jumalani!"

Jeesus sanoi hänelle: "Sentähden, että minut näit, sinä uskot. Autuaat ne, jotka eivät näe ja kuitenkin uskovat!"

Paljon muitakin tunnustekoja, joita ei ole kirjoitettu tähän kirjaan, Jeesus teki opetuslastensa nähden; mutta nämä ovat kirjoitetut, että te uskoisitte, että Jeesus on Kristus, Jumalan Poika, ja että teillä uskon kautta olisi elämä hänen nimessänsä.

Joh. 20:24-31

Ruoki minun karitsoitani

Sen jälkeen Jeesus taas ilmestyi opetuslapsilleen Tiberiaan järven rannalla; ja hän ilmestyi näin:

Simon Pietari ja Tuomas, jota sanottiin Didymukseksi, ja Natanael, joka oli Galilean Kaanasta, ja Sebedeuksen pojat sekä kaksi muuta hänen opetuslapsistaan olivat yhdessä.

Simon Pietari sanoi heille: "Minä menen kalaan". He sanoivat hänelle: "Me lähdemme myös sinun kanssasi". Niin he lähtivät ja astuivat venheeseen; mutta eivät sinä yönä saaneet mitään.

Ja kun jo oli aamu, seisoi Jeesus rannalla. Opetuslapset eivät kuitenkaan tienneet, että se oli Jeesus.

Niin Jeesus sanoi heille: "Lapset, onko teillä mitään syötävää?" He vastasivat hänelle: "Ei ole".

Hän sanoi heille: "Heittäkää verkko oikealle puolelle venhettä, niin saatte". He heittivät verkon, mutta eivät jaksaneet vetää sitä ylös kalojen paljouden tähden.

Silloin se opetuslapsi, jota Jeesus rakasti, sanoi Pietarille: "Se on Herra". Kun Simon Pietari kuuli, että se oli Herra, vyötti hän vaippansa ympärilleen, sillä hän oli ilman vaatteita, ja heittäytyi järveen.

Mutta muut opetuslapset tulivat venheellä ja vetivät perässään verkkoa kaloineen, sillä he eivät olleet maasta kauempana kuin noin kahdensadan kyynärän päässä.

Kun he astuivat maalle, näkivät he siellä hiilloksen ja kalan pantuna sen päälle, sekä leipää.

Jeesus sanoi heille: "Tuokaa tänne niitä kaloja, joita nyt saitte".

Niin Simon Pietari astui venheeseen ja veti maalle verkon, täynnä suuria kaloja, sata viisikymmentä kolme. Ja vaikka niitä oli niin paljon, ei verkko revennyt.

Jeesus sanoi heille: "Tulkaa einehtimään". Mutta ei kukaan opetuslapsista uskaltanut kysyä häneltä: "Kuka sinä olet?", koska he tiesivät, että se oli Herra.

Niin Jeesus meni ja otti leivän ja antoi heille, ja samoin kalan.

Tämä oli jo kolmas kerta, jolloin Jeesus noustuaan kuolleista ilmestyi opetuslapsillensa.

Kun he olivat einehtineet, sanoi Jeesus Simon Pietarille: "Simon, Johanneksen poika, rakastatko sinä minua enemmän kuin nämä?" Hän vastasi hänelle: "Rakastan, Herra; sinä tiedät, että olet minulle rakas". Hän sanoi hänelle: "Ruoki minun karitsoitani".

Hän sanoi hänelle taas toistamiseen: "Simon, Johanneksen poika, rakastatko minua?" Hän vastasi hänelle: "Rakastan, Herra; sinä tiedät, että olet minulle rakas". Hän sanoi hänelle: "Kaitse minun lampaitani".

Hän sanoi hänelle kolmannen kerran: "Simon, Johanneksen poika, olenko minä sinulle rakas?" Pietari tuli murheelliseksi siitä, että hän kolmannen kerran sanoi hänelle: "Olenko minä sinulle rakas?"

ja vastasi hänelle: "Herra, sinä tiedät kaikki; sinä tiedät, että olet minulle rakas". Jeesus sanoi hänelle: "Ruoki minun lampaitani.

Joh. 21:1-17

Seuraa sinä minua

Totisesti, totisesti minä sanon sinulle: kun olit nuori, niin sinä vyötit itsesi ja kuljit, minne tahdoit; mutta kun vanhenet, niin sinä ojennat kätesi, ja sinut vyöttää toinen ja vie sinut, minne et tahdo."

Mutta sen hän sanoi antaakseen tietää, minkäkaltaisella kuolemalla Pietari oli kirkastava Jumalaa. Ja tämän sanottuaan hän lausui hänelle: "Seuraa minua".

Niin Pietari kääntyi ja näki sen opetuslapsen seuraavan, jota Jeesus rakasti ja joka myös oli aterioitaessa nojannut hänen rintaansa vasten ja sanonut: "Herra, kuka on sinun kavaltajasi?"

Kun Pietari hänet näki, sanoi hän Jeesukselle: "Herra, kuinka sitten tämän käy?"

Jeesus sanoi hänelle: "Jos minä tahtoisin, että hän jää tänne siihen asti, kunnes minä tulen, mitä se sinuun koskee? Seuraa sinä minua."

Niin semmoinen puhe levisi veljien keskuuteen, ettei se opetuslapsi kuole; mutta ei Jeesus sanonut hänelle, ettei hän kuole, vaan: "Jos minä tahtoisin, että hän jää tänne siihen asti, kunnes minä tulen, mitä se sinuun koskee?"

Joh. 21:18-23

Minä olen teidän kanssanne
joka päivä
maailman loppuun asti

Ja ne yksitoista opetuslasta vaelsivat Galileaan sille vuorelle, jonne Jeesus oli käskenyt heidän mennä.

Ja kun he näkivät hänet, niin he kumartaen rukoilivat häntä, mutta muutamat epäilivät.

Ja Jeesus tuli heidän tykönsä ja puhui heille ja sanoi: "Minulle on annettu kaikki valta taivaassa ja maan päällä.

Menkää siis ja tehkää kaikki kansat minun opetuslapsikseni, kastamalla heitä Isän ja Pojan ja Pyhän Hengen nimeen ja opettamalla heitä pitämään kaikki, mitä minä olen käskenyt teidän pitää. Ja katso, minä olen teidän kanssanne joka päivä maailman loppuun asti."

Matt. 28:16-20

Joka uskoo ja kastetaan, se pelastuu; mutta joka ei usko, se tuomitaan kadotukseen.

Ja nämä merkit seuraavat niitä, jotka uskovat: minun nimessäni he ajavat ulos riivaajia, puhuvat uusilla kielillä, nostavat käsin käärmeitä, ja jos he juovat jotakin kuolettavaa, ei se heitä vahingoita; he panevat kätensä sairasten päälle, ja ne tulevat terveiksi."

Kun nyt Herra Jeesus oli puhunut heille, otettiin hänet ylös taivaaseen, ja hän istui Jumalan oikealle puolelle.

Mutta he lähtivät ja saarnasivat kaikkialla, ja Herra vaikutti heidän kanssansa ja vahvisti sanan sitä seuraavien merkkien kautta.

Mark. 16:16-20

Matteus, Markus, Luukas, Johannes

Tämä on se opetuslapsi, joka todistaa näistä ja on nämä kirjoittanut; ja me tiedämme, että hänen todistuksensa on tosi.

On paljon muutakin, mitä Jeesus teki; ja jos se kohta kohdalta kirjoitettaisiin, luulen, etteivät koko maailmaan mahtuisi ne kirjat, jotka pitäisi kirjoittaa.

Joh. 21:24,25

Katsokaa siis miten kuulette; sillä sille, jolla on,
annetaan, mutta siltä, jolla ei ole,
otetaan pois sekin,
minkä hän luulee itsellään olevan.

Luuk. 8:18

Totisesti, totisesti minä sanon teille: joka kuulee
minun sanani ja uskoo häneen, joka on minut
lähettänyt, sillä on iankaikkinen elämä,
eikä hän joudu tuomittavaksi,
vaan on siirtynyt kuolemasta elämään.

Joh. 5:24